本书为国家社会科学基金重点项目（13ASH006）研究成果

国家社科基金丛书
GUOJIA SHEKE JIJIN CONGSHU

中小学教师编制
城乡一体化研究

Urban-rural Integration of Teacher Staffing
in Primary and Secondary Schools

朱家存 著

人民出版社

目　录

导　论

　　教师编制是我国中小学教师人事管理的一项重要内容。尽管我国基础教育实行的是中央政府主管下的地方分级负责的管理体制,教师编制政策在不同社会结构下往往会有不同的要求和表现,但除了因教师编制对于学校教育教学质量的直接影响而使中央对教师编制政策在不同的历史时期有着阶段性要求外,一般都有一个统一的政策设计。新中国成立以来,由户籍制度带来的城乡二元结构和二元分治的教育管理体制,使得我国中小学教师编制长期以来呈现二元模式。新时期特别是进入新时代以来,城乡义务教育均衡发展,推进新时代教育公平,让每个儿童接受公平而有质量的教育,使得城乡二元结构下的教师编制管理模式受到前所未有的挑战。乡村振兴战略,更使得乡村教育的教师编制问题受到政府和社会的广泛关注。中小学教师编制城乡一体化也因此成为教师编制管理改革的基本政策导向。如何理解中小学教师编制城乡一体化? 其合理性和现实意义何在? 中小学教师编制一体化要解决的问题有哪些? 有哪些可供借鉴的国际经验? 这些都是中小学教师编制城乡一体化改革中需要解决的问题。

一、中小学教师编制城乡一体化的背景

　　教师编制政策在我国不同的历史时期,往往会有不同的政策目标、内容和

具体要求,表现出阶段性的特征。造成这种情况的根本原因在于社会经济发展对教育提出的不同要求。这种不同要求最终在教师编制政策上反映出来。分析中小学教师编制城乡一体化诉求的社会背景,将使得我们对新时代教师编制管理改革有一个更加宏观的背景意识。

(一)中小学教师编制城乡一体化的社会背景和教育背景

1. 社会背景

这一政策的提出有两个重要的社会背景因素,直接影响着城乡教育,从而也对教师编制城乡一体化提出相应的要求。

第一个社会背景因素是城镇化发展。城镇化发展是当前我国城乡社会发展的重要战略。它不仅影响了我国城乡发展的政策导向,更引发了城乡社会结构和经济结构的重大变化。20 世纪 70 年代,霍利斯·钱纳里通过截面分析和时间序列分析的方法,对世界上 101 个国家 1950—1970 年的城镇化水平与居民收入的关系进行研究,发现居民收入与城镇化水平存在很大关系:"城镇化水平越低,居民收入越低;反之城镇化水平越高,居民收入越高"①。2018年 3 月 5 日,李克强总理在第十三届全国人民代表大会第一次会议上所作的政府工作报告中指出:"五年来,人民生活持续改善。……居民收入年均增长7.4%、超过经济增速,形成世界上人口最多的中等收入群体。"②在国家经济快速发展的推动下,城乡居民的经济收入也在不断提高,但是城乡居民经济收入差距仍然存在。据中国经济网统计数据显示,自 2011 年以来,中国城乡居民收入的绝对差距并没有随着农村居民收入的增加而缩小。"2016 年全国居民人均可支配收入23821 元,按常住地分,城镇居民人均可支配收入 33616

---

① 姚丽芬等:《基于中国城镇化水平和居民收入间均衡关系之验证》,《现代财经》2010 年第 12 期。

② 李克强:《政府工作报告—2018 年 3 月 5 日在第十三届全国人民代表大会第一次会议上》,2019 年 1 月 31 日,见 http://www.gov.cn/premier/2018-03/22/content_5276608.htm。

元,增长 7.8%;农村居民人均可支配收入 12363 元,增长 8.2%。全国居民人均可支配收入中位数 20883 元,比上年名义增长 8.3%。城乡居民人均收入倍差 2.72。"①

城乡经济发展不平衡,还引发"城市中心论"的发展思维。"城市中心论"认为,城市代表着先进、代表着高尚、代表着发达,乡村相较于城市就是"落后"的代名词。"城市中心论"不仅使得城里人有优越感,也使得农村的人们渴望城里的生活,所以努力读书,考大学。一些农村家长也不惜花成本送子女去城里读书,以成为市民为荣光,从而形成一种特定的社会文化心理,成为城乡之间流动的阻隔,也成为制约城乡教师编制一体化的一个重要的社会文化心理。城市中心论有其很深的社会历史基础。长期以来,城市都被定位于最接近中央统治集团所在地的地区,代表着特定时代的优势阶层,在资源享有方面占有绝对的优势,享有丰富的优质资源。因此,"城市中心论"的优势情怀不仅使一代代寒门学子竭力往之,也使得城市里的人们不愿离开城市,甚至使得政府部门在进行资源分配时都有意无意地向城市倾斜。

第二个社会背景因素是乡村振兴战略。党的十九届五中全会审议通过的《中共中央关于制定国民经济和社会发展第十四个五年规划和二〇三五年远景目标的建议》,对新发展阶段优先发展农业农村、全面推进乡村振兴作出总体部署。《中共中央　国务院关于全面推进乡村振兴加快农业农村现代化的意见》指出,"十三五"时期,现代农业建设取得重大进展,乡村振兴实现良好开局。粮食年产量连续保持在 1.3 万亿斤以上,农民人均收入较 2010 年翻一番多。新时代脱贫攻坚目标任务如期完成,现行标准下农村贫困人口全部脱贫,贫困县全部摘帽,全面进入小康社会。在中国共产党的坚强领导下,我国消除了绝对贫困和区域性整体贫困,创造了人类减贫史上的奇迹。与此同时,农村人居环境明显改善,农村社会保持和谐稳定,农村即将同步实现全面建成

---

①　新华社:《2016 年全国城乡收入差距进一步缩小》,2019 年 1 月 31 日,见 http://politics.people.com.cn/n1/2017/0120/c1001-29039208.html。

小康社会目标。实践证明,以习近平同志为核心的党中央驰而不息重农强农的战略决策完全正确,党的"三农"政策得到亿万农民的衷心拥护。

民族要复兴,乡村必振兴。乡村振兴是民族复兴的重要组成部分,也是全面建设社会主义现代化国家,实现中华民族伟大复兴的最艰巨的任务。中央认为,解决好发展不平衡不充分问题,重点难点在"三农"。为此,《中共中央 国务院关于全面推进乡村振兴加快农业农村现代化的意见》提出:"要坚持把解决好'三农'问题作为全党工作重中之重,把全面推进乡村振兴作为实现中华民族伟大复兴的一项重大任务,举全党全社会之力加快农业农村现代化,让广大农民过上更加美好的生活。"为此,要"全面推进乡村产业、人才、文化、生态、组织振兴",其目标是,"到 2025 年,农业农村现代化取得重要进展,农业基础设施现代化迈上新台阶,农村生活设施便利化初步实现,城乡基本公共服务均等化水平明显提高……农民获得感、幸福感、安全感明显提高。"①为此,需要通过县域内融合发展,来提升农村基本公共服务水平。2021 年 4 月29 日,第十三届全国人民代表大会常务委员会第二十八次会议通过《中华人民共和国乡村振兴促进法》,明确规定,"全面实施乡村振兴战略,开展促进乡村产业振兴、人才振兴、文化振兴、生态振兴、组织振兴,推进城乡融合发展等活动。"在发展的原则上,则提出,"国家建立健全城乡融合发展的体制机制和政策体系,推动城乡要素有序流动、平等交换和公共资源均衡配置,坚持以工补农、以城带乡,推动形成工农互促、城乡互补、协调发展、共同繁荣的新型工农城乡关系。"②

2. 教育背景

城镇化的快速发展,使得生源流动性增大与教师编制固化之间的冲突也

---

① 《中共中央 国务院关于全面推进乡村振兴加快农业农村现代化的意见》,2021 年 2 月21 日,见 http://www.moa.gov.cn/xw/zwdt/202102/t20210221_6361863.htm。

② 《中华人民共和国乡村振兴促进法》,2021 年 4 月 29 日,见 http://www.npc.gov.cn/npc/c30834/202104/8777a961929c4757935ed2826ba967fd.shtml。

在日益加剧。城镇化发展给城乡教师配置带来两种冲击。

第一，随着城镇化发展，乡村人口进入城市的机会增多，城市生源日益增长，使基础教育学校布局出现了不均衡、大规模和城区大班额的现象。一些地方正在形成义务教育的新布局，即城区学校、乡镇寄宿制学校、村小、教学点；而在乡村则形成镇中心小学、村完全小学、教学点的教育体系。其结果是，城区和镇所在地的小学不断扩张而形成大班额，乡村小学则日渐发展成小规模学校。受制于传统的教师编制管理模式，即受制于教师编制总量控制和为校所有，城镇学校教师编制往往无法相应增加（区域内教师编制总量限制，乡村学生进城就读，大量富余、闲散的在编乡村教师并未相应进城），导致教师负担过重；相反，乡村教师多，生源少，又会造成教育资源浪费。

第二，乡村人口流入城市的机会增多，并不代表乡村的消失，乡村中仍然有儿童存在，而且留在乡村的儿童从某种意义上来说属于乡村中的弱势群体。如果撤点并校或者按照学生数来核定教师编制，无疑会进一步造成新的代际差距，与城乡教育均衡化、一体化发展的初衷背道而驰。为解决这一问题，一些地方政府通过推行无校籍管理、教师轮岗、学区内教师流动等措施，来推动城乡教师之间交流。殊不知，这种带有很浓重"补偿乡村心理"和城市优越的政策痕迹，不仅强化了城乡二元思维，而且忽视城乡教师在推动城乡教育一体化中的主体性感受，引起城乡教师的消极抵制、应付与规避。这也是当前有些地区实行的无校籍管理、教师轮岗制度、学区内教师流动遭到教师质疑和学生家长反对的原因所在。现实中，由于中小学学校对教师待遇不担负责任，乡村学校教师编制多、学生少，学校整体负担较轻，如果教师走了，意味着负担的转移，以致有些乡村学校更愿意将教师留在自己学校，而不愿将此编制转到其他学校。概言之，伴随着城镇化发展而来的村落变小、完全小学变成教学点、生源流动性增强等，都给城乡教师编制管理带来了挑战。

乡村振兴也对乡村教育提出了新的要求。乡村振兴，乡村教育是重要的内容。尽管在目前的发展趋势下，还很难快速实现乡村教育的振兴。但就乡村作为基本公共服务,其供给的质量和水平要保持与城镇大体相当。因此,必然要求提升农村基本公共服务水平。从基本公共教育服务的角度来看,主要是:提高农村教育质量,多渠道增加农村普惠性学前教育资源供给,继续改善乡镇寄宿制学校办学条件,保留并办好必要的乡村小规模学校,在县城和中心镇新建改扩建一批高中和中等职业学校。完善农村特殊教育保障机制。推进县域内义务教育学校校长教师交流轮岗,支持建设城乡学校共同体。[①] 然而,无论是政府统计资料所显现的城乡教育发展情况,还是从城乡教育的现实考察结果来看,城市教育都明显优于乡村教育。城市集中着优质学校,占有着更多的优秀教师,有着完善的教师发展支持体系。城乡教育质量也是显示地方政府是否重视教育的重要载体。因此,地方政府对其所属区域教育发展进行规划时,更倾向于优先发展城市教育,教育投入、教师编制、教师发展政策等均优先考虑城市,这反过来又加深了民众对于城市教育优越性的认可,于是教师便更倾向于在城市工作和生活。这又进一步造成城市和乡村在教师资源分配上的不均衡,加剧了城乡教育发展的不均衡。

城乡社会发展不平衡,不仅带来教育发展不平衡问题,更带来乡村教育发展不充分问题。这种不平衡给新时代推进教育公平,特别是对"共享公平而有质量的教育"带来了诸多挑战,也给中小学教师编制城乡一体化增加了诸多客观的难度。其根本的问题在于,城乡社会发展不平衡,意味着乡村地区的人们,包括教师,在可能获得的基本公共服务方面,例如在医疗、卫生、养老、子女教育等方面会显现出差异性,这种差异性为中小学教师编制城乡一体化设置了障碍。

城镇化发展对于乡村教育的发展来说,乃是一种张力或吸力。它通过生源流动的形式而将学生吸引到城镇学校。这使得城乡义务教育均衡发展面临着一种难以抗拒的反均衡力量的作用。而乡村振兴所要求的提升乡村教育公

---

① 《中共中央　国务院关于全面推进乡村振兴加快农业农村现代化的意见》,2021 年 2 月 21 日,见 http://www.moa.gov.cn/xw/zwdt/202102/t20210221_6361863.htm。

共服务水平,意味着一种对乡村教育充分发展的要求。无论是前者还是后者,都意味着中小学教师编制城乡一体化的要求。就前者而言,需要一种动态的教师编制管理来实现因生源流动造成的生师比的不合理问题。固化的生师比的编制管理模式已经不能适应城镇化发展的城乡教育变迁之趋势。因此,城镇化发展对城乡教师编制提出了量上的一体化要求,就后者而言,乡村教育的充分发展,要求通过编制管理来实现乡村学校师资队伍的高素质和专业发展化。可以说,乡村振兴战略对教师编制城乡一体化提出质上的要求,要求城乡师资队伍必须具有素质和质量上的均衡。

(二) 中小学教师编制的城乡二元模式

1. 编制核定的城乡二元标准

1984 年,教育部出台的《中等师范学校、全日制中小学教职工编制标准的意见》,要求小学阶段可以在考虑班额差值较大的情况下,城镇地区班师比是1:1.7,农村地区班师比是 1:1.3;初中阶段没有明确区分城乡,只是要求每个班平均的教师数均为 2.5。这一标准带有浓厚的城乡二元色彩,城市教师编制明显高于农村教师编制标准。该文件对于城乡教师编制配备有着深远影响,甚至到 2001 年,中央编办、教育部、财政部仍然将我国中小学教职工编制标准定为"小学阶段的农村是 1:23、县镇是 1:21、城市是 1:19;初中阶段的农村是 1:18、县镇是 1:16、城市是 1:13.5;高中阶段的农村是 1:13.5、县镇是1:13、城市是 1:12.5"[1],中小学教师编制城乡二元现象更加固化。2009 年,中央编办又在《关于制定中小学教职工编制标准意见的通知》中强调"以县为主"来核定农村中小学教职工编制,但并未真正统一城乡教师编制标准,仍然

---

① 　中华人民共和国中央人民政府网:《国务院办公厅转发中央编办、教育部、财政部关于制定中小学教职工编制标准意见的通知》,2018 年 2 月 9 日,见 http://www.gov.cn/gongbao/content/2001/content_61159.htm。

采用城乡二元标准模式。不过,尽管这个文件有一个很大的进步,即明确提出通过补偿农村教师编制来解决农村教师编制不足问题,但它没有将城和乡放在一体的层面来考虑教师编制问题。由于县内资源和财力的有限性,该政策的实施反而进一步拉大了编制背后所带来的经济和社会福利差距,强化了教师编制的城乡二元分化。

随后,在城乡一体化发展和城乡教育一体化发展的推动下,国家期待能够实现中小学教师编制城乡标准的统一。2014年,中央编办、教育部和财政部出台《关于统一城乡中小学教职工编制标准的通知》提出,"统一编制标准,促进城乡中小学教育资源均衡配置:将县镇、农村中小学教职工编制标准统一到城市标准,即高中教职工与学生比为1:12.5、初中为1:13.5、小学为1:19。"①2015年6月,国务院办公厅颁布《乡村教师支持计划(2015—2020年)》提出,"乡村中小学教职工编制按照城市标准统一核定,其中村小学、教学点编制按照生师比和班师比相结合的方式核定。"②2017年,国务院印制《国家教育事业发展"十三五"规划》提出:"推动地方实行城乡统一的中小学教职工编制标准,对村小学和教学点采取生师比和班师比相结合的方式核定教职工编制。"③这一系列政策对于解决乡村教师资源不足现状有着重要的时代意义。但是从这些文件规定中依然清晰地看到"补偿乡村"的意蕴,乡村教师编制仍然以城市标准为参照,"城市优先"的印迹十分明显,没有真正将乡村和城市放在同等位置上来协调中小学教师编制。

在城镇化快速发展的现阶段,中小学教师编制城乡正在从二元模式走向一体。然而,由此也产生了三种尴尬:一是编制管理的静态固化与学校设置及

---

① 中国机构编制网站:《关于统一城乡中小学教职工编制标准的通知》,2019年1月31日,见 http://www.scopsr.gov.cn/bbyw/qwfb/201503/t20150310_272579.html。

② 教育部网站:《乡村教师支持计划(2015—2020年)》,2019年1月2日,见 http://www.moe.gov.cn/jyb_xxgk/moe_1777/moe_1778/201506/t20150612_190354.html。

③ 中华人民共和国中央人民政府网:《国家教育事业发展"十三五"规划》,2019年1月31日,见 http://www.gov.cn/zhengce/content/2017-01/19/content_5161341.htm。

学生就学人数的动态变化之间矛盾突出,造成有的学校教师富余有的学校教师紧缺,出现教师编制管理的"政府失灵"。二是教师核编方式僵化与学校对教师需要的多样化之间矛盾。比如,村小、教学点学生人数少,而教学科目"小而全",按照生师比配置教师无法满足实际教学需要;再比如,教师休产假、生病、进修学习等暂时性缺编或离岗,很多时候没有教师能够及时顶上去。三是一些整体超编的学校尽管缺乏紧缺学科的教师,却又没有编制配额。人不够,流不动,补不足,成为当前城乡教师编制管理一体化的最大障碍。如何促进城乡教师合理流动,需要改变城乡教师编制管理的二元政策思维,寻找突破中小学教师编制城乡一体化的制度栅栏,促进城乡教师编制管理一体化。

2. 城乡教师编制固化管理下的教师流动困境

编制虽然是用来调配城乡教师资源的,但由于编制本身的计划性和固化性,使得城乡教师在流动上也受到编制固化限制,影响了教师在城乡之间的合理流动,不能够满足城乡教育发展各自独特性的需要。

从公共财政支出来看,教育行政部门或地方人事部门招聘的具有行政事业编制的教师,由财政全额拨款,属国家事业单位工作人员。这就意味着教师有编制即是政府体制内人员,受政府财政的制约。政府对于财政分配的取向会影响教师编制的设定。公共财政收入的限制直接制约着公共财政的支持。在教育上,行政区域内的受教育者规模的相对固定,意味着教师编制的相对固定。然而,区域内部受教育者规模的分布结构,又影响着教师编制的配备与管理。在教师编制总额限制的情况下,教师编制在局部地区的量的问题和结构性问题就会表现出来。在传统的城乡二元体制下,通过压缩乡村学校教师的编制,能够有效地减少地方公共财政支出。而在城乡教育一体化的发展进程中,尽管城镇学校在校学生数不断扩大,但通过固化城镇学校的教师编制,亦能够有效地不增加地方公共财政的支出。总体上来看,在城乡二元体制下,教师编制存在城市宽松、农村紧张的问题,而在城乡教育一体化的进程中则出现相反的局面,即城镇学校教师紧张、乡村学校教师编制宽松的现象。前者是城乡教师编制标准二元配备的结果,后者是城乡教师编制二元管理的结果。

教师编制管理是城乡教师编制一体化中的一个重要问题。长期以来教师编制都是根据各所学校的生师比由教育和人事部门核对的,通过编制将教师固定在一个学校,教师变成了单位人,无法从一个单位到另一个单位,也将教师固定在一个教育阶段内部,小学无法到初中,初中无法任教小学。计划经济的编制模式,导致一种教师编制为学校所有的思维方式,在一定程度上造成了教师编制是固定在单位内的思维惯性,从而也影响了教师在城乡之间的动态合理流动。教师编制单位所有的制度设计使得教师潜意识中也认为自己到了一个学校后就是终生是这个学校的教师。乡村学校学生少而教师富余现象,恰恰是这种教师编制静态管理的结果。

3. 中小学教师编制城乡二元背后的利益冲突

在我国,编制以及编制所在单位提供的不仅仅是一个编制岗位,更是一种生活方式,关系着教师的衣食住行各方面的利益。撇开经济收入不说,教师的编制岗位会影响其生活环境、生活方式、家庭结构。例如,乡村的生活环境不同于城镇的生活环境,尽管构成日常生活要素的供给已经不存在大的城乡差别,城乡之间的生活环境也仍然有着较大的不同。生活环境的差异带来的是生活方式甚至家庭结构的不同。这就意味着,城乡教师编制的背后,是不能不关注的利益关系。正是这些利益关系,制约着教师编制的城乡一体化发展。

马克思指出,"人们为之奋斗的一切,都同他们的利益有关。"①人们的生活总是建立在一定的利益基础之上的,利益是人们活动的内驱力,推动着人类的各种活动。马斯洛的需要层次理论也告诉我们,生存是人类最基本的需求。而利益则是人们满足其生存最基本需要的物质性的东西。人们的活动都是建

---

① 《马克思恩格斯全集》第1卷,人民出版社1995年版,第187页。

立在能够满足自身的某种需要和利益基础之上的。尽管人们认为教师是太阳底下最光辉的职业,但教师也不能生活在真空世界。编制承载着教师诸多的利益需求。

第一,从教师编制与教师利益关系的一般意义上来看,编制关系到教师的岗位是否稳定长期。在我国,一个人一旦拥有了教师编制,也就意味着拥有了在体制内工作的终身"铁饭碗"。除非个人自愿放弃,一般情况下,个人都能长期从事教师这个工作,失业风险较小,收入来源及其增长稳定、可预期。同时,这个"铁饭碗"承载着教师的住房、医疗、卫生、保险、退休金等一系列福利保障。中国人固有的对编制的偏好也正是基于其所带来的利益保障。例如,编制内的教师一般能享有正常的晋升、评职称和其他发展机会,而编制外的教师则相对较难。当前,我国有些地方实行省级统筹编制内的教师和区聘甚至是校聘的教师,这些区聘教师与校聘教师的工资待遇远比不上编制内的教师,这也是造成区聘教师和校聘教师不稳定的因素之一。由此也造成了某一区域内二元的教师身份,使得教师编制城乡一体化困难重重。第二,从教师编制的特殊利益意义上来看,不同区域、不同地区的教师编制则意味着教师在编制利益上的差异。教师编制是教师利益的主要载体的这种体制,强化了教师利益分配和获得的城乡二元分化。城市教师由于城市经济的发达和社会设施更加完善,享有比乡村教师更多的利益;在农村工作的教师虽然在编,但编制的含金量(利益)大打折扣,其附着的教师发展、收入、职业安全和生活幸福指数远不及城镇教师。中小学教师编制城乡二元化成了乡村教师"下不去、留不住"、城乡教师交流的体制障碍。

(三)中小学教师编制城乡一体化的发展趋势

教师编制是管理和调配教师资源的重要方式。在促进义务教育均衡发展上,人们将关注的目光更多集中在物质资源的均衡配置上,比如学校标准化建设、"两免一补",同时也意识到教师作为基础性的教育资源,其均衡对于促进义务教育均衡发展的重要作用。然而,随着社会政治经济的发展,这一公共资源均衡配置取向已无法满足乡村社会的人们对更高质量的教育需求。在此背景下,教师编制作为教育领域重要的人力资源,不仅是教师队伍的体制性保证,更是教师素质和质量的有力保障,关系着城乡义务教育发展的质量均衡和办学资源均衡。

在相当长的时间内,中央政府对教师编制的管理,主要体现在对中小学教师编制标准的制定上。改革开放后,中小学教师编制有了明确规定。1984年,教育部出台《关于中小学教职工编制的参考标准》。由于受当时经济社会环境的影响,这一标准区别对待城乡教师编制,带有浓厚的城乡二元色彩。2001年,国家对中小学教职工编制标准作了一定的修订,但依然坚持中小学教师编制标准"因地制宜,区别对待"的原则。2012年,国务院在有关文件中要求"各地逐步实行城乡统一的中小学编制标准"。2013年,党的十八届三中全会提出"健全城乡发展一体化体制机制",对在新型城镇化背景下推进农村教师队伍建设提出了新任务新要求。面对国家社会、政治、经济、文化、教育发展的需要,于是,中央编办、教育部、财政部于2014年对城乡教师编制的配备方案进行了重新修订,要求"统一编制标准,将县镇、农村中小学教职工编制标准统一到城市标准"①。2015年6月,国务院办公厅颁布《乡村教师支持计划(2015—2020年)》,再次强调"乡村中小学教职工编制按照城市标准统一核定,其中村小学、教学点编制按照生师比和班师比相结合的方式核定"②。中小学教师编制标准日渐走向一体化。

基于标准的中小学教师编制政策,由于生源的流动性加强而日益暴露出局限性。因此,亟须运用动态平衡的一体化思维解决城乡教师编制因高流动

---

① 中国机构编制网站:《关于统一城乡中小学教职工编制标准的通知》,2019年1月31日,见 http://www.scopsr.gov.cn/bbyw/qwfb/201503/t20150310_272579.html。

② 教育部网站:《乡村教师支持计划(2015—2020年)》,2019年1月2日,见 http://www.moe.gov.cn/jyb_xxgk/moe_1777/moe_1778/201506/t20150612_190354.html。

性带来的失衡问题。中小学教师编制城乡一体化不仅是指打破城乡教师编制的二元标准,而且更是指按照区域内学校学生数和学习需求来配置并动态管理教师的资源,实现教师资源在区域内的一体流动,保障区域内的儿童均能享有优质师资。中小学教师编制城乡一体化是可持续发展理念在教育领域的延伸,也是社会公平正义在教育发展中的价值诉求,更是"以生为本"教育理念的完美体现。它力求实现哪里有学生,哪里就应该有教师,以满足学生学习与健康成长的需要。"善之本在教,教之本在师",儿童要能接受好的教育,必定离不开好的师资。实现一定范围内城乡中小学教师编制一体化,缩小城乡师资质量的差距是保证城乡儿童都能上好学的关键。

二、中小学教师编制城乡一体化的现实意义

中小学教师编制城乡一体化指的是在城乡一体化发展的环境下,在一个行政区域(县、区、旗)内对城乡中小学教师编制进行统一配备、统一管理、统一使用的制度安排以及由此而实现的教师编制资源在区域内作为要素流动的平衡状态。它既包括区域内城乡教师工作统一调配与使用的制度与政策,也包括对区域内教师进行统一调配与使用的政策运行过程,还包括对区域内教师统一调配与使用所形成的编制平衡状态。这种将城与乡视为一体的教师编制一体化,对于消除城乡教师质量差距,提升乡村教育发展质量,促进乡村振兴,推进教育治理体系和治理能力现代化,具有重要的现实意义。

(一)中小学教师编制城乡一体化是教育治理能力现代化的重要内容

治理能力现代化是现代化的重要内容。21 世纪初,西方学者格林德尔(Grindle)认为,"对许多发展中国家的具有改革思想的公民,以及国际发展社会的学者和从业人员来说,善政不仅已经成为减少贫困的当务之急,也已成为

发展的当务之急"①。尽管制度背景不同的国家对于善政的内涵有着不同的理解,但治理现代化是善政的重要内容,是无可争议的。② 党的十八届三中全会明确提出,要提升国家治理体系和治理能力现代化。2019 年 10 月 31 日,中国共产党第十九届四中全会通过《中共中央关于坚持和完善中国特色社会主义制度推进国家治理体系和治理能力现代化若干重大问题的决定》,提出了"坚持和完善中国特色社会主义制度、推进国家治理体系和治理能力现代化的总体目标"③。

国家治理体制和治理能力的现代化不是空洞的口号,而应具有充实的内容,应通过各个领域治理体制和治理能力的现代化来实现。教育是社会大系统的一个子系统,也是社会发展的重要支撑,教育治理能力现代化是国家治理能力现代化的重要组成部分。2019 年 3 月,中共中央、国务院印发《中国教育现代化 2035》,就提出"推进教育治理体系和治理能力现代化"。教育治理能力现代化包含许多内容,其中教师编制城乡一体化是教育治理能力现代化的重要体现。作为教育治理能力现代化的重要组成部分,教师编制城乡一体化要通过不同主体之间的互动合作实现,既要处理好农村学校和城市学校的关系,也要尽可能满足教师个体的意愿,既要综合规划一个地区教育的整体发展,也要兼顾具体一个学校及每个学校的每一名教师、每一个学生及家长的愿望,既要从整体上不断优化教师的年龄、性别、专业与学科结构,也要兼顾教师的知识与能力状况。只有综合设计、全面治理,才能使教师编制发挥作用,达到学校有教师,每个学校都能正常运转,所有的课程的授课任务都会有教师承担,每个教师都能发挥作用,每个学生都能获得成长,每个家长都能放心和满意。

---

① 陈广胜:《走向善治》,浙江大学出版社 2007 年版,第 99 页。

② 陶希东:《治理能力现代化的衡量标准》,2014 年 12 月 8 日,见 http://theory.rmlt.com.cn/2014/1208/355366.shtml。

③ 《中共中央关于坚持和完善中国特色社会主义制度推进国家治理体系和治理能力现代化若干重大问题的决定》,2019 年 11 月 6 日,见 http://www.xinhuanet.com/mrdx/2019-11/06/c_138532143.htm。

因此,在推进教师编制城乡一体化的进程中,特别是城乡教师编制一体化动态管理过程中,需要在综合分析各种因素的基础上,不断提升一体化动态管理能力,通过听证、现场考察、问卷调查、征求意见等各种途径,掌握各种信息,不断提高决策水平,实现治理能力的民主科学化;要完善制度设计,通过省考、聘用、公示等途径,规范执行教师编制一体化的各项措施,实现教师编制城乡一体化执行过程的透明与法制化;要通过落实"凡进必考"、尊重教师志愿等途径,严格执行"特岗计划"的各项规定,实现调控能力的协调统筹化;要充分发挥政府、学校、教师、学生及家长的作用,调动各方面的积极性,群策群力制定和落实中小学教师编制城乡一体化,实现协同能力的互动合作化。体现教育治理能力现代化的教师城乡制度一体化,应该能够兼顾各方利益,既要帮助教师形成现代教育理念,又要掌握现代教育方法和技术;既要发挥政府相关部门的协调作用,又要发挥教师个人的主观能动性;既要提高城市学校教师结构优化和能力提升,又要保证农村学校教师的基本教育素养;既要提高本地中学教育的质量,又要保证学校教育教学质量。

(二)中小学教师编制城乡一体化是乡村教育振兴的必然要求

发展乡村教育,关系到在乡村学校就读的千万乡村儿童的发展,因而关系新时代推进教育公平、促进乡村振兴等重大战略目标的实现。当前乡村教育发展面临的一个突出的问题,就是乡村教育发展不平衡不充分的问题。乡村教育发展的不平衡反映出城乡教育之间的差距,而乡村教育发展的不充分则表现在乡村义务教育还没有达到我国义务教育的规格要求和质的规定性。解决城乡教育发展的不平衡以及乡村教育发展的不充分问题,当然需要多方努力,但城乡教育一体化发展,以及教师编制的城乡一体化,乃是促进乡村教育平衡而充分发展的重要抓手和依托。这主要是因为,教师资源是教育的最基础性的资源。《中共中央　国务院关于全面深化新时代教师队伍建设改革的意见》指出,"教师承担着传播知识、传播思想、传播真理的历史使命,肩负着塑造灵魂、塑造生命、塑造人的时代重任,是教育发展的第一资源,是国家富强、民族振兴、人民幸福的重要基石。"①教师编制配置是实现教师资源配置的重要方式,实现中小学教师编制城乡一体化是乡村教育振兴的必然要求。

首先,要给农村学校合理的教师编制指标,使农村学校有教师,并逐步形成良好的师资结构。其次,要通过特岗聘任、交流轮岗、顶岗培训等形式逐步提高农村学校教师的业务水平。最后,要做好教师的稳定、补充和合理使用等工作。调查显示,我国城乡教师队伍状况差异巨大,农村学校教师队伍建设存在不少问题。只要农村学校有高质量的教师,也就抓住了农村教育的"牛鼻子",农村教育领域的其他一些问题就可以迎刃而解了。所以,中小学教师编制城乡一体化是解决目前农村教育发展诸多困境的突破口和关键点,也是推进教育公平实现教育均衡的良政和良策,应该坚决落实,抓出成效。

调查发现,农村学校存在多种问题。例如,安徽省宿州市埇桥区灰古镇中心学校校长在有关乡村师资问题的座谈会上曾指出,乡镇中心学校所管理的几个农村学校存在以下几个问题:

第一,农村教师年龄普遍偏大,自然减员多。大量 50 岁以上的农村教师,尤其是村小教师在近几年将陆续退休,他们大多是由"民转公"而来的,目前正处于退休的高峰期。以孙庙学校为例,2014 年,9 名教师一下子就退了 3 位,6 个年级的教学工作几乎陷于瘫痪。更为严重的是,由于农村学校学生数量逐年减少,根据师生比等相关政策和习惯做法,教育主管部门在等待这些老教师的退休,让教师数量自然减员,不再补充。再过几年,等这些教师全部退休,这些农村学校就面临着关门、停办的危险。学校一旦关门,导致学生流失,教师的补充就不可能了。

第二,农村学校专业教师普遍短缺,学科结构失衡。学非所教、学无所教是农村学校的普遍现象。目前在农村学校中能胜任语文和数学教学的教师较

---

① 《中共中央　国务院关于全面深化新时代教师队伍建设改革的意见》,2018 年 1 月 31 日,见 http://www.gov.cn/zhengce/2018-01/31/content_5262659.htm。

多,而英语、音体美等学科教师资源相当匮乏,以至于为了满足国家开足开齐所有课程的需要,一些学校只能请非专业的老师比如语文、数学老师客串,进行教学。有些课程对学生来说,只是镜中花、水中月,可望而不可即。该区灰南中学甚至出现了一位教了十多年物理的教师被安排教语文。各村小由于英语教师严重不足,中心学校只好采取通过由灰南中学、灰古中学少数年轻教师"走教"的形式来完成教学任务。

第三,农村学校教师素质普遍较低。一是民师转编的教师比重较大。这个镇的农村小学有近一半的教师是民办教师转编的,他们大部分学历只有初中甚至有的只是小学毕业的。加上知识老化,难以胜任教学工作。这些教师由于家庭田地多、"上有老下有小",家庭负担重,希望在离家不远的学校任教,客观上加剧了师资配置不均,从而使农村教师队伍建设成为一个难题。二是师范生素质参差不齐,导致新教师素质不尽如人意。许多师范生考试分数在300—400分之间,有些师范生是考不上高中而进的师范,虽然经过"考编"择优录用,但综合素质与老师范生和已经流失的中青年教师相比还存在很大差距。三是代课教师存在数量仍不少。该中心学校所管辖的一所小学,2014年9名教师中有3位退休,不得已只好把原来辞退的代课教师返聘过来。这些教师有的是初中毕业,而且没有进修、提高的机会,素质偏低。同时,代课教师每月一千多元的报酬与其付出的劳动相比极不相符,他们的工作积极性和工作质量可想而知。

第四,城乡学校校与校之间福利待遇上的差异巨大,农村学校没有条件和吸引力留住优秀的教师。有的农村学校甚至没有教师住房,新聘任的教师吃住无法解决,难以安居乐业,不少教师想方设法向条件好的学校调动。虽然教师的调动属于系统内部流动,但客观上也造成了师资分配的难题。近年来,乡村小学学校面貌和办学条件有了明显改观,基本解决了农村学校学生无教室上课和在危房读书的问题,但大量农村教师无住房。新聘任的教师婚后大多夫妻双方异地分居,每天"走教",在家庭和学校间疲于奔命。如某乡村小学有位青年女教师,丈夫在城里,去年调到该校任教,面对无房无水的学校,第一天上班就在中心学校诉苦。而另外一所乡村小学的教师只能在办公室做饭。此外,乡村学校集资建房使用多年已成危房,下雨刮风提心吊胆。教师不能安居,生活不便,难以安心工作,人心思动,师资均衡难以保证。①

这位中心校校长所反映的师资问题,涉及乡村学校教师的数量、结构、素质以及由日常生活状况所带来的对教育投入的影响问题等。这些问题对于乡村学校来说,具有一定的普遍性和典型性。尽管自2018年《中共中央 国务院关于全面深化新时代教师队伍建设改革的意见》颁布以来,乡村教师社会地位和经济地位有了较大的提高,乡村教师的年龄结构也有了较大改善,特别是一批青年教师补充到乡村教师队伍中,有效地激发了乡村教师教书育人的活力,但问题仍然存在。在这种情况下,教师编制城乡一体化将能够有效地缓解乡村教师队伍面临的数量、结构、素质问题。一体化既是教师编制城乡整体统筹的过程,也是中小学教师队伍在编制标准固化的前提下进行动态管理、从而实现教师编制与乡村教育事业发展相匹配的方式。

（三）中小学教师编制城乡一体化是义务教育优质均衡发展的重要保障

推进推动义务教育均衡发展和城乡一体化,是"十四五"教育事业发展的重要途径。特别是,随着义务教育进一步均衡发展,人民群众对义务教育优质均衡发展的期望越来越高,促进均衡发展的要求也越来越高,城乡义务教育一体化发展便成为乡村教育发展的重要选择。义务教育城乡一体化包含诸多领域,既包括城乡学校的一体化布局,即从区域优质均衡发展出发,整体规划和布局学校的空间格局,也包括各种教育物质资源的一体化配置,包括保证日常教育教学活动正常开展的教学仪器设备、图书资料等硬件设施建设,同时也涵

① 根据2014年某校长培训班上部分校长的发言整理。

盖学校的办学理念、教学研究、教学方式方法等一体化的发展。所有这一切都有赖于教师资源的一体化配置。正是教师资源给予上述资源以活的教育力量。

然而，由于受到教师编制城乡二元配置以及以校为单位核定教师编制的人事管理政策影响，教师编制管理还固守着传统的管理模式，难以适应城乡教育的新发展需要。例如，在高流动性的背景下，城乡学校办学规模呈现单向度增与减，从而使得过去教师编制城镇宽松乡村紧变为城镇紧乡村宽松。这种局面既降低了有限的教育财政的效益，同时也不利于城乡教育的充分发展。正是传统的教师编制管理模式已经不再适应新的教育发展需要，特别是不能适应日益一体化的城乡教育发展的需要，因而需要通过改革来清除妨碍一体化发展的教师编制管理旧思维，切实从一体化理念出发来配备城乡教师编制，制定反映时代发展要求的一体化教师编制政策。

（四）中小学教师编制城乡一体化是破解义务教育发展结构性矛盾的重要途径

城乡义务教育发展的结构性矛盾是指，在区域内学龄儿童数相对确定的前提下，学生生源在城乡之间的流动，对于政府来说即意味着教育资源的动态配置。无论如何发展乡村教育，新型城镇化所带来的人口向城镇的聚集，乃是一个必然的趋势。这种人口流动的单趋势，即导致城镇学校学位的拥挤和乡村学校的虚空。这个变化的趋势，尽管可以用政策设计来加以调控，来使这个变化的趋势变得慢一些、缓一些，但在短期内还是无法逆转。由此形成城乡教育规模的结构性矛盾，好似一种此消彼长的发展格局。无论是立足于育人质量，还是立足于办学效益或教育公平，都需要意识到这个结构性矛盾及其可能引发的各种消极后果。而破解这个结构性矛盾的关键点，恰恰在于教师编制的动态调整。

首先，生源高流动性呼唤师生的相应流动。我国中小学实行聘任制。教师的聘任即意味着获得政府的任命,并由学校负责具体管理。这种教师人事管理制度,尽管能够实现教师管理的稳定性和职业认同感,在学校办学相对稳定的前提下,既有利于学校教育教学质量的提升,也有利于教师队伍建设,但在高流动性的背景下,却由此会引发出资源配置错置问题,既不利于城镇学校的发展,也不利于乡村学校的发展。

其次,应对生源的高流动性,教师编制城乡一体化有利于提高实现规模效益,切实提高办学效益。21世纪初,为应对生源流动带来的学校办学效益低下问题,政府采取了学校布局调整的策略。学校的合并带来学生的集中,从而提高了生师比,有效地提高了办学效益。但由此而引发出的少数儿童上学不便问题,以及始终有一些小规模学校难以撤销的问题,使得通过学校布局调整来提高办学效益的策略已经不能适应新形势下的发展需要。在这种情况下,教师编制城乡一体化管理就成为理性的选择。

最后,教师编制城乡一体化,有助于推进教育公平。教育公平是党的十八大以来我国教育发展重要的价值取向。公平和质量已经成为义务教育发展阶段两个最核心的目标。然而,由于生源向城镇学校的集聚,教育行政不得不对师资作出相应的调整。为避免这种调整所带来的各种社会问题,教育行政部门采取不正当手段招考的方式来化解可能的矛盾和冲突。招考的教师招聘策略保证了教师招聘本身的公平性,但却导致了一种优秀教师流向城镇学校的虹吸现象,其结果是,优秀教师进入城镇学校,而乡村学校师资队伍质量由此下降。一体化的教师编制管理,通过恰当的政策安排,将能够有效地避免这种局部的公平对教育全局公平的冲击。

三、中小学教师编制城乡一体化研究要解决的问题

自城市社会兴起以来,社会生产要素急剧向城市聚集,城乡差异逐渐成为

较为普遍的社会现象。由此而引发出诸多社会问题,特别是在平等观念深入人心的现代社会中,差异化发展日渐成为平等的对立面。由此,城乡差异本身就成为一个为人们所关注的较为突出的社会问题。正是在这样的背景下,城乡一体化发展或者融合发展或者协调发展的观念开始出现,城乡一体化观念也因此而被提出。但现实总是与观念有差距。现实与观念的不相符合,折射出中小学教师编制城乡一体化不得不面对并需要解决的问题,也对本研究提出要解决的理论问题。

(一)本研究要解决的理论问题

城乡关系问题是现代社会发展中的重要问题,也是现代化理解中的重要问题。为什么会出现城乡关系问题? 对这个问题的回答牵涉到分工问题。马克思在《德意志意识形态》中指出,"一个民族内部的分工,首先引起工商业同农业劳动的分离,从而引起城乡的分离和城乡利益的对立。"马克思在这里阐述了城乡的两种关系,即空间上的相互分离和利益上的相互对立。这个分离是一个民族内部的分离,这个利益上的对立同样也是一个民族内部的对立。马克思又指出,"城乡之间的对立是个人屈从于分工,屈从于他被迫从事的某种活动的最鲜明的反映,这种屈从把一部分人变成受局限的城市动物,把另外一部分人变为受局限的乡村动物,并且每天都重新生产二者利益之间的对立。"①城乡之间的对立所带来的问题如此之大,以至于如果不解决这个分离和对立的问题,则社会的一些根本性的问题,例如人的解放问题、人的全面发展问题、人的贫困问题等,都难以得到相应的解决。

城乡对立主要是以城乡差别的形式表现出来。一面是城市居民的生存状态和生活方式,另一面则是乡村居民的生存状态和生活方式。这种差别同样表现在学校教育上。这种城乡教育上的差别在现阶段则被标示以"不均衡"

---

① 《马克思恩格斯文集》第 1 卷,人民出版社 2009 年版,第 520、556 页。

或"不平衡"。在城乡对立不那么严重的时期,城乡在教育上的差别还不那么严重,因而这种差别通常不会受到人们的关注。然而,随着社会经济的发展,随着教育对于个人未来获取资源的作用日渐增加,城乡教育之间的差别就开始成为社会的突出问题。城乡教育融合发展、城乡教育一体化发展正是在这样的背景下开始被提了出来。人们试图通过融合发展或一体化发展,来消灭城乡教育差别或实现城乡教育的均衡发展。

由此,本研究涉及的是城乡关系中的一个有限的问题阈,即教师编制城乡一体化。放在城乡关系的背景下来思考问题,就不得不服从特定的城乡居民关系理论,服从特定的城乡发展理论。也就是说,对教师编制一体化问题的研究不仅要服从于城乡一体化发展的需要,而且更要服从于更高的价值追求和目标定位,服从于城市居民和乡村居民的全面发展的需要。此外,城乡关系并不是一成不变的,而是有一个历史变迁的过程。这个历史变迁的过程是由历史逻辑所决定的。因此,教师编制城乡一体化发展还要服从历史的逻辑。唯有遵循历史的逻辑,教师编制一体化的具体策略才有可能遇到较少的障碍和阻力。

根据以上分析,我们把本研究的理论问题限定在以下三个方面。

一是教师编制城乡一体化的理论依据问题。主要是阐述教师编制城乡一体化的理论逻辑,主要考察马克思、恩格斯的城乡融合发展思想、城乡发展的经济结构理论以及城乡一体化发展思想。关于城乡关系问题,马克思、恩格斯在其理论论述中,从不同的层面和维度加以论述,形成了马克思主义的城乡融合发展思想。马克思关于城乡融合发展理论的核心要义,是指导解决城乡分离和利益上的对立问题的思想武器,同时也是指导解决教师编制城乡分离和对立的思想武器。城乡发展的经济结构理论通过其深入细致的微观研究,为我们把握城乡一体化的具体问题提供了有益的参照。城乡一体化发展思想则是思考和解决一体化进程中各种问题的根本遵循,也是确立教师编制城乡一体化发展的行动指南。

二是教师编制城乡一体化的历史逻辑问题。主要是分析和研究改革开放以来我国城乡教师编制的政策演进及其中所蕴含的价值取向。这里涉及两个问题,一个是城乡一体化的进展,另一个是教师编制政策标准从城乡二元到一体化、从编制标准到编制管理的演变过程。通过历史的考察和分析,以揭示教师编制演进的历史逻辑和价值取向。

三是教师编制一体化的实践逻辑。这里涉及三个方面的问题。第一,教师编制城乡一体化的现实基础,主要是从观念、社会、教育和技术四个维度来阐述教师编制城乡一体化的现实可能性和可行性问题;第二,教师编制城乡一体化的实践探索,主要是通过个案的研究和分析,揭示已有实践中的可能制约因素、实现条件和有效路径等;第三,教师编制城乡一体化的国外经验。

(二) 本研究要解决的实践问题

1. 城乡师资的结构性问题

城乡师资的结构性问题可以分为外部结构性问题和内部结构性问题。外部结构性问题,主要是区域内城乡师资在城乡学校的分布问题以及城乡学校师资质量方面的不平衡问题。师资分布的结构性问题在上文中论述教师编制城乡一体化的意义时就已经提出。城乡义务教育均衡发展则特别关注城乡师资质量的外部结构性问题,正在实施的"县管校聘"制度试图一方面指向外部的数量结构性问题,另一方面指向师资队伍活力的激发问题。这里需要补充的是,在现有的研究中,人们主要关注师资的内部结构性问题,而往往忽略了外部结构性问题。行政招聘或调配的方式解决外部结构性的策略,能够缓解外部结构性问题,却极易引发城乡教育发展的公平问题。除非在城乡师资质量均衡的情况下,否则包括"县管校聘"制度也会带来同样的问题。此外,随着信息化所带来的各种教师人事管理信息的无障碍流通,有关教师编制的动态流动越来越受到社会外在因素的制约,特别是来自家长的制约。

中小学教师编制城乡一体化是要实现一定区域内城乡教师资源的共享，实现城乡教师资源的互补融合、协调发展。但是由于长期以来的城乡二元结构，城乡资源各自为政，城乡教师资源分布均衡，交流体制不畅，影响了城乡中小学教师编制的资源共享。尤其当前随着城镇化的发展，我国很多农村出现了"空心校"，有资料显示，"山西五寨县前所乡中心小学有 9 名教师，只有 1 名学生。学校办起了幼儿园，但也只有 27 名学生。有一所小学，有 25 名教师，仅有 3 名学生。有一所一贯制学校，有 39 名教师，仅 33 名学生。还有一所一贯制学校，有 17 名教师，仅有 14 名学生"[1]，学生的减少，教师的充足，并没有带来因材施教，反而降低了教师工作的积极性，造成了新的教育资源浪费。而在城市却由于城镇化发展，适龄儿童流入增多，"大学校""大班额"不仅使得教师紧缺，也加重了城市教师的教学负担。一面"空心校"教师富余、一面"大班额"教师紧缺，亟待整合区域内教师资源，优化城乡教师资源配置。

城乡师资的内部结构性问题，主要表现为师资不能够满足学校课程开设要求。这是开齐全部课程所出现的师资结构性问题。中小学教师编制城乡一体化旨在缓解由乡村教师结构不均衡带来的无法开齐课程、乡村教师负担重等问题。1993 年《中国教育改革和发展纲要》提出我国中小学要由"'应试教育'转向全面提高国民素质的轨道，面向全体学生，全面提高学生的思想道德、文化科学、劳动技能和身体心理素质，促进学生生动活泼地发展、办出自己的特色"[2]的目标。而为了完成这个目标，就不得不改变中小学课程结构，这在无形中增加了学校的教育教学内容，还对教育教学的质量提出了更高的要求。这本是一件好事，可是一旦学校人员的编制还是沿用过去的标准，就会导致教师数量不增加，增加的反而是教师的工作量，教师要上的课多了，要备的课自然就多了，因此教师工作常常处于"超负荷"状态。这种情况在广大农村

---

①　吕梦琦、晏国政:《"空心化"挑战农村教育布局》,《瞭望新闻周刊》2016 年第 15 期。

②　教育部网站:《中国教育改革与发展规划纲要》,2018 年 11 月 9 日,见 http://www.moe.edu.cn/jyb_sjzl/moe_177/tnull_2484.html。

中小学里显得更加严重。学校内部存在师资结构性问题，还意味着教师资源不能够有效地使用硬件设施。在义务教育标准化建设工程的推动下，当前我国农村中小学在硬件设施上得到了极大改善，每个学校都有相应的教室和理化生实验室，每个班级也有"班班通"等智慧教学平台，但是光有平台，没有相应的会使用和操作的教师，造成设备闲置、资源浪费。同时，即便有相应的教师，但在"超负荷"的状态下由于课程开设所需要的实验材料、工序的繁杂，也使得部分教师不愿利用设备来开展教学。如何真正实现资源效率的最大化，还需要相应的人力资源支撑，通过城乡中小学教师编制一体化，配齐配好乡村教师，消除教育资源浪费，真正实现科技带来的教育便利，提升教育教学效果。

　　师资的内部结构性问题和外部结构性问题具有内在关联。师资的内部结构问题受到外部结构的制约和影响。反过来，师资的外部结构问题可以看作是内部结构的表现或反映。因此，在面对师资的结构性问题时，教师编制城乡一体化需要把内部结构和外部结构作为一个问题的两面来加以研究和处理。单方面地处理内部结构或外部结构，都难以实现预期的目标。

2. 教师编制管理事权、财政权与人事权脱节问题

　　事权人权财权不统一的教师编制管理体制，严重制约了我国中小学教师编制城乡一体化的进程。一直以来，我国中小学教师编制核定都是由编办负责，而附庸在编制之上的教师工资、教师人事、教师专业发展等方面的事务却分散在财政、人社、教育等多个行政部门，造成了事权、人权、财权的分割，使得"'三权'责任不对等，事权、人权与财权之间缺乏刚性互动机制，造成教师管理过程出现'管事没有权、进人没有权、用钱没有权'的问题，事权人权财权失衡现象日益明显，最终影响教师的质量和素养提升"[①]。2018年1月中共中央、国务院印发的《关于全面深化新时代教师队伍建设改革的意见》正式提出

---

① 薛二勇、单成蔚：《建立事权人权财权相统一的教师管理体制》，《中国教育报》2018年第2期。

要经过 5 年左右努力,普遍建立事权人权财权相统一的教师管理体制。建立事权人权财权"三权"统一的管理体制,前提是要明确教师编制确立的宗旨是为了满足学生对美好教育的需要和实现教师美好生活的需要,现实管理中既要"以生为本"也要"以师为本"。"以生为本"可以切实做到按生需要设置编制,"以师为本"就可以切实考虑教师需要,增强教师职业的吸引力和幸福感。这就需要省级政府部门向基层学校和县级政府部门简政放权,增强学校和县级政府部门的自主权,确保按需设编、按需调编。

从教育与经济、社会、文化的相互关系以及上文的分析中,我们了解了城乡教师编制管理一体化需要相应的经济、社会、文化以及自身的发展基础,这些方面的发展都为城乡教师编制管理一体化提供了条件和基础。这些条件和基础可以分为内部因素和外部因素,经济、社会、文化等因素可以归为外部因素,而教育自身的发展则归为内部因素。而在这些内外部因素中,又存在两种情况,一种是对城乡教师编制管理一体化发展起到促进作用的支持性条件,包括经济的快速增长、城镇化的发展、城乡沟通交流媒介的便利等;另一种是当前仍然存在一些与城乡教师编制管理一体化进程不一致的因素,这些因素我们归纳为限制性因素,也就是指那些不利于教育均衡发展的因素,比如城乡经济发展的差距、教师编制本身的制约等。

四、本书研究的相关概念和方法

(一) 相关概念

概念在不同的语境中往往具有不同的意涵。日常交流中的概念,因其语境的在场而基本上不会引发太大的歧义,但是学术交流中语境的虚化,会造成概念使用的模糊和歧义。因此,有必要对中小学教师编制城乡一体化概念的构成性进行界定,以消除语义的模糊而产生的分歧。

1. 城乡

从词源上来看,《新华字典》将城乡理解为城镇和乡村。因此,词义上的城乡即为城市和乡村。然而,这仍然没有说清城与乡的应有之义。费孝通的《论城·市·镇》一文指出,美国人口局是根据人口密度来区别"城"与"乡",2500以上称之为"城",5万人以上为"市"。费孝通则从多功能角度来区分城与乡。传统社会中的城,是以官僚地方为基础的社区,偏重于乡村间的商业中心则为镇,其余则为乡;而在现代社会中,城与乡的概念意涵开始发生偏移,工商业集中区为城,农业生产的区域为乡。① 现实中的城乡概念表现为一定的关系范畴,包括行政管理及科层设置、人口登记、统计制度几个方面的标准。

关于城乡的划分,国家统计局2008年8月1日起施行的《统计上划分城乡的规定》,将"城镇分为城区和镇区,城区是指在市辖区和不设区的市,区市政府驻地的实际建设连接到的居民委员会和其他区域,不包括市辖区和不设区的市中的乡以及村。镇区是指在城区以外的县人民政府驻地和其同样不包括县人民政府驻地和其他镇当中的乡和村。乡村是指城镇以外的区域,分为乡中心区(乡政府所在地)和村庄,其地域范围不仅包括行政区划当中所有的乡及其中的村,还包括市辖区、不设区的市当中的乡和村,也包括县人民政府驻地和其他镇当中的村。"②这一规定明确了什么是城,什么是乡。再加上当前国家城镇化发展给城乡区间带来的模糊性更影响了城乡的划分,因此,在当前我国城乡发展的模式下探讨中小学教师编制城乡一体化需要考虑城镇化发展的特点。2001年,《国务院办公厅转发中央编办、教育部、财政部关于制定中小学教职工编制标准意见的通知》指出,"中小学教职工编制根据高中、初中、小学等不同教育层次和城市、县镇、农村等不同地域,按照学生数的一定比

---

① 费孝通:《乡土中国·生育制度·乡土重建》,商务印书馆2011年版,第360—368页。
② 国家统计局网站:《统计上划分城乡的规定》,2018年10月9日,见http://www.stats.gov.cn/tjsj/tjbz/200610/t20061018_8666.html。

例核定。"①该文件还明确把县镇界定为"县(市)政府所在地城区"。2014年11月,中央编办、教育部、财政部联合下发的《关于统一城乡中小学教职工编制标准的通知》将"县镇、农村中小学教职工编制标准统一到城市标准,即高中教职工与学生比为1∶12.5、初中为1∶13.5、小学为1∶19"②。由此,根据中央政府关于教师编制标准的相关文件,本研究所谓的城,主要是指城市市区,也包括县城以及镇政府所在地区,乡则主要是指农村地区,以及市区所辖的还未完全城镇化的以农业为主要产业的地区。

2. 城乡一体化

城乡一体化涉及城镇和乡村两个重要的实体范畴。两者的对立以及由此而发出的发展的强弱不均衡状态,即在同一个社会中,因为城镇和乡村分属不同的实体,而形成个体生存与发展的不同制度环境和社会环境。城乡对立构成了城乡一体化的前提条件并对城乡一体化提出相应的要求。对立的城乡形态将转化为自己的否定形态,即城乡一体形态。这是事物运动变化的必然规律。改革开放以来,随着城镇化进程的加快,以及由此而来的乡村衰败速度加快,城乡一体化理念被正式提了出来。

应雄认为,城乡一体化是指"在大力发展生产力的过程中,促进农村人口城市化,逐步缩小城乡差别,实现城乡经济、社会及环境的和谐发展,使城乡共享现代文明。

在内涵上,城乡一体化包括城乡户籍管理一体化、城乡利益保障一体化、城乡规划布局一体化和城乡资源配置一体化。"③这种关于城乡一体化的理

---

① 《中央编办、教育部、财政部关于制定中小学教职工编制标准的意见》,见 http://www.moe.gov.cn/jyb_xxgk/moe_1777/moe_1778/201001/t20100129_180778.html。

② 国机构编制网站:《关于统一城乡中小学教职工编制标准的通知》,2019年1月31日,见 http://www.scopsr.gov.cn/bbyw/qwfb/201503/t20150310_272579.html。

③ 应雄:《城乡一体化趋势前瞻》,《浙江经济》2002年第13期。

解,暗含有城镇化之意,即通过促使乡村城镇化来实现城乡一体化,城乡之间的差别并不是通过消除城乡之间的制度性差别来实现,而是通过以城镇化的扩张来实现对城乡差别的消灭。尽管在具体内容上,城乡一体化涉及户籍、利益保障、规划布局和资源配置等内容,但这些内容都服从于"农村人口城市化"这个基本的要求。与这种对城乡一体化理解不同,洪银兴、陈雯则认为,城乡一体化是指"城市与乡村这两个不同特质的经济社会单元和人类聚落空间,在一个相互依存的区域范围内谋求融合发展、协调共生的过程。在内涵上城乡一体化则包括城乡体制一体化、城镇城市化、产业结构一体化、农业企业化和农民市民化"①。城乡一体化的这种理解,是建立在承认城市和乡村非同质化的基础上的,而非以单维的城市化为导向,强调两者的相互依存、协调共生和融合发展。还有一种观点认为,城乡一体化是强调城乡要素资源的自由流动和共享②。这种观点突出强调城乡在政治、经济、社会等方面的相互融合,实质是资源和生产要素在城乡之间的自由流动,从而形成一种合理的城乡关系,最终目标是消灭城乡差别,实现"城乡等值化"。问题在于,这种关于城乡一体化的发展即"城乡等值化"在内涵上是不清楚的,从而也使得城乡一体化发展的路径晦而不明。城乡一体化,是否最终要实现等值化,抑或是实现城乡无差别化,并非一个可有可无的问题。就目标决定着手段、途径和方式方法而言,不同的发展目标设定将意味着不同的发展路径和发展模式。进入新时代以来,人们关于城乡一体化有了更进一步认识。倪鹏飞等认为,"城乡一体化是社会结构与产业结构协调发展,中心城区与小城镇、乡村作为一个有机整体,在各方面都共同发展。在内涵上,城乡一体化包括城乡收入差距合理化、城乡公共服务均等化、城乡基础设施一体化和城乡结构转化合理化"③。

---

①　洪银兴、陈雯:《城市化和城乡一体化》,《经济理论与经济管理》2003年第4期。
②　赵新娟、王淑娟:《加快城乡一体化进程的对策研究》,《经济纵横》2008年第3期。
③　倪鹏飞、蔡书凯、王雨飞:《中国城乡一体化进程研究与评估》,《城市观察》2016年第1期。

每一种关于城乡一体化的理解,都意味着对于城乡发展关系的某种期待,以及对城市与乡村发展状态的期待。从现实的问题出发,我们认为,城乡一体化,核心是消除因城乡的制度性差别而带来的城乡的生存和发展状态的差异,从而实现城乡居民在其可能获得的公共服务资源上的均等或无差别。城乡一体化,最终的目标要落实到人的发展需求上。从人的发展需求出发,则无论是城市还是城乡,每个人都是无差别的存在者,因而都应当能够实现自己的发展需求,都应当能够同等地实现对美好生活的向往。因此,城乡一体化,实质上是把城与乡看作一个有机的整体,这个有机的整体能够有效地实现生产要素和资源要素在城乡之间的无障碍的合理流动。这其中既然有乡村资源向城镇的聚集,同时也应该有城镇资源向乡村的聚集。

3. 中小学

本书所涉中小学是中学和小学的简称,在外延上主要涵盖小学和初级中学,专指义务教育阶段的教师。研究对象的选择主要考虑以下几个因素:一是从性质上来看,所研究的对象主要属于义务教育阶段,从而将非义务教育的幼儿园和普通高中排除在外。这种选择也与中央政府关于教育均衡发展的内涵相一致。二是从单位的属性来看,中小学属于事业单位,具有公有性和依赖性,意味着国家和政府要为中小学教师编制城乡一体化提供强大的政策和制度支撑;事业单位具有公益性和服务性,意味着教师编制城乡一体化需要权衡教师的利益基础,让教师乐于成为编制城乡一体化的推动者和执行者;事业单位所具有的专业性,意味着中小学教师编制城乡一体化最终目标是实现城乡教师编制的动态平衡,从而为城乡教育一体化发展提供教师资源支撑。

4. 教师编制

编制是教师人事管理的重要内容,是由学校所隶属的政府编制部门,根据国家关于教师编制的统一标准,对学校及其他教育机构的教师数量和职务进行分配,并由所隶属的财政部门据此进行拨款。2001 年,教育部颁发《关于贯彻〈国务院办公厅转发中央编办、教育部、财政部关于制定中小学教职工编制标准意见的通知〉的实施意见》指出,我国教师编制的管理应该由"县级教育行政部门会同编制、财政部门,根据本省、自治区、直辖市编制实施办法和教育事业发展规划,提出本地区中小学人员编制方案"①。从教育部所发文件的内容来看,教师编制内容涉及:学校内设机构、领导职数、人员配额(其中包括教师与职员、教学辅助人员、工勤人员的结构比例)等。从事权主体来看,教师编制主要涉及教育行政部门、编制部门和财政部门。就教师编制的环节来看,由中央政府确定的教师编制包括编制标准、由省级政府确定的编制标准的具体实施办法、由所属管辖的政府确定的编制方案及编制核定等。2001 年,《关于制定中小学教职工编制标准的意见》中对于各级政府在教师编制的职责有明确的规定和要求(详见表 1)。

表 1　教师编制管理的责任主体及其职责

责任主体	职　　责
中央编办、教育部、财政部	全国中小学教职工编制标准
省级机构编制、教育、财政部门	制定具体实施办法
市(地)级人民政府	加强统筹规划,搞好组织协调
县级教育行政部门	提出本地区中小学人员编制方案,按照上级核定的编制总额标准,按照区域内的实际情况具体分配各校的编制分配情况,并报同级机构编制部门备案
县级编制部门、财政部门	核定本地区中小学人员编制,报省级人民政府核准依据编制主管部门核定的人员编制,核拨中小学人员经费

5. 中小学教师编制城乡一体化

何谓中小学教师编制城乡一体化? 刘明认为一体化包括合作、分工协作、

---

①　教育部网站:《关于贯彻〈国务院办公厅转发中央编办、教育部、财政部关于制定中小学教职工编制标准意见的通知〉的实施意见》,2018 年 3 月 1 日,见 http://www.moe.gov.cn/jyb_xxgk/gk_gbgg/moe_0/moe_8/moe_26/tnull_316.html。

无障碍流通、共享等基本意义。"它是一个动态的概念。一般地说:'一体化'是指国家或区域社会经济主体为实现某项战略目标,形成某种联合体的过程。"①结合到教师资源上来,也就是说教师编制城乡一体化需要通过政府和非政府培养单位间的大量协商,采取一系列措施促进教师资源城乡之间的无障碍共享。日本学者宇土正彦在谈到区域经济一体化时指出,区域经济一体化是指地域上较近或地理特征相似的地区、城市之间,为谋求共同发展而在社会再生产的主要领域各个方面实行经济联合与共同调控,形成一个不受地域限制的产品、要素、劳动力及资本自由流动的同一区域的动态过程。② 也就是说,中小学教师编制城乡一体化是要在城乡这个区域内实现教师这一要素的自由流动。"牵一发而动全身",是故"全身动一发必动",因此,要实现城乡区域间某一要素的一体化,城乡必须实现一体化。

2002 年,教育部《关于贯彻〈国务院办公厅转发中央编办、教育部、财政部关于制定中小学教职工编制标准意见的通知〉的实施意见》中指出,"县级教育行政部门在批准的教职工编制总额内,调控中小学班额(每班学生数)和班级数,科学确定中小学教职工工作量,采取在校学生人数、标准班额、班级数、每班教师定员等指标,区别学校层次和地域分布,计算并分配中小学校编制数额。要根据生源变化和学校布局调整的情况,合理调剂学校之间编制余缺。"③这个文件,侧重于从教师编制的配备出发,基于较为固化的学校办学规模,突出中小学编制数额。2016 年,《国务院关于统筹推进县域内城乡义务教育一体化改革发展的若干意见》指出,"要依据义务教育学校教职工编制标准、学生规模和教育教学需要,按照中央严格控制机构编制有关要求,

---

① 刘明:《山东省竞技体育队伍的现状及发展对策》,《上海体育学院学报》2001 年第 3 期。

② [日]宇土正彦:《体育管理学入门》,华夏出版社 1991 年版,第 26 页,转引自王新红:《山东省体育人力资源一体化实行机制研究》,山东师范大学硕士学位论文,2009 年 6 月。

③ 教育部网站:《关于贯彻〈国务院办公厅转发中央编办、教育部、财政部关于制定中小学教职工编制标准意见的通知〉的实施意见》,2018 年 3 月 1 日,见 http://www.moe.gov.cn/jyb_xxgk/gk_gbgg/moe_0/moe_8/moe_26/tnull_316.html。

合理核定义务教育学校教职工编制。建立城乡义务教育学校教职工编制统筹配置机制和跨区域调整机制,实行教职工编制城乡、区域统筹和动态管理,盘活编制存量,提高使用效益。"①比较这两个文件可以看出,关于教师编制,一个重要的变化就是从之前注重编制配备,到现在既强调编制配备又强调编制动态管理。从国务院县域内城乡教育一体化发展关于教师编制的要求来看,教师编制城乡一体化包含两层含义。一是根据中央政府关于教师编制的配备标准,核定教师编制,此即文件中提到的,"要依据义务教育学校教职工编制标准、学生规模和教育教学需要,按照中央严格控制机构编制有关要求,合理核定义务教育学校教职工编制。"二是区域内教师编制的统筹配置机制和跨区域调整机制,主要是实现教师编制在城乡间、区域内的统筹和动态管理。其核心要义是,把城乡的教师资源作为一个整体看待,统筹管理,着力解决乡村教师结构性缺员和城镇师资不足问题,实现城乡教师资源的统筹配置和跨区域调整,最终目标是要盘活师资存量,提高师资的使用效益。

据此,可以把教师编制城乡一体化分为编制核定和编制管理两个方面内容。前者主要是根据学校的学生数和班级数,核定学校的教职员工数,以确保学校教育教学工作的正常运转;后者则主要是根据学校的布局调整以及在校学生数的变化情况,对学校的教职员工进行动态调整,以确保有关教育资源发挥最大的教育效益。其中,区域内部教师编制的统筹配置和统筹管理,是教师编制城乡一体化两个重要的方面。

教师编制内涵上的变化与社会发展以及城乡人口流动有着密切的关系。长期以来,在计划经济时代,由于社会的超稳定性而来的学校生源的固化与稳定,使得作为教育人事管理重要内容的教师编制问题,主要是一个有关编制标准和编制核定问题。然而,随着社会流动性的加强,特别是乡村社会流动性的

---

① 《国务院关于统筹推进县域内城乡义务教育一体化改革发展的若干意见》,http://www.gov.cn/zhengce/content/2016-07/11/content_5090298.htm,2016年7月11日。

加强,教师编制问题不仅有一个编制标准问题,以及编制标准的城乡统一问题,还有一个教师编制的动态调整与管理问题。随着社会的发展,后一个问题正在成为教师人事管理中的一个常态问题。因此,中小学教师编制城乡一体化,在前一个问题上,则主要是指教师编制标准的一体化,即城乡执行同一个教师编制标准,其实质是将城镇教育与乡村教育看作一个有机整体,从而实现基本公共教育服务供给均等化。在后一个问题上,即在因生源变化带来的学校办学规模变化的意义上,中小学教师编制城乡一体化,主要是指中小学教师编制城乡管理一体化,即在把城乡教育看作一个有机整体的情况下,根据生源变化情况,在城乡学校之间进行教师编制的动态调整,打破教师编制为学校所有的惯例,实现教师在城乡之间的合理流动。从教育发展的角度来看,教师是重要的办学资源;从教师是教育构成要素的角度来看,教师又是学生发展和教育质量提升的要素资源。无论是哪一种资源,教师编制城乡一体化都意味着教师资源在城乡之间的流动。正是教师资源要素在城乡之间的流动,才能够真正实现城乡教育的有机整体性,也才能够保证基本公共教育服务的均等化。

(二)研究方法

本研究主要采用文献研究法、个案研究法和比较研究法。

1. 文献研究法

文献研究法主要搜集分析借鉴三个方面的文献,一是国内有关中小学教师编制的政策文本。包括中共中央、国务院发布的有关农村教育发展、教师队伍建设的政策文本;新中国成立以来国家层面发布的有关教师编制的文件;地方政府发布的有关教师编制的具体实施方法的文件等。二是美国、英国、日本等国家有关教师队伍管理的政策性文本。三是国内外学者有关中小学教师队伍建设,特别是中小学教师编制研究的学术著作、论文等。

2. 案例研究法

为探索各地有关中小学教师编制城乡一体化改革的经验以及在改革过程中所面临的问题,本研究分别围绕城乡教师编制的宏观动态调整、县管校聘、无校籍、县域内教师流动、教师编制管理的学区制五种模式,分别选择安徽省的南部、中部和北部的经济发达县,经济发展水平中等的县以及贫困县的教师编制管理改革为个案。个案的选择主要考虑三个方面的因素:一是经济发展水平,所选择的对象既有经济发达县,也有贫困县,从而可以考察不同经济发展水平下中小学教师编制城乡一体化改革所面临的不同问题,以及取得的经验所具有的推广价值。二是选择对象的社会结构,本研究选择的对象,涵盖县和区两种类型,前者通常包括县城、县郊和乡村三种性质的聚居空间;后者则涵盖城镇和乡村两种聚居空间。由此考察中小学教师编制城乡一体化改革面临不同聚居空间时可能面临的不同问题及难题。三是中小学教师编制城乡一体化改革的不同模式探索。就本研究选择的五个对象来看,它们分别代表着不同的探索模式,由此使得不同类型、不同模式在中小学教师编制城乡一体化中各有利弊(详见表2)。

表2　典型个案的基本情况

县(区)	典型经验	经济发展水平	地方
M市B区	县管校聘	居于前列	皖南
W市Y区	无校籍管理	居于前列	皖南
H市F县	县域内流动	居于前列	皖中
U市L县	宏观动态调整	贫困县	皖北
S市D县	学区制	一般	皖北

3. 比较研究法

中小学教师编制城乡一体化,尽管是中国在教育发展过程中所面临的问题,并且这个问题源自城乡二元结构以及由此而来的城乡教育差异,但国际社会城乡教育发展,特别是中小学教师编制城乡一体化的实践与探索则能够为我们破解中小学教师编制城乡一体化所面临的困境,有着重要的启示。为了了解国外中小学教师编制管理的经验与策略,特别是在城乡教师管理上的策略和途径,本研究选取日本、英国和美国三个发达国家为比较对象,从而试图获取这三个国家在城乡教师编制方面的管理经验。表面上来看,这三个国家属于发达国家,因而其经验和教训未必适合于我国教育发展的目标和价值取向,但就我国教育发展已经进入世界中高行列而言,鉴于我国正在全力推进教育现代化、建设教育强国、办好人民满意的教育之发展目标,发达国家的教师编制管理经验对于我们仍然具有借鉴的意义和价值。

第一章 中小学教师编制城乡一体化的理论依据

　　城乡教师编制一体化是城乡教育一体化发展的重要体现,城乡教育一体化则是城乡基本公共服务均等化、推进城乡融合发展的重点内容。城乡教育一体化是在教育领域内实现城乡和谐发展,城乡共享优质教育资源,并通过教育传承和分享共同的人类文化成果。把城市教育或乡村教育置于由城市和乡村所构成的同一个大系统中,打破城乡二元经济结构和社会结构的束缚,把它们视为同一个整体,以系统思维方式,推动城乡教育相互支持、相互促进、协调发展,共同实施教育的现代化。① 推进城乡教育一体化发展,旨在城镇化的过程中,城乡教育形成新的有序的一体化系统。换句话来说,"城乡教育一体化就是指城乡教育空间的布局、教育体系、教育制度、教育政策、发展目标和发展战略等方面实现融合、融通,城乡教育相互促进、融合发展。"②同时,教育作为关系民生的基本公共产品与服务,城乡教育一体化发展又是城乡基本公共服务一体化的重要内容。更需要看到的是,城乡基本公共服务一体化又是破解城乡统筹发展的突破口。因此,深层次地理解教师编制城乡一体化,必须植根于城乡一体化发展的社会历史与现实背景之中。

---

① 王克勤:《论城乡教育一体化》,《普教研究》1995 年第 1 期。
② 高书国:《中国城乡教育转型模式》,北京师范大学出版社 2006 年版,第 288 页。

从理论解释来讲,城乡一体化发展的理论溯源本质是现代国家城乡关系问题。资本主义工业革命以后,出现了基于机器生产为特征的现代城市,从而产生了城乡的区分,甚至矛盾对立。亲身经历这种变化的马克思恩格斯将消除城乡对立作为研究的对象,通过揭示城乡关系的本质及其发展规律,阐释城乡对立的根本原因,发展出城乡融合思想。列宁则运用马克思恩格斯的理论,结合俄国实际来分析十月革命前后俄国城乡对立的原因与协调措施。此后,西方社会学家和经济学家通过对发展中国家的社会和经济结构进行考察,提出了城乡二元经济结构理论。该理论自荷兰社会学家伯克(Burke J.H)提出以来,由经济学家刘易斯(Lewis W. A.)、费景汉(John C. H. Fei)和古斯塔夫·拉尼斯(Gustav Ranis)、乔根森、托达罗等人不断丰富和发展,为解决城乡协调发展问题作出了重要贡献。在我国,毛泽东、邓小平、江泽民、胡锦涛等历届中央领导人均结合我国不同历史阶段的国情,在革命和建设中积极探索,为认识和理解中国城乡关系积累了宝贵的财富。党的十八大以来,以习近平同志为核心的党中央,坚持统筹城乡发展的思想,结合全面建成小康社会和社会主义现代化的发展要求,提出了新时代城乡融合的新思想和新论断。

一、马克思恩格斯的城乡融合思想

马克思恩格斯城乡融合思想是城乡教育一体化发展的理论依据,城乡教育一体化发展是对马克思恩格斯城乡融合思想的运用、继承和发展,这是马克思恩格斯城乡融合思想和中国城乡教育一体化发展之间的内在逻辑。从社会本体论角度来解读马克思主义经典作家城乡融合思想,不仅有利于正确把握城乡教育一体化发展的内涵,而且有利于促进城乡教育一体化的科学实践。

尽管马克思恩格斯城乡融合思想是马克思主义理论体系的重要组成部分,然而马克思恩格斯并未就城乡统筹问题在某一著作中做过专门集中而系统性的论述,其城乡统筹思想的火花散见于《1844年经济学哲学手稿》《德意志意识形态》《共产党宣言》《政治经济学批判》《论住宅问题》《资本论》等一系列经典著作中。①

马克思恩格斯的城乡融合思想是基于圣西门、傅立叶和欧文等空想社会主义者提出的城乡一体化发展的设想而提出的。空想社会主义者把城乡一体化作为对未来理想社会的一种追求。他们认为，"和谐社会中是没有城乡差别和城乡对立的，城市不是农村的主宰，乡村也不是城市的附庸，二者是平等的。"②马克思恩格斯在此基础上，设想未来的社会不再固化城乡的分裂，而是城乡在新的基础上平衡、协调，即实现城乡融合。

1847年，恩格斯在《共产主义原理》中便提出了"城乡融合"的设想。恩格斯在论述废除私有制的革命时就提出，"在国有土地上建筑大厦，作为公民公社的公共住宅。公民公社将从事工业生产和农业生产，将结合城市和乡村生活方式的优点而避免二者的偏颇和缺点。"③他明确提出，"城市和乡村之间的对立也将消失。从事农业和工业劳动的将是同样的一些人，而不再是两个不同的阶段。但从物质方面的原因来看，这已经是共产主义联合体的必要条件了。乡村农业人口的分散和大城市工业人口的集中只是工农业发展水平还不够高的表现，它是进一步发展过程的障碍，通过消除旧的分工，进行生产教育、变换工种、共同享受大家创造出来的福利，以及城乡的融合，使社会主体成员的才能得到全面的发展。"④恩格斯的论述中包含着四层含义：首先是城市与乡村之间的对立将消失；其次是从事农业和工业劳动的都将是同样的人；再次是在工业发展水平不高的阶段，乡村农业人口分散与大城市工业人口集中的现象依然存在，而且是进一步发展的障碍；最后是通过消除分工差别、生产

---

① 祝小宁、罗敏：《对马克思恩格斯城乡统筹发展理论体系的当代解读》，《西华师范大学学报（哲学社会科学版）》2008年第5期。

② 转引自段娟、文余源、鲁奇：《近十五年国内外城乡互动发展研究述评》，《地理科学进展》2006年第4期。

③ 《马克思恩格斯选集》第4卷，人民出版社1958年版，第368页。

④ 《马克思恩格斯选集》第1卷，人民出版社2012年版，第308页。

教育与培训、福利共享、实现城乡融合和社会成员的全面发展。①

马克思曾指出,要实现共产主义,就必须消灭城乡差距、地区差距、体力劳动和脑力劳动之间的差距。1858 年,马克思出版了《政治经济学批判》一书,其中首次提出了"乡村城市化"这一思想。马克思说道:"古典古代的历史是城市的历史,不过这是以土地所有制和农业为基础的城市;亚细亚的历史是城市和乡村的一种无差别的统一(真正的大城市在这里只能干脆看作王宫的营垒,看作真正的经济结构上的赘疣);中世纪(日耳曼时代)是从乡村这个历史舞台出发的,然后,它进一步发展是在城市和乡村的对立中进行的;现代的[历史]是乡村城市化,而不是像古代那样是城市乡村化。"②马克思从历史发展的角度解释了城市和农村的相互关系,从而建立了在 20 世纪初被命名的"乡村城市化"的科学理论基础。

透视马克思恩格斯的城乡融合理论和"乡村城市化"思想,可以看出:第一,从其最初设想来看,城乡融合实际是指城乡之间相互吸收生活方式的优点基础上的社会本身整体发展状况,是整个社会统筹、协调发展的结果。因此城乡融合不是某些产业之间的融合,也不是社会某些领域之间的融合,而是指社会整体各子系统之间优势互补、协调统一的存在状态和发展态势,是社会整体协调发展的理想状态。第二,城乡融合是社会生产力发展的必然要求。消除城乡对立"已经成为工业生产本身的直接必需,同样它也已经成为农业生产和公共卫生事业的必需。只有通过城市和乡村的融合,现在的空气、水和土地的污染才能排除"③。第三,城乡融合需要有赖于社会的制度设计和安排。恩格斯从产业融合和劳动力合理分布角度分析了城乡对立问题,他指出:"当社会成为全部生产资料的主人,可以在社会范围内有计划地利用这些生产资料

---

① 张金英:《城乡教育一体化的动力机制及战略研究》,天津大学博士学位论文 2010 年,第 21—22 页。

② 《马克思恩格斯选集》第 2 卷,人民出版社 2012 年版,第 733 页。

③ 《马克思恩格斯选集》第 3 卷,人民出版社 1995 年版,第 646—647 页。

的时候,社会就消灭了迄今为止的人自己的生产资料对人的奴役。不言而喻,要不是每一个人都得到解放,社会也不能得到解放。因此,旧的生产方式必须彻底变革,特别是旧的分工必须消灭。"①可见,消灭分工的过程并非顺其自然的事情,而是必须依靠社会的制度安排来实现。打破城乡对立、建立城乡统筹发展机制、实现城乡融合是社会自身整体发展的必然要求和理性选择,体现了城乡融合过程中人的积极主动参与性。② 以马克思恩格斯的城乡融合思想为理论依据,需要注意到教育作为社会范畴的重要组成部分,是城乡融合的有机内容和重要手段,城乡教育一体化发展是城乡发展的题中应有之义。

二、城乡发展的二元经济结构理论

二元经济结构理论是发展经济学的奠基性理论之一。所谓二元,毋庸置疑是指城市和农村的城乡二元结构。在城市,以现代工业生产方式为主;在农村,以传统农业生产方式为主。最早提出"二元结构"的是荷兰社会学家伯克(Burke J.H)。伯克在调查印度尼西亚进行社会调查时,发现摆脱荷兰殖民统治的印度尼西亚在农村和城市之间有一个分明的界限。在农村,主要依靠劳动力生产;在城市,主要依靠机器生产。③ 他基于印度尼西亚的社会,提出了二元社会结构。二元结构社会不仅存在于发展中国家,也存在于发达国家的发展初期。伯克的二元结构思想为后来研究发展中国家的经济学家们配置了崭新的钥匙。从此以后,有关发展中国家的各种二元理论、发展模式如雨后春笋般涌现出来,为广大发展中国家脱离贫穷落后、走向富强发达出谋划策。④

---

① 《马克思恩格斯选集》第3卷,人民出版社1995年版,第644页。
② 郭彩琴:《马克思主义城乡融合思想与我国城乡教育一体化发展》,《马克思主义研究》2010年第3期。
③ Boke. J. H.,Economics and Economics Policy of Dual Societies as Exemplified by Indonesia,New York:Institute of Pacific Relation,1953.
④ 李冰:《二元经济结构理论与中国城乡一体化发展研究》,西北大学,2010年7月。

如前所述,当前城乡教师编制一体化,也是植根于城乡统筹发展的社会背景之中,因此,综合运用西方城乡二元经济结构理论,来检视当前我国城乡一体化发展的问题,才能从根源上找出适当的破解之路。

1. 刘易斯(Lewis W. A.)模式

著名发展经济学家、诺贝尔经济学奖获得者刘易斯是系统论述发展中国家二元经济结构的先驱人物。他在论文《劳动无限供给条件下的经济发展》[①]中明确提出其二元经济结构思想,并被后人称之为刘易斯模式,也被称作无限过剩劳动力发展模式。刘易斯模式有两个前提假设:一个是两部门经济,即以农业为代表的非资本主义部门和以工业为代表的资本主义部门;另一个是无限劳动力供给。刘易斯模式第一次提出发展中国家存在现代部门和传统部门的结构差异,把经济增长过程与工业化过程以及人口流动紧密结合在一起分析,为经济发展研究开创了结构分析方法,引致了后来各种二元经济结构理论的出现;把经济增长过程与劳动力转移有机地结合在一起,对发展中国家制定经济发展战略有重要参考意义;把经济增长过程中工业化与城市化联系在一起,认为劳动力职业转换与人口地域迁移是同一个过程,避免了城市化滞后和过度城市化问题;把工业化与资本积累有机结合在一起,强调了资本积累对于经济发展的重要性。

2. 拉尼斯—费模式(Ranis-Fei model)[②]

该模式是一种从动态角度研究农业和工业均衡增长的二元结构理论。1961年由费景汉(John C. H. Fei)和古斯塔夫·拉尼斯(Gustav Ranis)在对刘易斯模型进行改进的基础上提出。拉尼斯—费模式揭示了农村剩余劳动力向

---

① Lewis W. A. , Economic Development with Unlimited Supply of Labor, The Manchester School of Economic and Social Studies, 1954(5), pp. 139–191.

② Fei C. H. , Rains G. A. , Theory of Economics Development, American Economic Review, 1961 (9), pp. 533–565.

城市工业部门转移的过程,是描述城乡一体化的主要模式。该过程分为三个阶段:第一阶段是劳动边际生产率等于零的劳动力转移;第二阶段是劳动边际生产率大于零但小于不变制度工资的劳动力转移;第三阶段是劳动边际生产率大于不变制度工资的劳动力转移。第一、二阶段的劳动力为伪装失业者,在伪装失业全部被吸收到工业部门就业以后,劳动力转移就进入了第三阶段。伪装失业的消失标志着不发达经济已经进入了商业化阶段,表明农业已开始资本主义化了。城乡一体化过程按此过程可以分为三个辩证发展阶段:分别为第一阶段,城市诞生于乡村,城乡依存;第二阶段,工业革命加速了城市化,城乡出现分离、对立,城市统治乡村;第三阶段,随着城市化的发展,城乡逐步融合,走入城乡一体化。

3.乔根森模式①

乔根森作为美国1971年最高经济学奖约翰·贝茨·克拉克奖得主,对经济学的突出贡献之一就是在分析批判刘易斯模式基础上,建立了自己的二元经济学说。此模式以发展中国家和地区经济为背景,作出两个假定:第一,经济模式涉及两个经济部门,一个是落后或传统的农业部门,它是国民经济的主体;另一个是先进或现代的工业部门,它是在出现农业剩余以后产生和逐步发展起来的。第二,农业没有资本积累,生产包括土地和劳动两个要素,其中土地固定不变,农业生产就是劳动投入的函数;劳动的边际生产率大于零,不存在劳动的边际生产率等于零或小于零的剩余生产力。第三,工业除土地要素外,还包括劳动和资本两个要素,其中资本相对短缺,工业产出是劳动和资产的函数;工资和利润绝对值呈上升趋势,但其相对比重不变。第四,两个部门的产生随着时间自动增长。他的二元经济模式具有以下几个特征:第一,农业剩余是乔根森模式的基础和核心;第二,工资呈水平上升趋势;第三,人口增长是经济

---

① orgenson D. W. , The Deveiopment of a Dual Economy, Economic Journal, 1961 (11), pp. 309-334.

增长的内生变量。这些特征也代表了乔根森对二元经济理论的独特贡献。

4.托达罗模式

20世纪60年代末70年代初,美国经济学家托达罗发表一系列论文阐述他所建构的人口流动模型。该模型是建立在发展中国家普遍存在城市失业这一事实的基础之上。此模型存在两个理论假定:第一,农村部门不存在剩余劳动力,而城市部门却有大量失业(他的模型不是在强调农村劳动力流动对经济发展的积极影响,而是着重研究如何放慢农村劳动力流动速度,以缓和城市失业问题)。第二,城市和农村预期收入的差距是农村劳动者流入城市的主要动机。预期收入的差距越大,从农村迁入城市的人就越多。托达罗认为由于发展中城市存在失业,一名劳动者决定迁入城市一方面取决于城市与农村的实际收入差异,另一方面还取决于城市的就业率与失业率。也就是说,即使城乡之间的实际收入差距再大,如果农民预期城市失业率很高的话,他也不会选择迁往城市就业。该模式旨在说明应尽量减少城乡机会不均等现象,在创造城市就业机会的同时,还应努力提高农村收入和增进农村就业的机会;不宜过分扩大对教育事业,特别是中、高等教育事业的投入;要适当控制工资补贴和政府雇佣人员数量;要从城市就业的供给与需求两个方面做出考虑而定出综合性的政策,关键在于摆脱只注重城市的偏见,转而注意农村发展。

三、习近平新时代中国特色社会主义
城乡发展一体化思想

当前我国进入全面建成小康社会决胜阶段,但城乡发展不平衡的问题依旧十分突出,成为社会向前迈进发展的重大障碍。习近平总书记在党的十九大报告中首次指出:"我国社会的主要矛盾已转变为人民日益增长的美好生活需要和不平衡不充分的发展之间的矛盾。"因此,城乡发展一体化对于解决城乡发展不协调的诸多问题将具有重大意义。党的十八大以来,习近平总书记围绕推进城乡发展一体化问题发表了一系列重要论述,对城乡发展一体化的重要意义、基本目标、具体举措等作了深刻阐释。可以说,习近平新时代中国特色社会主义思想中关于城乡统筹发展的重要论述是当前解决包括城乡教师编制在内的城乡一体化发展的最重要的理论依据。

(一)习近平城乡发展一体化思想渊源

城乡发展一体化一直以来都是党治国理政的重要指导思想,城乡发展一体化思想最初来源于马克思恩格斯的城乡融合思想,并在继承与发展中不断丰富着城乡融合思想,形成当下习近平总书记关于城乡发展一体化的重要思想。马克思恩格斯始终认为,城乡分化与城乡融合是城乡发展必然会经历的两种城乡关系,城乡分化是最初的一种状态,随着社会生产力发展与新分工的形成,城乡对立状态会有所缓解,且这种对立会逐步消失不见,形成不分工农阶级的城乡融合的新型城乡关系。[①] 城乡发展一体化思想随后在历届中央领导人的论述与著作中频繁出现,并成为解决不同历史时期城乡发展关系的主导思想。

追溯到党的第一代领导人毛泽东同志,可以说在其领导国家发展的几个关键阶段里,都充分领悟并结合具体国情运用了马克思关于城乡发展一体化的思想理论来作为城乡社会发展的重要战略。毛泽东同志根据不同发展时期农村与城市发展的不同势力对城乡关系的发展提出了不同的行动路径。大体上包括两个主要阶段:经历了从以农村为重心,逐步包围城市,再到以城市工作为重心,优先发展重工业,兼顾农村、农业和农民的城乡兼顾互助思想。[②]

邓小平同志的城乡发展思想更是充分吸纳了马克思恩格斯的城乡融合思想,对国家工业与农业、城市与乡村的发展关系有着十分清晰明确的认识。邓

---

① 《马克思恩格斯选集》第 1 卷,人民出版社 2012 年版,第 308 页。
② 李婧:《习近平城乡一体化思想研究》,云南农业大学,2017 年。

小平同志多次强调搞不好农业,工业就没有希望,农民不富裕,农村不发展,中国的经济就不会长久进步。20世纪70年代,邓小平同志明确指出,工业化水平越高,越不能忽视农业,必须以农业作为稳定的基础的城乡协调思想。①

随后,江泽民同志根据我国城乡在政治、经济、社会等多层面二元化发展的现状提出了城乡统筹发展的思想,在党的十六大报告中正式提出要以统筹城乡经济发展的视角解决"三农"问题,要通过统筹城乡发展,着力缩小城乡发展差距,实现我国全面建设小康社会的伟大目标。②

2003年,胡锦涛同志在中央经济工作会议上提出要统筹城乡经济社会发展,发挥城市对农村的带动作用。党的十六届三中全会报告将统筹城乡发展放在了作为科学发展总要求的"五个统筹"之首。党的十六届三中全会强调要实现科学发展,就要实现"五个统筹",即统筹城乡发展、统筹区域发展、统筹经济社会发展、统筹人与自然和谐发展、统筹国内外发展。只有坚持城乡统筹,才能促进乡二元体制改革和解决"三农"问题,才能逐步缩小城乡差距和带动城乡经济社会一体化的建设,才能推进全面建成小康社会这一战略目标的实现。③

(二)习近平城乡发展一体化思想的形成

习近平总书记城乡发展一体化思想的形成正是以马克思恩格斯关于城乡融合理念为思想指导,并在不断丰富和发展国家历代中央领导集体关于城乡发展的思想基础上形成的思想结晶。城乡发展一体化是针对目前我国的现实国情而制定的发展目标,当下我国综合国力正愈趋强大,人民生活水平正稳步提升,但城乡发展仍旧处于不平衡、不协调的二元结构模式,农业农村发展远

---

① 谢婉玥:《邓小平的城乡统筹发展思想及其现实启示》,《当代教育实践与教学研究》2017年第8期。

② 方方:《江泽民统筹城乡发展思想研究》,山西大学,2012年。

③ 孔垂海:《党的十六大以来胡锦涛城乡统筹思想研究》,东北林业大学,2014年。

远滞后于工业化发展和城镇化建设,且城镇化建设与新农村建设两者并未起到相互协同发展的作用,城乡之间的要素平等交换和公共资源均衡配置仍旧处于低级水平,因此这将深刻影响到我国小康社会的建成以及城乡之间的持续健康发展。在此背景下,城乡发展一体化的推进势在必行。

同时,城乡发展一体化的推进也是我国经济发展到一定阶段的必行之策。目前我国国民经济快速发展,经济实力不断提升,已跻身于世界经济大国的行列;科学技术突飞猛进;国防和军队建设取得了重大成就。2019 年,我国人均GDP 首次突破 1 万美元,国内生产总值占全球经济比重达 16%,对世界经济增长的贡献率达 30% 左右。2020 年,我国国内生产总值超过 100 万亿元。

从 2010 年开始,按照世界银行的分类标准,中国已经由下中等收入国家上升到上中等收入国家,经济地位的提升使得国家发展拥有向前更进一步的硬实力。2015 年 4 月 30 日下午,中共中央政治局就健全城乡发展一体化体制机制进行第二十二次集体学习。习近平总书记在会上强调:"当前,我国经济实力和综合国力显著增强,具备了支撑城乡发展一体化物质技术条件,到了工业反哺农业、城市支持农村的发展阶段。顺应我国发展的新特征新要求,必须进一步发挥制度优势,加强体制机制建设,把工业反哺农业、城市支持农村作为一项长期坚持的方针,坚持和完善实践证明行之有效的强农惠农富农政策,动员社会各方面力量加大对'三农'的支持力度,努力形成城乡发展一体化新格局。"①

习近平城乡发展一体化思想的形成,为构建新型城乡关系提供了指导纲领,是对马克思恩格斯的城乡融合理论以及历代领导核心关于城乡关系思想的创新与升华。党的十八大以来,习近平总书记围绕推进城乡发展一体化问题发表了一系列重要论述,对其重要意义、基本目标、具体举措及做好这一工作从方法论上应该特别注意的问题等作了深刻阐释,为我们稳步推进城乡发

---

① 《习近平在中共中央政治局第二十二次集体学习时强调 健全城乡发展一体化体制机制 让广大农民共享改革发展成果》,《人民日报》2015 年 5 月 4 日。

展一体化、解决好"三农"问题提供了重要指导和根本遵循。在党的十八大报告中，习近平总书记在充分总结出我国当前农业还是"四化同步"的短腿、农村还是全面建成小康社会的短板的同时，将"推动城乡发展一体化"作为专门一条思想列出，并做出具体的任务部署。[①] 他指出：第一，加快推进城乡发展一体化，是党的十八大提出的战略任务，也是落实"四个全面"战略布局的必然要求。"四个全面"战略布局中的全面建成小康社会是战略目标，实现这一战略目标是实现中华民族伟大复兴的关键一步。目前我国已经进入全面建成小康社会的决定性阶段，我们所有的工作和奋斗都要向这个目标聚焦。第二，推进城乡发展一体化，是工业化、城镇化、农业现代化发展到一定阶段的必然要求，是国家现代化的重要标志。第三，健全城乡发展一体化体制机制，是一项关系全局和长远的重大任务。可以看出，不断推进城乡发展一体化，解决城乡发展中目前存在的问题是实现祖国伟大目标的必经之路。

在党的十八大报告中，习近平总书记强调："全面建成小康社会，难点在农村，最艰巨最繁重的任务在农村、特别是贫困地区。"因此，城乡发展一体化思想指导的重点也就在于解决"三农"问题。务农重本，国之大纲。三农问题，既是生产问题，也是社会问题；既是经济问题，也是政治问题，关系到我们每一个人的切身利益。尤其在当今信息化社会，"三农"问题更是受到前所未有的关注，例如食品安全、粮食安全、农村土地问题等等。[②] 农业问题主要是两个方面：农产品的供给数量和农产品质量（包括质量安全）。农村问题主要也包括两个方面：农村的社会公共服务（基础设施与社会事业）和生态环境保护问题。农民问题，是与农民利益直接相关的问题，同样可以归纳为两个方面：农民的经济收入和各种社会权利。[③] 但目前我国"三农"问题愈加错综复

---

① 高长武：《习近平关于推进城乡发展一体化的思想论析》，见《2016年度文献研究个人课题成果集（下）》，中央文献出版社2018年版，第44—56页。

② 习近平：《把握"两个趋向"解决"三农"问题》，《人民日报》2005年2月4日。

③ 习近平：《把握"两个趋向"解决"三农"问题》，《人民日报》2005年2月4日。

杂:一方面,随着城市发展的不断加速,农村发展与之距离相差甚远,跟不上城市的步伐,且很多问题在发展中不断产生,无法预期;另一方面,我国"三农"问题的严重性分布具有区域性特征,东中西部三区发展不均衡且差别明显。如若"三农"问题得不到有效解决,那么关涉的是全体人民的利益,关乎的是国家的生存命运。因此,推行城乡发展一体化的发展战略将有利于协调城乡两地之间的发展,改变长期以来城乡二元发展的结构模式,缩小城乡差距,早日实现全面建成小康社会的目标,实现中华民族伟大复兴的中国梦。

在党的十九大报告中,习近平总书记提出面向2035年基本实现社会主义现代化,要使"城乡区域发展差距和居民生活水平差距显著缩小,基本公共服务均等化基本实现"。为此,提出实施乡村振兴战略,要"建立健全城乡融合发展体制机制和政策体系"。在论及优先发展教育事业方面,要求"推动城乡义务教育一体化发展,高度重视农村义务教育";在加强社会保障体系建设方面,指出在基本养老保险制度、居民基本医疗保险制度和大病保险制度。完善失业、工伤保险制度、社会救助体系等多个方面均强调要坚持城乡统筹。

在党的十九届五中全会上,习近平总书记指出"十四五"时期,要优先发展农业农村,全面推进乡村振兴。强化"以工补农、以城带乡,推动形成工农互促、城乡互补、协调发展、共同繁荣的新型工农城乡关系"。要健全城乡融合发展机制,推动城乡要素平等交换、双向流动,增强农业农村发展活力。他还提出经济方面城乡区域发展协调性明显增强,要支持有利于城乡区域协调发展的重大项目建设。同时,在建设用地市场方面,公共文化服务体系建设、就业政策体系等坚持城乡一体化。

(三)习近平城乡发展一体化思想的主要内容

1.城乡发展一体化的"五化"目标

习近平总书记在党的十八届五中全会上强调:"推进城乡发展一体化要

坚持从国情出发，从我国城乡发展不平衡不协调的二元结构的现实出发，从我国的自然禀赋、历史文化传统、制度体制出发，既要遵循普遍规律，又不能墨守成规，既要借鉴国际先进经验，又不能照抄照搬。要把工业和农业、城市和乡村作为一个整体统筹谋划，要继续推进新农村建设，使之与新型城镇化协调发展、互惠一体，逐步实现城乡居民基本权益平等化、城乡公共服务均等化、城乡居民收入均衡化、城乡要素配置合理化，以及城乡产业发展融合化，形成双轮驱动。"①城乡居民基本权益平等化、城乡公共服务均等化、城乡居民收入均衡化、城乡要素配置合理化，以及城乡产业发展融合化便成为城乡发展一体化的五大目标，形成庞大的目标体系。

第一，城乡居民基本权益平等化。"十三五"时期最大的经济新动能是城乡一体化，而城乡一体化最关键的就是城乡居民基本权益平等化。中央政策研究室原副主任郑新立表示："城乡居民基本权益目前存在两大不平等：一是财产权益不平等，城里人的房子、土地完全商品化，特别是北、上、深最近房价暴涨，财产性收入、财富效应凸显。二是户籍不平等，农民工尽管为城市发展做出巨大贡献，但在城里干了二十年、三十年，由于农村户口还是分享不到城市各种公共服务。"②因此，使农民在土地使用权和房屋财产获得权、经营权等方面享有城市市民相当的权益才是解决问题的关键。

第二，城乡公共服务均等化。在城乡公共服务均等化方面，我国已经相继颁布了多部农村公共服务保障性政策文件，对改善城乡公共服务不均等的现象有积极的改善作用。但由于我国城乡二元户籍制度带来的多项制度壁垒使得城乡公共服务的体制机制不顺畅。同时在社会保障制度方面，由于社保固定的属地化管理给异地社保带来区域障碍，从而对社会公共福利的享有产生干扰。另外，农村地区的公共服务设施及条件与城市有较大差距，这也制约了

---

① 《中共中央　国务院关于加大改革创新力度加快农业现代化建设的若干意见》，2015年2月2日，见 http://politics.people.com.En/n/2015/0202/cl001-26487934-2.html。

② 郑新立：《城乡一体化最关键是基本权益平等化》，《财新周刊》2016年11月4日。

农村地区各项基本事业的可持续性发展。因此,多项问题亟待通过推进城乡一体化的诸种策略来解决。①

第三,城乡居民收入均衡化。我国城乡居民收入不均衡是一直以来的普遍现象,且是各种综合因素共同影响导致的结果,在较短时间内不太可能完全解决。首先,最大的影响就是地域因素所带来的先天条件劣势,身处城市的居民获取资源的方式自然比仅靠农业收成获得收入的方式要快、要多;其次,受长期以来城乡二元发展模式的深刻影响,政府对城市与农村的投入存在较大差距,城市获取资源的充沛也使得其具有较为雄厚的发展资本,形成较多的财富。但采取措施尽可能缓解由此带来的社会发展不均衡状态势在必行。

第四,城乡要素配置合理化。立足于当下我国城镇化建设的实际情况,城乡二元结构发展模式中的最大痼疾已不再是城市与农村本身资源的占有,而是城乡之间的要素配置存在显著不平衡,这是城乡差距逐日增大的主要原因,也是推进城乡一体化过程中解决的最重要问题,城乡要素配置也成为城乡一体化的实质。因此,构建合理的城乡资源要素配置秩序是健全城乡发展一体化的体制机制的重要内容。目前,我国城乡要素配置不合理源于多种原因,其中最主要的在于资源要素的流向并未发生改变,即资源多数流向城市,这已经形成一种强大的惯性,资源要素长期向城市单向聚集,最终导致了土地、资本和劳动力等多重城乡剪刀差,农业和农村的弱质性被进一步强化,这是改革开放三十多年我国城乡差距拉大的根本性原因。② 因此,尝试改变要素配置的固定流向,使要素分流部分至农村地区,实现路径转型是必要的举动。

第五,城乡产业发展融合化。乡村振兴战略是习近平总书记强调的以人民为中心的发展理念在"三农"领域的具体体现,更是中国特色社会主义理论的重大创新和实践探索。党的十九大报告明确将产业兴旺放在乡村振兴战略

---

① 周章明、潘巧丽:《分析基本公共服务均等化相关概念及意义》,《智库时代》2018年第51期。

② 韩俊:《促进城乡公共资源均衡配置》,《经济日报》2015年11月11日。

总要求的首位,用意就是强调解决三农问题的第一要务仍然是发展农村生产力,产业兴旺是推动乡村振兴的原动力,也是实现农业强、农村美、农民富的经济基础。党的十九大报告提出,"促进农村一二三产业融合发展",这就为如何实现产业兴旺指明了方向,并阐述了产业兴旺的实施路径。其实从另一个角度来看,城乡产业融合也就是需要农村向现代农业的发展方向迈进,而不能单纯停留在传统农业发展的水平上。

2. 城乡发展一体化的驱动力

当前我国城乡发展问题的关键在于农村与城市发展的不平衡,这也成为推进城乡发展一体化过程中需要解决的重点问题。随着社会的快速发展,农村与城市在发展的方方面面均存在较大差距,包括农村与城市地域差别导致的资源占有量差距,以及因国家政策的城市中心倾向导致的发展机会差距、享受公共服务差距,等等。同时,农村发展存在先天和后天多重弊端,这些共同的原因造成了在短期内难以消除的城乡矛盾。为解决农村农业发展大大滞后于工业化和城镇化发展,且工业化和城镇化对农村农业辐射带动力不强的现状,习近平总书记在中央政治局第二十二次集体学习时以健全城乡发展一体化体制机制为主题的讲话中提到:"要继续推进新农村建设,使之与新型城镇化协调发展、互惠一体,形成双轮驱动。"同时指出:"要坚持以改革为动力,不断破解城乡二元结构。要完善规划体制,通盘考虑城乡发展规划编制,一体设计,多规合一,切实解决规划上城乡脱节、重城市轻农村的问题。要完善农村基础设施建设机制,推进城乡基础设施互联互通、共建共享,创新农村基础设施和公共服务设施决策、投入、建设、运行管护机制,积极引导社会资本参与农村公益性基础设施建设。"①只有达成新农村建设与新型城镇化建设两者相互协调、相互促进的新局面,才能真正达成城乡发展一体化的目标。

---

① 《习近平在中共中央政治局第二十二次集体学习时强调　健全城乡发展一体化体制机制　让广大农民共享改革发展成果》,《人民日报》2015 年 5 月 4 日。

新型城镇化与新农村建设是全面建成小康社会的必要组成部分,新农村建设是新型城镇化建设中的机遇与挑战,城镇化建设是新农村建设的依托和载体。要想实现城乡协调发展,就必须寻求两者协同发展的正确路径。首先就要区分两者的政策差异,新农村建设与新型城镇化建设是根据城市与农村两地不同的发展特点而制定的两种模式的理论框架,只有找准两者相互联系的基点才能有效协调两者。城镇化建设是通过突破农村与城市长期以来固有的户籍制度壁垒,促进农业人口的市民化,使农业人口享受到城市相当的公共服务及相应权益。① 新农村建设则通过三大部署——加强农村制度建设、积极发展现代农业、加快发展农村公共事业。党的十七届三中全会对当前和今后一个时期推进农村改革发展做出了部署,大力推进改革创新,加强农村制度建设;积极发展现代农业,提高农业综合生产能力;加快发展农村公共事业,促进农村社会全面进步,农村发展的同时也可以促进城市的部分资源与财产转移到农村,有利于缩小两者之间的差距。此外,应该运用多种策略提高新农村建设的效率,在保证质量的同时提高速度,努力追赶新型城镇化建设的步伐,切实增进农民的切身利益,提高农村发展活力和农民发展热情,尽可能缩小城乡差距,实现城乡发展一体化。

3. 城乡发展一体化的本质要义

城乡发展一体化的实质就是促进城乡两地的资源要素平等交换与公共资源的均衡配置,从市场经济角度看,城乡、工农关系的本质是商品生产和商品交换关系,等价交换是城乡、工农进行经济联系的唯一的合理、公平的形式。②

近年来,城乡要素不平等交换问题愈发突出,已严重影响到农业现代化战

---

① 李平安:《新型城镇化与新农村建设协调发展的几个问题》,《陕西新型城镇化与可持续发展研究——2013 年优秀论文集》,陕西省社会科学界联合会,2013 年 5 月。
② 许彩玲、李建建:《习近平城乡发展一体化思想的多维透视》,《福建论坛(人文社会科学版)》2015 年第 3 期。

略的实施和城乡协同发展目标的实现。从建设现代市场体系的视角看,几十年来的二元制度安排导致农村要素市场与城市割裂,市场发育不完全、交易规则不清晰、信用体系不健全,从而使得城乡统一的现代要素市场体系难以建立。① 2016 年中央经济工作会议明确提出,要"深入推进农业供给侧结构性改革",并将其作为与"三去一降一补"并列的 2017 年四大重点任务之一。农业供给侧结构性改革,就是从农业供给侧入手,充分发挥市场在资源配置中的决定性作用,通过破除阻碍要素培育和自由流动的各种体制机制障碍,形成以需求为导向的高效优质农业供给体系,最终实现供求结构高效对接、生产力获得解放、农业迈向现代化的农业发展新体系。解决要素不能平等交换就是要建立城乡统一、运行规范、平等竞争、规范有序的劳动力市场体系,加快户籍制度改革,不断完善农村人力资源开发培训机制。

《中共中央关于制定国民经济和社会发展第十三个五年规划的建议》中提出:"坚持工业反哺农业、城市支持农村,促进城乡公共资源均衡配置,尽快补齐农村这块全面建成小康社会的'短板',推动实现城乡基本公共服务均等化,让广大农民平等参与现代化进程、共同分享现代化成果。"②《中共中央关于制定国民经济和社会发展第十四个五年规划和二〇三五年远景目标的建议》再次强调:"走中国特色社会主义乡村振兴道路,全面实施乡村振兴战略,强化以工补农、以城带乡,推动形成工农互促、城乡互补、协调发展、共同繁荣的新型工农城乡关系,加快农业农村现代化。"近年来,我国公共资源在农村范围内的支持力度相对薄弱,主要体现在包括公共基础设施建设、教育、卫生、文化等公共服务领域。同时农村地区居民受根深蒂固的二元户籍制度的长期影响,其享受的社会保障待遇与城市相比较还存在较大差距。我国正处在加

---

① 卞靖:《以促进城乡要素平等交换为突破　推进农业供给侧结构性改革》,《中国经贸导刊》2017 年第 10 期。

② 《中共中央关于制定国民经济和社会发展第十三个五年规划的建议》,《行政权力结构视角的金融监管体制改革研究》,中国经济改革研究基金会,2016 年 1 月。

速破除城乡二元结构、形成城乡经济社会发展一体化新格局的关键时期，推动城乡公共资源均衡配置是破除城乡二元结构的关键之举，必须继续把"三农"作为各级财政支出的优先保障领域，持续加大对农业农村的支持力度，健全公共资源在城乡之间均衡配置机制，推动公共资源对"三农"实现全方位覆盖。①

4.农村发展是城乡发展一体化的必由之路

习近平总书记在中央政治局第二十二次集体学习时指出："要坚持不懈推进农村改革和制度创新，充分发挥亿万农民主体作用和首创精神，不断解放和发展农村社会生产力，激发农村发展活力。要加快推进农业现代化，夯实农业基础地位，确保国家粮食安全，提高农民收入水平。"因此，农村发展是推进城乡发展一体化的重要途径。

第一，深化农村土地制度改革。土地是农民最主要的财产来源，长期以来，由于法律和体制的限制，农民的承包地、宅基地、住房等资产的财产权利残缺不全，流动性和变现能力低下，很难带来财产性收入，导致农民家庭收入中财产性收入比重极低，农民财产性收入的提升存在巨大的空间。② 习近平总书记在党的十八届三中全会上表示要高度重视农民土地制度改革，切实保障农民的财产权利。一是实现承包地所有权、承包权、经营权"三权"分置，依法维护农民的土地承包经营权，鼓励承包经营权流转，首次赋予农民对承包地承包经营权抵押、担保权能。二是扩大集体经营性建设用地的权能，建立城乡统一的建设用地市场。三是保障农户宅基地用益物权和明确农民住房的财产权等三个方面的要求。③ 2016 年底，中共中央办公厅、国务院办公厅印发《关于

---

① 韩俊：《促进乡公共资源均衡配置》，《经济日报》2015 年 11 月 11 日。
② 白绢：《习近平的城乡一体化思想》，《吉首大学学报（社会科学版）》2017 年第 38 期。
③ 许彩玲、李建建：《习近平城乡发展一体化思想的多维透视》，《福建论坛（人文社会科学版）》2015 年第 3 期。

完善农村土地所有权承包权经营权分置办法的意见》，实现土地所有权、承包权、经营权"三权分置"，这是农村改革的重大创新。文件指出要深化农村集体产权制度改革，要贯彻落实中央《关于稳步推进农村集体产权制度改革的意见》，保障农民财产权益，壮大集体经济。完善农业支持保护制度，总的方向是适应市场化、国际化形势，以保护和调动农民积极性为核心。

第二，重视农业农村发展，切实保障农民的权益。习近平总书记所作的党的十九大报告高度重视"三农"工作，强调农业农村农民问题是关系国计民生的根本性问题，必须始终把解决好"三农"问题作为全党工作重中之重；提出坚持农业农村优先发展，实施乡村振兴战略。大力推进乡村振兴，并将其提升到战略高度、写入党章，这是党中央着眼于全面建成小康社会、全面建设社会主义现代化国家作出的重大战略决策，是加快农业农村现代化、提升亿万农民获得感幸福感、巩固党在农村的执政基础和实现中华民族伟大复兴的必然要求，为新时代农业农村改革发展指明了方向、明确了重点。一是坚持农业农村优先发展，统筹推进工农城乡协调发展。国家相继出台一系列强农惠农政策，实现了农业连年丰收、农民收入持续提高、农村社会和谐稳定。习近平总书记强调，任何时候都不能忽视农业、忘记农民、淡漠农村；中国要强，农业必须强；中国要美，农村必须美；中国要富，农民必须富。二是提出实施乡村振兴战略的总要求。2018 年 2 月 4 日，改革开放以来第 20 个、新世纪以来第 15 个指导"三农"工作的"中央一号文件"由新华社授权发布。文件题为《中共中央　国务院关于实施乡村振兴战略的意见》，对实施乡村振兴战略进行了全面部署。实施乡村振兴战略，是解决人民日益增长的美好生活需要和不平衡不充分的发展之间矛盾的必然要求，是实现"两个一百年"奋斗目标的必然要求，是实现全体人民共同富裕的必然要求。乡村振兴战略是解决"三农"问题的有效途径，也是习近平新时代中国特色社会主义思想的重要组成部分。[1] 2018 年

---

[1]　魏后凯：《习近平城乡发展一体化思想的科学基础》，《湖北日报》2016 年 9 月 25 日。

《国家乡村振兴战略规划(2018—2022年)》颁布,这是我国出台的第一个全面推进乡村振兴战略的五年规划,是统筹谋划和科学推进乡村振兴战略的行动纲领。《国家乡村振兴战略规划(2018—2022年)》提出构建乡村振兴新格局、加快农业现代化步伐、发展壮大乡村产业、建设生态宜居的美丽乡村、繁荣发展乡村文化、健全现代乡村治理体系、保障和改善农村民生、完善城乡融合发展政策体系等多项实施内容。在实践中,推进乡村振兴,必须把大力发展农村生产力放在首位,支持和鼓励农民就业创业,拓宽增收渠道;必须坚持城乡一体化发展,体现农业农村优先原则;必须遵循乡村发展规律,保留乡村特色风貌。① 三是加快建设现代农业。国家在近些年相继颁布了多部关于农村经济社会发展的政策文件。如2012年"中央一号文件"明确指出:"实现农业持续稳定发展、长期确保农产品有效供给,根本出路在科技。农业科技是确保国家粮食安全的基础支撑,具有显著的公共性、基础性、社会性。坚持科教兴农战略,大幅度增加农业科技投入,推动农业科技跨越发展。"②2013年,《国务院办公厅关于落实中共中央　国务院关于加快发展现代农业进一步增强农村发展活力若干意见有关政策措施分工的通知》中提出:要创新农业经营体制,要做到现有土地承包关系保持稳定并长久不变;新增补贴要向主产区和优势产区集中,向专业大户、家庭农场、农民合作社等新型经营主体倾斜;农业土地经营规模扩大必须与农村劳动力非农转移同步,必须与农业科技装备改进同步。"③2014年,《国务院办公厅关于落实中共中央　国务院关于全面深化农村改革加快推进农业现代化若干意见有关政策措施分工的通知》中提出要构建现代农业产业体系、生产体系、经营体系的具体措施,致力于我国农业发展

---

① 实施乡村振兴战略的总蓝图、总路线图——国家发改委副主任张勇、农业农村部副部长余欣荣解读《乡村振兴战略规划(2018—2022年)》,《农村经营管理》2018年第10期,第7—13页。

② 中共中央、国务院《关于加快推进农业科技创新持续增强农产品供给保障能力的若干意见》,《黑龙江科技信息》2012年第9期,第13—19页。

③ 《中共中央　国务院关于加快发展现代农业进一步增强农村发展活力的若干意见》,《中国农民合作社》2013年第3期,第6—11页。

实现现代化、逐步实现城乡互融并走向城乡一体化的伟大目标。① 2016 年 1 月 4 日,《国务院办公厅关于推进农村一二三产业融合发展的指导意见》中指出,要调整农业产品结构,产业结构和布局结构促进粮经饲统筹、农林牧渔结合、种养加销一体、一二三产业融合发展,延长产业链,提升价值链。②

5. 城乡发展一体化的关键特征

习近平总书记在中共中央政治局第二十二次集体学习时强调要健全城乡发展一体化体制机制讲话中强调:"全面建成小康社会,最艰巨最繁重的任务在农村特别是农村贫困地区。我们一定要抓紧工作、加大投入,努力在统筹城乡关系上取得重大突破,特别是要在破解城乡二元结构、推进城乡要素平等交换和公共资源均衡配置上取得重大突破,给农村发展注入新的动力,让广大农民平等参与改革发展进程、共同享受改革发展成果。"③城乡共享代表城乡发展关系中的核心思想。推进城乡发展一体化,其根本目的就是要在坚持城乡地位平等的基础上,通过资源共享、发展机会共享、公共服务共享和发展成果共享,逐步缩小城乡差距,实现城乡的共同繁荣与进步④,这是推进城乡一体化共同追寻的目标。加快推进城乡发展一体化,让农村农民共享改革发展成果,我们必须立足国情,破解城乡二元结构,把着力点放在建立城乡融合的体制机制上,形成以工促农、以城带乡、工农互惠、城乡一体的新型工农城乡关系,具体目标是逐步实现城乡居民基本权益平等化、城乡公共服务均等化、城乡居民收入均衡化、城乡要素配置合理化,以及城乡产业发展融合化。推进城

---

① 中共中央、国务院印发《关于全面深化农村改革加快推进农业现代化的若干意见》,《人民日报》2014 年 1 月 20 日。

② 《农业部与中国农业发展银行共同推进政策性金融 支持农村一、二、三产业融合发展》,《中国农业信息》2017 年第 11 期。

③ 《习近平在中共中央政治局第二十二次集体学习时强调 健全城乡发展一体化体制机制让广大农民共享改革发展成果》,《人民日报》2015 年 5 月 4 日。

④ 魏后凯:《习近平城乡发展一体化思想的科学基础》,《湖北日报》2016 年 9 月 25 日。

乡发展一体化,让农村农民共享改革发展成果,必须坚持不懈地推进农村改革和制度创新。农村农业的发展,根本要依靠亿万农民。推进城乡发展一体化,让农村农民共享改革发展成果,必须继续推进新农村建设,使之与新型城镇化协调发展、互惠一体,形成双轮驱动。要坚持以改革为动力,不断破解城乡二元结构。只有充满信心,才能完成这个庞大而艰巨的任务。

第二章 中小学教师编制城乡一体化的
政策演进与价值取向

　　我国中小学教师编制城乡一体化是在城乡建设与发展一体化背景下逐步推进的。改革开放以来,伴随着我国社会主义现代化建设,城镇化进程加快,城乡二元结构越来越明显,农村逐渐成为我国社会主义现代化建设的短板。自 2002 年党的十六大提出全面建设小康社会奋斗目标以来,中共中央、国务院高度关注农村问题,从促进农民增收,到加大统筹城乡发展力度,再到实施乡村振兴战略,坚持农业农村优先发展,不断消除城乡二元结构和城乡发展差距,推进城乡一体化协调发展。在城乡一体化发展进程中,城乡中小学教师编制政策也经历了从"城乡倒挂"到城乡统一的发展过程。

一、城乡一体化发展的政策演进

　　当人类社会跨入 21 世纪的时候,我国也开始进入全面建设小康社会、加快推进社会主义现代化的新的发展阶段。2002 年党的十六大提出,要在二十一世纪头二十年,集中力量,全面建设惠及十几亿人口的更高水平的小康社会。与此同时,我国长期以来形成的城乡二元经济结构尚未彻底改变,地区差距扩大的趋势还没有根本扭转。为此,党的十六大提出要逐步扭转工农差别、城乡差别和地区差别扩大的趋势,实行城乡经济社会统筹发展,增加农民收入,发展农村经济,建设现代农业。为贯彻党的十六大精神,2004 年中共中央印发的第一份文件就是《中共中央　国务院关于促进农民增加收入若干政策的意见》,明确提出要按照统筹城乡经济社会发展的要求,坚持"多予、少取、放活"的方针,调整农业结构,深化农村改革,强化对农业支持保护,力争实现农民收入较快增长,尽快扭转城乡居民收入差距不断扩大的趋势。[1]

自 2004 年以来,中共中央每年印发的第一份文件(又称"中央一号文件")都是以"三农"(农业、农村、农民)为主题。迄今为止,已经连续 18 年印发了 18 个"中央一号文件",对农业发展、农民富裕和农村改革作出专门部署,突出了"三农"问题在我国社会主义现代化建设时期的基础性地位。我们可以通过梳理 21 世纪以来的 18 个"中央一号文件"(详见表 2-1),来明晰我国城乡一体化发展的政策演进轨迹。

表 2-1　2004—2021 年发布的"中央一号文件"

序号	年份	文件名称	关键词
1	2004	《中共中央　国务院关于促进农民增加收入若干政策的意见》[2]	农民增加收入
2	2005	《中共中央　国务院关于进一步加强农村工作提高农业综合生产能力若干政策的意见》[3]	农业综合生产能力
3	2006	《中共中央　国务院关于推进社会主义新农村建设的若干意见》[4]	社会主义新农村建设

---

　　① 中华人民共和国中央人民政府网站:《关于促进农民增加收入若干政策的意见》,2019 年 1 月 14 日,见 http://www.gov.cn/test/2005-07/04/content_11870.htm。

　　② 中华人民共和国中央人民政府网站:《关于促进农民增加收入若干政策的意见》,2019 年 1 月 14 日,见 http://www.gov.cn/test/2005-07/04/content_11870.htm。

　　③ 中华人民共和国中央人民政府网站:《关于进一步加强农村工作提高农业综合生产能力若干政策的意见》,2019 年 1 月 14 日,见 http://www.gov.cn/test/2006-02/22/content_207415.htm。

　　④ 中华人民共和国中央人民政府网站:《关于推进社会主义新农村建设的若干意见》,2019 年 1 月 14 日,见 http://www.gov.cn/test/2008-08/20/content_1075348.htm。

续表

序号	年份	文件名称	关键词
4	2007	《中共中央　国务院关于积极发展现代农业扎实推进社会主义新农村建设的若干意见》①	发展现代农业
5	2008	《中共中央　国务院关于切实加强农业基础建设进一步促进农业发展农民增收的若干意见》②	加强农业基础建设
6	2009	《中共中央　国务院关于促进农业稳定发展农民持续增收的若干意见》③	农业稳定发展
7	2010	《中共中央　国务院关于加大统筹城乡发展力度进一步夯实农业农村发展基础的若干意见》④	统筹城乡发展力度
8	2011	《中共中央　国务院关于加快水利改革发展的决定》⑤	加快水利改革发展
9	2012	《中共中央　国务院关于加快推进农业科技创新持续增强农产品供给保障能力的若干意见》⑥	推进农业科技创新
10	2013	《中共中央　国务院关于加快发展现代农业进一步增强农村发展活力的若干意见》⑦	发展现代农业

---

① 中华人民共和国中央人民政府网站:《关于积极发展现代农业扎实推进社会主义新农村建设的若干意见》,2019 年 1 月 14 日,见 http://www. gov. cn/zhengce/content/2008-03/28/content_2940. htm。

② 中华人民共和国中央人民政府网站:《中共中央　国务院关于切实加强农业基础建设进一步促进农业发展农民增收的若干意见》,2019 年 1 月 14 日,见 http://www. gov. cn/jrzg/2008-01/30/content_875066. htm。

③ 中华人民共和国中央人民政府网站:《中共中央　国务院关于促进农业稳定发展农民持续增收的若干意见》,2019 年 1 月 14 日,见 http://www. gov. cn/jrzg/2009-02/01/content_1218759. htm。

④ 中华人民共和国中央人民政府网站:《中共中央　国务院关于加大统筹城乡发展力度进一步夯实农业农村发展基础的若干意见》,2019 年 1 月 14 日,见 http://www. gov. cn/gongbao/content/2010/content_1528900. htm。

⑤ 中华人民共和国中央人民政府网站:《中共中央　国务院关于加快水利改革发展的决定》,2019 年 1 月 14 日,见 http://www. gov. cn/gongbao/content/2011/content_1803158. htm。

⑥ 中华人民共和国农业农村部网站:《中共中央　国务院关于加快推进农业科技创新持续增强农产品供给保障能力的若干意见》,2019 年 1 月 14 日,见 http://www. moa. gov. cn/ztzl/yh-wj/zywj/201202/t20120215_2481552. htm。

⑦ 中华人民共和国中央人民政府网站:《中共中央　国务院关于加快发展现代农业进一步增强农村发展活力的若干意见》,2019 年 3 月 12 日,见 http://www. gov. cn/gongbao/content/2013/content_2332767. htm。

续表

序号	年份	文件名称	关键词
11	2014	《中共中央 国务院关于全面深化农村改革加快推进农业现代化的若干意见》①	全面深化农村改革
12	2015	《中共中央 国务院关于加大改革创新力度加快农业现代化建设的若干意见》②	加大改革创新力度
13	2016	《中共中央 国务院关于落实发展新理念加快农业现代化 实现全面小康目标的若干意见》③	落实发展新理念加快农业现代化
14	2017	《中共中央 国务院关于深入推进农业供给侧结构性改革 加快培育农业农村发展新动能的若干意见》④	深入推进农业供给侧结构性改革
15	2018	《中共中央 国务院关于实施乡村振兴战略的意见》⑤	实施乡村振兴战略
16	2019	《中共中央 国务院关于坚持农业农村优先发展做好"三农"工作的若干意见》⑥	坚持农业农村优先发展
17	2020	《中共中央 国务院关于抓好"三农"领域重点工作确保如期实现全面小康的意见》⑦	确保如期实现全面小康
18	2021	《中共中央 国务院关于全面推进乡村振兴加快农业农村现代化的意见》⑧	全面推进乡村振兴

① 中华人民共和国中央人民政府网站:《中共中央 国务院关于全面深化农村改革加快推进农业现代化的若干意见》,2019 年 1 月 14 日,见 http://www.gov.cn/jrzg/2014-01/19/content_2570454.htm。

② 新华网:《中共中央 国务院关于加大改革创新力度加快农业现代化建设的若干意见》,2019 年 1 月 14 日,见 http://www.xinhuanet.com//politics/2015-02/01/c_1114209962.htm。

③ 新华网:《中共中央 国务院关于落实发展新理念加快农业现代化 实现全面小康目标的若干意见》,2019 年 1 月 14 日,见 http://www.xinhuanet.com//politics/2016-01/27/c_1117916568.htm。

④ 中华人民共和国中央人民政府网站:《中共中央 国务院关于深入推进农业供给侧结构性改革 加快培育农业农村发展新动能的若干意见》,2019 年 1 月 14 日,见 http://www.gov.cn/zhengce/2017-02/05/content_5165626.htm。

⑤ 新华网:《中共中央 国务院关于实施乡村振兴战略的意见》,http://www.xinhuanet.com/politics/2018-02/04/c_1122366449.htm。

⑥ 新华网:《中共中央 国务院关于坚持农业农村优先发展做好"三农"工作的若干意见》,http://www.xinhuanet.com/politics/2019-02/19/c_1210063174.htm。

⑦ 中华人民共和国中央人民政府网站:《中共中央 国务院关于抓好"三农"领域重点工作确保如期实现全面小康的意见》,http://www.gov.cn/zhengce/2020-02/05/content_5474884.htm。

⑧ 中华人民共和国中央人民政府网站:《中共中央 国务院关于全面推进乡村振兴加快农业农村现代化的意见》,http://www.gov.cn/zhengce/2021-02/21/content_5588098.htm。

"三农"问题是一个老问题,有着特定的历史原因和复杂的社会时代背景,涉及多个部门、多个行业,积累了许多的矛盾和利益诉求。因此,解决"三农"问题必须要有长期的思想准备,要有系统性解决、稳步有序解决的思维和工作方式,要充分考虑到复杂性和艰巨性,不可一蹴而就、急功近利。18个"中央一号文件"的制定、颁布和贯彻落实过程就遵循了这样的一个基本思路和原则,从2004年至2021年连续18年颁布的18个"中央一号文件",其关键词先后聚焦在农民增收、农业综合生产能力、社会主义新农村建设、现代农业、农业基础建设、农业稳定发展、统筹城乡发展、水利改革发展、农业科技创新、农村发展活力、全面深化农村改革、加大改革创新力度、落实发展新理念加快农业现代化、深入推进农业供给侧结构性改革、实施乡村振兴战略、坚持农业农村优先发展、确保如期实现全面小康和全面推进乡村振兴上。每一次中央一号文件虽然聚焦的关键词不一样,但是为解决"三农"问题的决心、努力和方向却是前后一致、内在联系的,成为破解一个又一个事关"三农"问题紧迫性、根本性和长远性问题的纲领性文件。18个"中央一号文件"在推进城乡一体化发展的进程中构成了前后连贯一致、各有侧重的政策序列。结合新世纪以来出台的18个"中央一号文件",可以把我国推进城乡一体化发展的进程划分为四个阶段,即(1)统筹城乡经济社会发展,扎实推进社会主义新农村建设阶段(2004—2007年);(2)城乡经济社会发展一体化建设阶段(2008—2012年);(3)全面深化农村改革加快推进农业现代化阶段(2013—2017年);(4)乡村振兴战略阶段(2018年至今)。

通过梳理2004年至2021年连续18个"中央一号文件",可以分析城乡一体化发展政策演进的四个基本趋势。即:一是在战略决策上,由"促进农民增收"逐步实现"统筹城乡发展"。2002年党的十六大指出:"统筹城乡经济社会发展,建设现代农业,发展农村经济,增加农民收入,是全面建设小康社会的重大任务。"21世纪11个"中央一号文件"的共性是统筹城乡发展,建立以工补农、以城带乡的长效机制,逐步解决"三农"问题,改变城乡二元经济结构。

2004 年、2005 年连续两个"中央一号文件"都是以增加农民收入为重点,长期的城乡二元结构开始被打破,中央逐步调整、稳定、完善和强化各项支农政策,促进农民增收。2006 年"中央一号文件"首次提出"统筹城乡经济社会发展,扎实推进社会主义新农村建设。"至此,统筹城乡发展已经成为中央解决"三农"问题的战略决策之一。2010 年"中央一号文件"提出要协调推进工业化、城镇化和农业现代化,努力形成城乡经济社会发展一体化新格局。这标志着统筹城乡发展进入到新阶段,开始努力逐步形成城乡经济社会发展一体化新格局、健全城乡经济社会发展一体化新体制机制。2013 年"中央一号文件"强调:改进农村公共服务机制,积极推进城乡公共资源均衡配置。2014 年"中央一号文件"强调:要城乡统筹联动,赋予农民更多财产保护权利,推进城乡要素平等交换和公共资源均衡的配置,让农民平等参与现代化建设进程、共同分享现代化的成果。这预示着统筹城乡发展已经进入改革的"深水区"和"攻坚阶段",城乡一体化发展新格局已初步形成。

　　二是在指导方针上,逐步实现"城乡基本公共服务均等化"。2010 年之前,主要强调实行工业反哺农业、城市支持农村和"多予少取放活"的方针,按照"生产发展、生活宽裕、乡风文明、村容整洁、管理民主"的要求,协调推进农村经济建设、政治建设、文化建设、社会建设和党的建设。加快建立以工促农、以城带乡的长效机制。顺应经济社会发展阶段性变化和建设社会主义新农村的要求,坚持"多予少取放活"的方针,重点在"多予"上下功夫。调整国民收入分配结构,扩大公共财政覆盖农村的范围,加强政府对农村公共服务的投入。国家对农民实现了由"取"向"予"的重大转变。城市与农村经济之间的关系由"汲取型"向"反哺型"转变。2010 年以后,逐步加快改善农村民生,缩小城乡公共事业发展差距。特别是自 2013 年以来,逐步改进农村公共服务机制,积极推进城乡公共资源均衡配置,努力缩小城乡差距,加快实现城乡基本公共服务均等化。

　　三是在建设着力点上,逐步实现"全面加强农村社会基础设施建设"。

2008年之前,强调加强农业和农村基础设施建设,为农民增收创造条件。如节水灌溉、人畜饮水、乡村道路、农村沼气、农村水电、草场围栏"六小工程",对改善农民生产生活条件、带动农民就业、增加农民收入发挥了积极作用。创新和完善农村基础设施建设的管理体制和运营机制。继续搞好生态建设,对天然林保护、退耕还林还草和湿地保护等生态工程统筹安排,因地制宜。2008年以后,强调要逐步提高农村基本公共服务水平。认为推进城乡基本公共服务均等化是构建社会主义和谐社会的必然要求。必须加快发展农村公共事业,提高农村公共产品供给水平。包括提高农村义务教育水平,增强农村基本医疗服务能力,稳定农村生育水平,繁荣农村公共文化,建立健全农村社会保障体系。2008年开始在全国范围内全面实行农村最低生活保障制度,全国已有90%的农民参加新型合作医疗。2010年,更是提出要加快改善农村民生,缩小城乡公共事业发展差距。2013年,提出要大力发展农村社会事业。完善农村中小学校舍建设改造长效机制。深入实施农村重点文化惠民工程,建立农村文化投入保障机制。健全农村三级医疗卫生服务网络,加强乡村医生队伍建设。继续提高新型农村合作医疗政府补助标准,积极推进异地结算。健全新型农村社会养老保险政策体系,建立科学合理的保障水平调整机制,研究探索与其他养老保险制度衔接整合的政策措施。加强农村最低生活保障的规范管理,有条件的地方研究制定城乡最低生活保障相对统一的标准。完善农村优抚制度,加快农村社会养老服务体系建设。加大扶贫开发投入,全面实施连片特困地区区域发展与扶贫攻坚规划。搞好农村人口和计划生育工作。2016年中共中央、国务院《关于落实发展新理念加快农业现代化实现全面小康目标的若干意见》中明确提出要提高农村公共服务水平。把社会事业发展的重点放在农村和接纳农业转移人口较多的城镇,加快推动城镇公共服务向农村延伸。

四是在新时代"三农"工作的总抓手上,实施乡村振兴战略。"农业农村农民问题是关系国计民生的根本性问题。没有农业农村的现代化,就没有国家的现代化。""在中国特色社会主义新时代,乡村是一个可以大有作为的广阔天地,迎来了难得的发展机遇。我们完全有条件有能力实施乡村振兴战略。""实施乡村振兴战略的目标任务是:到 2020 年,乡村振兴取得重要进展,制度框架和政策体系基本形成。农业综合生产能力稳步提升,农业供给体系质量明显提高,农村一二三产业融合发展水平进一步提升;农民增收渠道进一步拓宽,城乡居民生活水平差距持续缩小;现行标准下农村贫困人口实现脱贫,贫困县全部摘帽,解决区域性整体贫困;农村基础设施建设深入推进,农村人居环境明显改善,美丽宜居乡村建设扎实推进;城乡基本公共服务均等化水平进一步提高,城乡融合发展体制机制初步建立;农村对人才吸引力逐步增强;农村生态环境明显好转,农业生态服务能力进一步提高;以党组织为核心的农村基层组织建设进一步加强,乡村治理体系进一步完善;党的农村工作领导体制机制进一步健全;各地区各部门推进乡村振兴的思路举措得以确立。到 2035年,乡村振兴取得决定性进展,农业农村现代化基本实现。农业结构得到根本性改善,农民就业质量显著提高,相对贫困进一步缓解,共同富裕迈出坚实步伐;城乡基本公共服务均等化基本实现,城乡融合发展体制机制更加完善;乡风文明达到新高度,乡村治理体系更加完善;农村生态环境根本好转,美丽宜居乡村基本实现。到 2050 年,乡村全面振兴,农业强、农村美、农民富全面实现。"①

二、城乡中小学教师编制政策的演进历程

在我国,中小学教师事业编制是其身份的象征与标志,由国家相关人事部门核定,是教师依法获取工资(绩效、津补贴)、社会保险和福利等合理权益与待遇的基本保障。可以说,中小学教师编制政策是我国教师政策体系的重要组成部分,合理科学的中小学教师编制政策是促进我国义务教育事业持续健

---

① 新华网:《中共中央 国务院关于实施乡村振兴战略的意见》,见 http://www.xinhuanet.com/politics/2018-02/04/c_1122366449.htm。

康发展和落实全面建成小康社会的客观要求。从历史演进与政策变迁的视角考察我国城乡教师编制政策,对于完善中小学教师资源配置、实现公平且有质量的教育发展具有重要意义。教师编制政策的制定要与我国基本国情与当时经济社会发展水平相适应,须坚持实事求是、因地制宜的基本原则。梳理我国中小学教师编制政策的历史,自 1949 年新中国成立以来,大致历经探索(1949—1956 年)、建立(1957—1965 年)、停顿(1966—1976 年)、恢复发展(1977—2000 年)、调整(2001—2008 年)、统筹发展(2009 年至今)六个历史阶段,并呈现出不同的发展特征,比如城乡编制倒挂、城乡编制统筹和城乡编制一体化等。

(一) 中小学教师编制探索时期(1949—1956 年)

新中国成立初期,举国上下百业待兴,由于经济发展总体水平较低,当时的第一要务即提高生产力,解决广大人民的温饱问题。教师编制并未成为社会关注的焦点问题,相关的政策文件对中小学教师编制也没有明确详细的规定,中小学教师编制管理处于初步探索阶段。新中国成立初期,当时的中小学教师编制基本参照"中华民国"时期的相关规定执行。教育部发布宏观的教育事业发展规划,根据规划的指导精神,包括学校社会主义改造、学校编制管理等在内的各项教育工作陆续有序地发展起来。相对独立性是这一时期编制管理工作的主要特点,各省市、自治区各级教育行政部门在地方党委、政府领导下独立行使管理职能。而在国家层面的教育文件里,已经悄然出现生师比的概念,这是中小学教师编制管理探索时期的突破。

(二) 中小学教师编制建立时期(1957—1965 年)

伴随着经济社会的发展,我国的教育事业也获得了一定的进步,奠定了后续发展的基础。在当时中共中央关于精简机构、紧缩编制、合理安排劳动力的指示下,教育部进一步加强了学校人员编制工作的管理。1962 年 4 月,教育部印发了《关于全国国家举办的各级学校人员编制标准暂行规定(试行草

案)》。该文件规定了师范学校及中小学教职工编制标准：小学每班配 1.22
人，重点小学每班配 1.5 人，初中每班配 2.25 人；师范的教职工编制为每班
1.7 人；高中为 1.6 人；重点高中为 1.8 人，初中每班 1 人。该文件还对学校人
员编制管理工作提出了具体的要求：各级地方政府需对照国家制定的中师及
中小学教职工编制基本标准，根据规模大小、平原山区、重点一般、城市乡村等
不同情况制定相应的标准，并明确具体的管理审批办法。一般是由县级以上
的教育行政部门负责、审批和下达。于是，统一领导与分级管理相结合、行业
管理与自行管理相结合的学校编制管理体制得以初步形成。

（三）中小学教师编制停顿时期（1966—1976 年）

"文化大革命"十年是我国历史发展阶段的一个特殊时期。政治、经济、
文化、教育等方面均受到影响，一些教育领域的常规性建设工作基本处于停滞
不前的状态，很多学校教育管理工作也被迫叫停或者中断，许多中高等师范学
院不得不停办，前期发展的良好基础受到不同程度的破坏，有限的人力、物力
也很难支撑当时教育的持续发展。这一时期的教师编制管理较之前两个时
期，缺乏科学性、规范性。教师选拔体系并不健全，有些学历层次较低并不能
胜任教育工作的人员挤进了教师队伍，这给教师编制管理带来了一定的困难，
一定程度上影响了教育事业的发展。

（四）中小学教师编制恢复发展时期（1977—2000 年）

党的十一届三中全会是我党历史上具有重大转折性意义的事件。全会重
新确定了我党未来发展的思想路线、政治路线和组织路线，中心议题是讨论将
全党的工作重点转移到社会主义经济建设上来，决定实施改革开放的基本国
策、启动农村改革新进程等。应该说，"文化大革命"结束后，我国的政治、经
济、文化、社会等方面全面复苏，逐步走向正轨。在此背景下，我国的教育事业
也不断向前推进，颁布了一系列教育改革文件，加大教育经费投入、增强师资

力量、提高教师水平等成为人们的期待。

其中,教育部在中小学教师编制管理方面出台的《关于中等师范学校和全日制中小学教职工编制标准的意见》(〔84〕教计字 239 号,以下简称《1984 年编制意见》)揭开了我国教师编制管理改革的序幕,意义重大且影响深远。20 世纪 80 年代以前,我国中小学教师编制政策散见于关于教师队伍建设的制度政策中,体系化的编制管理制度并没有完全形成。其实,为了适应改革开放新形势对教育事业发展提出的新要求,广泛调动中小学教师的积极性,进一步提高工作效率,教育部早在 1983 年便起草了《中小学教师编制标准》,但"因中小学量大面广,地区间差别较大,难以确定能够适应这种差别的编制标准而没有颁布"。直到《1984 年编制意见》的颁布,这才标志着我国历史上首次以制度化形式颁布了教师编制管理政策,具有里程碑的意义。

《1984 年编制意见》综合考虑了当时各地中小学教师的实际数量及需求,明确提出:"因此,关于中等师范学校和全日制中小学教职工的编制标准,可由各省、自治区、直辖市教育厅(局)自行确定并报部备案。"也就是说,《1984 年编制意见》要求各地教育行政部门根据其精神,结合本地具体情况来制定相应的编制标准和管理审批方法。《1984 年编制意见》虽然没明确给出具体的教师编制标准,但指出了教师编制标准制定的主要依据为城乡学校的规模、班级人数、办学条件、学校性质等,基本要求是以校为单位按班计算,适当放宽编制标准。同时提出了《中等师范学校全日制中小学教职工编制标准参考表》(详见表2-2),供各地方研究制定教师编制标准时参考。

表2-2 1984 年《中等师范学校全日制中小学教职工编制标准参考表》

学校类型	城　　镇		农　　村	
	平均班额(人)	班均教职工数(人)	平均班额(人)	班均教职工数(人)
高中	45—50	4	45—50	4
初中	45—50	3.7	45—50	3.5
小学	40—45	2.2	30—35	1.4

受《1984 年编制意见》的影响,全国各地中小学编制管理工作逐步正规、有序、规范。比如当时的江苏省教育厅就根据《1984 年编制意见》精神,下达了《关于中等师范学校和全日制中小学、幼儿园教职工编制暂行规定》(1984.11.28),规定高(完)中每班教职工编制为 4.4—4.8 人,普通高中为 4—4.5 人,职业中学为 6—7 人,初中为 3.5—3.9 人,实验小学为 2.4—2.7 人,小学为 1.9—2.3 人,幼儿园为 2.5—3 人。

《1984 年编制意见》出现的"班师比"概念成为后续 20 年来我国中小学教师编制配置的基本依据,即根据班额标准配备师资编制,即"以校为单位按标准班数核定全日制中小学教师编制",而"规模大、条件好的学校要适当紧些;规模小、条件差的学校要适当宽些"。从表 2-2 可以看出,我国城镇和农村中小学教职工编制标准和平均班级人数是存在一定差异的。《1984 年编制意见》的说明中从政策上肯定了差异存在的合理性,说明中指出:"城乡初中和小学的编制标准有所区别,主要是考虑到农村地区学校分散、规模小、学生少等情况,因而班学额和编制标准有所不同"。具体来看,这一阶段的城乡高中教职工编制标准基本持平,城镇小学和初中的教职工编制标准要略高于农村,比如小学阶段城镇地区班师比为 1∶1.7,农村地区仅为 1∶1.3,这也体现了国家对城市教育发展的政策倾斜。尽管《1984 年编制意见》在我国教师编制管理进程中具有划时代的意义,但"伴随着城乡二元结构政策的实施,城镇中小学教师编制逐渐饱和,而农村中小学尤其是偏远地区中小学教师缺编制情况比较严重"[1]。

(五)中小学教师编制的调整时期(2001—2008 年)

进入 21 世纪,我国经济社会事业发展更加迅速,形势发生了很大的变化,教育规模不断扩大,面临的挑战逐渐增多,改革的任务更为艰巨。2001 年 5

---

[1]　柳丽娜、朱家存:《中小学教师编制城乡统筹研究》,《教育与经济》2009 年第 4 期。

月,国务院颁布《国务院关于基础教育改革与发展的决定》(国发〔2001〕21号),提出要"加强中小学教师编制管理,中央编制部门要会同教育、财政部门制定科学合理的中小学教职工编制标准。省级人民政府要按照国家有关规定和编制标准,根据本地实际情况,制定本地区的实施办法。各地要核定中小学教职工编制,规范学校内设机构和岗位设置,加强编制管理。①由此看出,中小学教师编制问题被提上了重要的议事日程。依据《国务院关于基础教育改革与发展的决定》(国发〔2001〕21号)的精神,为加强中小学编制管理和教职工队伍建设,同年10月,由国务院办公厅转发中央编办、教育部、财政部《关于制定中小学教职工编制标准意见》(以下简称《2001年编制意见》)指出:"中小学教职工编制是我国事业编制的重要组成部分。制定科学的中小学教职工编制标准和实施办法,合理核定中小学教职工编制,直接关系到我国基础教育的健康发展"②,并提出了核定中小学教职工编制的原则:(1)保证基础教育发展的基本需要;(2)与经济发展水平和财政承受能力相适应;(3)力求精简和高效;(4)因地制宜,区别对待。③教师配置标准由《1984年编制意见》中的"班师比"转变为"生师比"(详见表2-3),要"按在校学生数核定中小学教师编制"④。具体来说,农村小学的教职工与学生比为1:23,初中阶段为1:18,高中阶段为1:13.5;县镇小学的教职工与学生比为1:21,初中阶段为1:16,高中阶段为1:13;城市小学的教职工与学生比为1:19,初中阶段为1:13.5,高中阶段为

① 中华人民共和国中央人民政府网站:《国务院关于基础教育改革与发展的决定》,2019年1月14日,见http://www.gov.cn/gongbao/content/2001/content_60920.htm。
② 中华人民共和国中央人民政府网站:《国务院办公厅转发中央编办、教育部、财政部关于制定中小学教职工编制标准意见的通知》,2019年1月14日,见http://www.gov.cn/gongbao/content/2001/content_61159.htm。
③ 中华人民共和国中央人民政府网站:《国务院办公厅转发中央编办、教育部、财政部关于制定中小学教职工编制标准意见的通知》,2019年1月14日,见http://www.gov.cn/gongbao/content/2001/content_61159.htm。
④ 中华人民共和国中央人民政府网站:《国务院办公厅转发中央编办、教育部、财政部关于制定中小学教职工编制标准意见的通知》,2019年1月14日,见http://www.gov.cn/gongbao/content/2001/content_61159.htm。

1:12.5。由此可见,《2001 年编制意见》中规定的城乡中小学教师编制标准并不统一,城市、县镇、农村等不同地域,高中、初中、小学等不同教育层次标准各异,两极分化严重,差距明显,"呈现出显著的农村较县镇、县镇较城市编制三级递紧的特点"①。而"因地制宜,区别对待"也使得这种"城乡倒挂"现象具有一定的政策合法性。

表 2-3 2001 年全国教职工与学生比标准

学校类型		全国的教职工与学生比
高中	城市	1:12.5
	县镇	1:13
	农村	1:13.5
初中	城市	1:13.5
	县镇	1:16
	农村	1:18
小学	城市	1:19
	县镇	1:21
	农村	1:23

2002 年教育部关于做好中小学教职工编制核定和编制管理工作提出了具体实施意见,发布《教育部关于贯彻〈国务院办公厅转发中央编办、教育部、财政部关于制定中小学教职工编制标准意见的通知〉的实施意见》(教人〔2002〕8 号),并根据国办发〔2001〕74 号文件附表《中小学教职工编制标准》折算了最新的中小学教师编制标准(见表 2-4)。

---

① 韩小雨、庞丽娟、谢云丽:《中小学教师编制标准和编制管理制度研究——基于全国及部分省区现行相关政策的分析》,《教育发展研究》2010 年第 8 期。

表 2-4　2002 年中小学班标准额与每班配备教职工数参考表①

学校类型	地域	班额（人）	教职工（人）	教师（人）	职工（人）
高中	城市	45—50	3.6—4	3	0.6—1
	县镇	45—50	3.5—3.8	3	0.5—0.8
	农村	45—50	3.3—3.7	3	0.3—0.7
初中	城市	45—50	3.3—3.7	2.7	0.6—1
	县镇	45—50	2.8—3.1	2.7	0.1—0.4
	农村	45—50	2.5—2.8	2.7	0.1
小学	城市	45—50	2.1—2.4	1.8	0.3—0.6
	县镇	45—50	1.9—2.1	1.8	0.1—0.3
	农村	各地斟定			

　　当时全国各省市在落实《2001 年编制意见》的过程中,根据"因地制宜、区别对待"的核编原则,从当地教育事业健康发展的需要出发积极探索。例如:2001 年 10 月 20 日,湖北省人民政府办公厅印发《湖北省中小学机构编制管理暂行规定》。该《规定》由湖北省机构编制委员会会同湖北省教育厅、财政厅结合本省实际情况制定,并逐县核定教职工编制总额(见表 2-5),明确规定了湖北省中小学教职工定编标准。江西省也参照当时国家有关规定和教师编制标准,结合省的实际情况,制定了江西省中小学教职工编制标准(见表 2-6)。可以看出,相较全国教师编制标准而言,江西省只有城市高中、城市小学和县镇小学教师编制标准高于全国水平,其他学校类别则低于全国标准。

---

① 中华人民共和国教育部网站:《国务院办公厅转发中央编办、教育部、财政部关于制定中小学教职工编制标准意见的通知》,2019 年 1 月 14 日,见 http://www.moe.gov.cn/jyb_xxgk/gk_gbgg/moe_0/moe_8/moe_26/tnull_316.html。

表 2-5 2001 年湖北省中小学教职工定编标准

	班平学生数	教师与学生比	教职工与学生比
小学	40	1:23.8	1:21.6
初中	45	1:19.3	1:16.8
高中	45	1:15.8	1:13.8

表 2-6 2001 年全国教师编制标准与江西省教师编制标准对比表①

学校类型		全国的教职工与学生比	江西省教职工与学生比
高中	城市	1:12.5	1:11
	县镇	1:13	1:14
	农村	1:13.5	1:16
初中	城市	1:13.5	1:16
	县镇	1:16	1:17
	农村	1:18	1:18
小学	城市	1:19	1:18
	县镇	1:21	1:19
	农村	1:23	1:23

　　2002 年,云南省政府印发了《云南省人民政府办公厅转发省编办等部门关于制定我省中小学教职工编制标准意见的通知》(云政办发〔2002〕52 号),在国家标准的基础上,根据云南省实际情况,提出了三点具体内容:(1)实行城乡统一的中小学教职工编制标准;(2)制定中小学机构设置和领导职数配备标准;(3)在按照学生数一定比例的基础上,可参照班额、教职工工作量核定编制。2004 年,《浙江省贯彻国家中小学教职工编制标准实施意见》(浙政办发〔2004〕22 号)规定,在九种情形下,可以适当增加教师编制,但增编幅度

---

　　① 左崇良、游其胜:《教师编制政策的制度变迁和路径依赖》,《教育学术月刊》2017 年第 1 期。

原则上不超过 10%。2008 年,《福建省人民政府关于进一步加强中小学教师队伍建设的意见》(闽政文〔2008〕344 号)规定:提高农村义务教育学校教职工编制标准。将县镇、农村义务教育学校教职工编制标准提高到城市学校水平,并实行员生比和班师比相结合的核编方式。

综上所述,在"力求精简和高效"指导思想下,《2001 年编制意见》出台后开展的中小学教师编制管理改革在一定程度上满足了特定历史时期精简冗余编制的需求,整体偏紧的教师编制政策适应了改革开放后经济社会发展对行政管理"精简"改革的要求,有助于提高我国中小学教师的工作效率。但 2001 年教师编制标准较 1984 年教师编制标准整体缩减,同类型的学校在城市、县镇、农村等不同区域差别较大,农村学校教师编制标准明显低于城市、县镇学校教师编制标准,"2001 年编制改革成为一场效率优先、公平缺失与城市偏向的改革"[1],导致当时的一些农村学校陷入表面超编实际缺人的尴尬境地,农村偏远地区的村小教学点的教师数量不足,也进一步拉大了城乡义务教育的差距。

(六)中小学教师编制的统筹发展时期(2009 年至今)

随着社会经济的不断发展,城市化进程步伐逐渐加快,在精简原则指导下制定的 2001 年教师编制标准已经无法完全满足教育事业发展的新需求,表现出一定的局限性,中小学教师分布不平衡的矛盾日益凸显,新一轮的教师编制改革呼之欲出。为了进一步规范中小学教职工编制核定和管理工作,2009 年中央编办、教育部、财政部联合颁布《关于进一步落实〈国务院办公厅转发中央编办、教育部、财政部关于制定中小学教职工编制标准意见的通知〉有关问题的通知》(以下简称《2009 年落实通知》),重申了 2001 年教师编制管理的相关政策,对加强和完善中小学教职工编制管理作出了五点指示:"切实加强

---

① 韩小雨、庞丽娟、谢云丽:《中小学教师编制标准和编制管理制度研究——基于全国及部分省区现行相关政策的分析》,《教育发展研究》2010 年第 8 期。

中小学教职工编制的总量调控与统筹使用""进一步改进农村中小学教职工编制核定工作""认真落实国办发〔2001〕74号文件规定的增编因素""不断完善中小学教职工编制动态管理机制""严格规范中小学教职工编制管理"①。该通知特别提出，省级机构编制部门可"针对城镇学校大量接收进城务工人员子女和不同学段学生规模变化等"本地实际情况，加强"统筹协调""城乡统筹""结构调整""同一县域内中小学教职工编制可以互补余缺"②。《2009年落实通知》有力地推动了农村教师队伍建设，促进了城乡义务教育均衡发展。通过上述内容的分析，我们也看到《2009年落实通知》十分强调"协调""统筹"，这表明我们中小学教师编制正逐渐进入编制统筹阶段，为教师编制城乡一体化的实现创造了条件。

在贯彻落实《2009年落实通知》的过程中，北京、山东、贵州、福建等各地的做法为新时期中小学教职工编制标准的调整奠定了实践基础。如：北京市在教师基本编制方面，明确了农村地区中小学教职工编制标准要高于城镇地区标准。在基本编制的基础上，又规定了多项附加编制，要求认真落实国办发〔2001〕74号文件规定的增编因素。在编制管理方面，做到了中小学教职工编制总量调控和统筹使用，实行中小学教职工编制的动态管理机制。

应当说，《2009年落实通知》对于农村学校教职工编制核定和配备起到了重要作用。但随着经济社会发展的城市化，教育的现代化进程不断推进，教育公平问题受到社会各界的广泛关注，"教育均衡发展的呼声越来越强，缩小由城乡二元结构导致的城乡教育差距成为这一时期我国教育政策的一个主要目标"③。

---

① 中华人民共和国教育部网站：《关于进一步落实〈国务院办公厅转发中央编办、教育部、财政部关于制定中小学教职工编制标准意见的通知〉有关问题的通知》，2019年1月14日，见http://old. moe. gov. cn/publicfiles/business/htmlfiles/moe/moe_1778/201412/180863. html。

② 中华人民共和国教育部网站：《关于进一步落实〈国务院办公厅转发中央编办、教育部、财政部关于制定中小学教职工编制标准意见的通知〉有关问题的通知》，2019年1月14日，见http://old. moe. gov. cn/publicfiles/business/htmlfiles/moe/moe_1778/201412/180863. html。

③ 左崇良、游其胜：《教师编制政策的制度变迁和路径依赖》，《教育学术月刊》2017年第1期。

为贯彻落实党的十八大和十八届三中全会精神,进一步统筹城乡教育资源均衡配置,缓解农村学校师资短缺的状况,《国家中长期教育改革与发展规划纲要(2010—2020 年)》(2010 年 7 月)明确提出:"逐步实行城乡统一的中小学编制标准,对农村边缘地区实行倾斜政策。"①全国各省市随即根据《纲要》的基本精神,开展了教师编制一体化的探索。比如,2011 年山东省政府办公厅即转发了省编委办公室等三部门《关于调整中小学教职工编制标准的意见的通知》:"中小学教职工实行城乡统一的编制标准,无城乡差异。"其中,小学教职工与学生比为 1:19,初中教职工与学生比为 1:13.5,高中教职工与学生比为 1:12.5。

进入 2012 年,国务院办公厅连发两个重要文件,均明确提出要实行城乡统一的中小学教师编制标准。8 月 20 日,国务院办公厅发布《国务院关于加强教师队伍建设的意见》(国发〔2012〕41 号),提出:"逐步实行城乡统一的中小学教职工编制标准,对农村边远地区实行倾斜政策。"②9 月 5 日,国务院办公厅发布《国务院关于深入推进义务教育均衡发展的意见》(国发〔2012〕48 号),其中关于合理配置教师资源方面,提出"各地逐步实行城乡统一的中小学教师编制标准,并对村小学和教学点予以倾斜"③,并强调要合理配置配齐音乐、体育、美术等各学科教师。为此,2013 年 7 月,由教育部教师工作司、教育部人文社会科学重点研究基地东北师范大学农村教育研究所主办的"统一城乡中小学教职工编制标准"研讨会在东北师范大学隆重召开,来自教育部教师工作司、福建省教育厅、吉林省教育厅、辽宁省教育厅、山西省教育厅等地

---

① 中华人民共和国教育部网站:《国家中长期教育改革与发展规划纲要(2010—2020)》,2019 年 1 月 14 日,见 http://www.moe.edu.cn/srcsite/A01/s7048/201007/t20100729_171904.html。

② 中华人民共和国中央人民政府网站:《国务院关于加强教师队伍建设的意见》,2019 年 1 月 14 日,见 http://www.gov.cn/zwgk/2012-09/07/content_2218778.htm。

③ 中华人民共和国中央人民政府网站:《国务院关于深入推进义务教育均衡发展的意见》,2019 年 1 月 14 日,见 http://www.gov.cn/zwgk/2012-09/07/content_2218783.htm。

方的相关领导以及来自北京师范大学、东北师范大学、华中师范大学、安徽师范大学等高校的专家学者对统一城乡中小学教职工编制标准的相关问题展开了激烈的讨论。

　　为贯彻国务院办公厅相关文件精神,2014 年 11 月,中央编办、教育部、财政部印发《关于统一城乡中小学教职工编制标准的通知》(中央编办发〔2014〕72 号)(以下简称《2014 年编制通知》),根据"严控总量、盘活存量、优化结构、增减平衡"①的要求,对城乡统一的编制标准作了更为具体的表述:"将县镇、农村中小学教职工编制标准统一到城市标准,即高中教职工与学生比为 1：12.5、初中为 1：13.5、小学为 1：19。"②(见表 2-7)"考虑实际需求,对农村边远地区适当倾斜"③的要求表明国家政策对农村教师编制标准的倾斜,体现公平和均衡的价值取向。《2014 年编制通知》印发后,亦表明城乡教师编制管理一体化在制度和政策上得以认可。各省市也根据其要求,出台了一系列实行城乡统一的教师编制标准的新政策。应该说,统一的中小学城乡教师编制标准打破了城乡二元结构的思维,充分体现了城乡发展一体化的发展趋势和基本公共服务均等化的价值理念。但在"从严从紧,严格控制编制总量"④的基本要求下,中小学教师编制城乡一体化在执行过程中也存在一定的现实困难。

---

①　中国机构编制网站:《关于统一城乡中小学教职工编制标准的通知》,2019 年 1 月 14 日,见 http://www.scopsr.gov.cn/bbyw/qwfb/201503/t20150310_272579.html。

②　中国机构编制网站:《关于统一城乡中小学教职工编制标准的通知》,2019 年 1 月 14 日,见 http://www.scopsr.gov.cn/bbyw/qwfb/201503/t20150310_272579.html。

③　中国机构编制网站:《关于统一城乡中小学教职工编制标准的通知》,2019 年 1 月 14 日,见 http://www.scopsr.gov.cn/bbyw/qwfb/201503/t20150310_272579.html。

④　中国机构编制网站:《关于统一城乡中小学教职工编制标准的通知》,2019 年 1 月 14 日,见 http://www.scopsr.gov.cn/bbyw/qwfb/201503/t20150310_272579.html。

表 2-7　2014 年教师编制国家标准

教育层次	师生比
高中	1∶12.5
初中	1∶13.5
小学	1∶19

2015 年 6 月,国务院办公厅颁布了《乡村教师支持计划(2015—2020年)》(国办发〔2015〕43 号)。该文件在主要举措部分,明确提出"乡村中小学教职工编制按照城市标准统一核定,其中村小学、教学点编制按照生师比和班师比相结合的方式核定"[①],"严禁任何部门和单位以任何理由、任何形式占用或变相占用乡村中小学教职工编制"[②],对人口稀少的教学点、村小学,要通过调剂编制、加强人员配备等方式进一步倾斜。该《计划》有关教师编制管理的相关规定对稳定乡村教师队伍、促进教育公平、推动城乡一体化建设具有十分重要的意义。

为落实全面建成小康社会的要求,推动义务教育事业健康发展,2016 年 7月,国务院办公厅颁布《国务院关于统筹推进县域内城乡义务教育一体化改革发展的若干意见》(国发〔2016〕40 号),指出"各地要依据义务教育学校教职工编制标准、学生规模和教育教学需要,按照中央严格控制机构编制有关要求,合理核定义务教育学校教职工编制。建立城乡义务教育学校教职工编制统筹配置机制和跨区域调整机制,实行教职工编制城乡、区域统筹和动态管理,盘活编制存量,提高使用效益。"[③]而在 2017 年 1 月颁布的《国家教育事业

---

①　中华人民共和国中央人民政府网站:《乡村教师支持计划(2015—2020 年)》,2019 年 1月 14 日,见 http://www.gov.cn/zhengce/content/2015-06/08/content_9833.htm。

②　中华人民共和国中央人民政府网站:《乡村教师支持计划(2015—2020 年)》,2019 年 1月 14 日,见 http://www.gov.cn/zhengce/content/2015-06/08/content_9833.htm。

③　中华人民共和国中央人民政府网站:《国务院关于统筹推进县域内城乡义务教育一体化改革发展的若干意见》,2019 年 1 月 14 日,见 http://www.gov.cn/zhengce/content/2016-07/11/content_5090298.htm。

发展"十三五"规划》中更是明确提出："加快推进县域内城乡义务教育学校建设标准统一、教师编制标准统一。"①至此，从 1984 年开始实施的城乡有别的教师编制标准政策正式走向终结，更能促进公平均衡发展的"统一城乡教师编制标准"开始走上历史舞台。

三、城乡中小学教师编制政策演进的历史逻辑与价值取向

新中国成立以来，特别是改革开放以来，我国中小学教职工编制政策曾历经 1984 年、2001 年和 2014 年的三次重要调整，出台了四个专门的中小学教职工编制文件，即《1984 年编制意见》《2001 年编制意见》《2009 年落实通知》《2014 年编制通知》。每一次中小学教职工编制政策出台的背后都有其历史逻辑和价值取向，不断推动着城乡教师编制政策不断从二元走向一体化，从差异化走向均等化，从追求效率走向效率与公平，结构、规模与质量的协调发展。

（一）城乡中小学教师编制政策演进的历史逻辑②

1. 教育的价值定位决定了城乡中小学教师编制政策平等性的演进

"教育定位是一个国家和政府将教育归入社会发展总体格局的哪个领域和部类，赋予何种功能和任务，对其承担何种职责和发挥何种作用的价值取向与制度安排。从理论上及历史发展看，教育定位一般经由政治领域、经济领域转向公共领域。新中国成立 60 年来，教育定位先后由'文教'、'科教'转向以

---

①　中华人民共和国中央人民政府网站：《国家教育事业发展"十三五"规划》，2019 年 1 月 14 日，见 http://www.gov.cn/zhengce/content/2017-01/19/content_5161341.htm。

②　李宜江：《我国中小学教师编制政策演进的历史逻辑与价值取向》，《教育发展研究》2021 年第 4 期。

改善民生为重点的'社会事业',从服从和服务于国家需要和国家利益的'国计',转向以解决人民群众最关心、最直接、最现实利益问题为宗旨的'民生',办好人民满意的教育,以此彰显中国特色社会主义教育的价值规定性。"①教师编制政策受制于政府对教育价值的定位和功能的赋予,在相当长的历史时期,我国将教育价值定位为服务于社会主义建设或社会主义现代化建设,在这种发展定位下,赋予教育更多的政治和经济功能,强调教育服务于经济社会发展,对于人的发展重视不够。在这样的教育价值定位下,教师编制政策带有明显的城乡二元结构,由 1984 年的城镇和农村两个标准,到 2001 年再进一步细化为城市、县镇、农村三个标准,且城乡教师编制标准"倒挂"现象比较明显。

直到 2007 年,在党的十七大报告中将教育价值定位在以改善民生为重点的社会建设,并强调:"教育公平是社会公平的重要基础。要全面贯彻党的教育方针,坚持育人为本、德育为先,实施素质教育,提高教育现代化水平,培养德智体美全面发展的社会主义建设者和接班人,办好人民满意的教育。"2012年,党的十八大报告继续强调教育是民生的社会建设定位,并进一步强调:"教育是民族振兴和社会进步的基石",要"努力办好人民满意的教育。坚持教育为社会主义现代化建设服务、为人民服务,把立德树人作为教育的根本任务,培养德智体美全面发展的社会主义建设者和接班人。"伴随着教育的定位不断走向公共领域,走向人民最关心最直接最现实的民生领域,城乡教育必然走向一体化发展,城乡教师编制政策必然走向平等。根据中央关于推进城乡发展一体化和基本公共服务均等化精神,《2014 年编制通知》提出"将县镇、农村中小学教职工编制标准统一到城市标准,统一编制标准,促进城乡中小学教育资源均衡配置。"②2017 年,党的十九大报告明确指出人民日益增长的美好

---

① 阮成武:《新中国 60 年教育定位变迁及价值转向》,《华中师范大学学报(人文社会科学版)》2011 年第 2 期。

② 中国机构编制网站:《关于统一城乡中小学教职工编制标准的通知》,2019 年 1 月 14 日,见 http://www.scopsr.gov.cn/bbyw/qwfb/201503/t20150310_272579.html。

生活需要和不平衡不充分的发展之间的矛盾成为新时代我国社会的主要矛盾,必须坚持以人民为中心的发展思想,不断促进人的全面发展、全体人民共同富裕。认为"建设教育强国是中华民族伟大复兴的基础工程,必须把教育事业放在优先位置,深化教育改革,加快教育现代化,办好人民满意的教育"。"要全面贯彻党的教育方针,落实立德树人根本任务,发展素质教育,推进教育公平,培养德智体美全面发展的社会主义建设者和接班人。努力让每个孩子都能享有公平而有质量的教育。"2018 年 9 月 10 日,全国教育大会强调:"把更多教育投入用到加强乡村师资队伍建设上,不折不扣落实现行的补助、奖励和各类保障政策,对符合条件的非在编教师要加快入编、同工同酬。"至此,教育价值的定位既在"国计",也在"民生",既要"服务社会主义建设",也要"服务人民",在此时代发展背景下,城乡教师的编制必然走向平等,走向一体化。

2. 国民经济发展水平决定了城乡中小学教师编制规模的演进

新中国成立初期,国家百废待兴,经费相对紧张,对于教师编制采取班师比是比较可行的,以小学每个班 1—1.5 人,中学 1.5—2.0 人来配备教师,这样既能最低限度地保障基本的学校教学运行,又能最大限度地节约人头费投入。改革开放以后,普及九年义务教育逐渐成为国家重要的教育战略,为了能更有效地普及九年义务教育,国家根据国情和区域发展实际,作出了城乡区别发展,东部等发达地区率先发展的策略,稳步推进普及九年义务教育。在当时的国民经济发展水平整体不高的背景下,城乡同步、全国统一是不太现实的。正如 1985 年《中共中央关于教育体制改革的决定》所指出的,由于我国幅员广大,经济文化发展很不平衡,义务教育的要求和内容应该因地制宜,有所不同。全国可以大致划分为三类地区:一是约占全国人口 1/4 的城市、沿海各省中的经济发达地区和内地少数发达地区。在这类地区,相当一部分已经普及初级中学,其余部分应该抓紧按质按量普及初级中学,在 1990 年左右完成。二是约占全国人口一半的中等发展程度的镇和农村。在这类地区,首先抓紧按质按量普及小学教育,同时积极准备条件。在 1995 年左右普及初中阶段的普通教育或职业和技术教育。三是约占全国人口 1/4 的经济落后地区。在这类地区,要随着经济的发展,采取各种形式积极进行不同程度的普及基础教育工作。对这类地区教育的发展,国家尽力给予支援。

《2001 年编制意见》把"与经济发展水平和财政承受能力相适应"作为做好加强中小学编制管理和教职工队伍建设的四项基本原则之一,并从国家经济实力出发要求在"保证基础教育发展的基本需要"的基础上"力求精简和高效"。为此,与《1984 年编制意见》相比,《2001 年编制意见》发生了两点重要变化:一是将编制标准的计算方式由原来的"班师比"改为"生师比";二是将原来城乡编制标准基本均衡,调整为城乡"倒挂"的教师编制标准,如从将城乡细分为城市、县镇和农村三级来看就更明显,即城市、县镇和农村生师比分别为:小学 19∶1、21∶1 和 23∶1,初中 13.5∶1、16∶1 和 18∶1,呈现显著的农村较县镇、县镇较城市编制三级递紧的特点。《2001 年编制意见》出台的历史背景与动因是在全国事业机构、乡镇机构改革等体制调整过程中,将中小学教师队伍作为精简人员、减少财政支出的切入点,在整体上压缩中小学教师编制。正如 2002 年党的十六大报告所指出的那样:"人民生活总体上实现了由温饱到小康的历史性跨越。"但是"现在达到的小康还是低水平的、不全面的、发展很不平衡的小康,人民日益增长的物质文化需要同落后的社会生产之间的矛盾仍然是我国社会的主要矛盾。"所以,2001 年的中小学教职工编制改革在一定程度上满足了特定历史时期精简多余编制的需要,提高了我国中小学教师的使用效率。到 2007 年,党的十七大报告指出:过去五年我国"经济实力大幅提升。经济保持平稳快速发展,国内生产总值年均增长百分之十以上,经济效益明显提高,财政收入连年显著增加"。2002 年国内生产总值为 102398 亿元,2007 年国内生产总值为 246619 亿元,比 2002 年增长了 241%①,所以,《2009

---

① 数据来源于中国国家统计局网站:http://www.stats.gov.cn/tjsj/tjgb/ndtjgb/。

年落实通知》虽然没有改变《2001 年编制意见》中小学教职工编制的核算标准，但是支持"各省（区、市）可根据实际需要，在县域范围内和总量控制的基础上，按照有增有减的原则，参照县镇标准核定农村中小学教职工编制。"到2012 年，党的十八大报告指出：过去五年我国"经济平稳较快发展。综合国力大幅提升。"2012 年国内生产总值为 519322 亿元，比 2007 年增长了 212%。①所以，2012 年 8 月 20 日国务院印发的《国务院关于加强教师队伍建设的意见》明确提出："逐步实行城乡统一的中小学教职工编制标准，对农村边远地区实行倾斜政策。"

而《2014 年编制通知》则根据中央关于推进城乡发展一体化和基本公共服务均等化的精神，在遵循相关规定、程序和要求的前提基础上，"将县镇、农村中小学教职工编制标准统一到城市标准。"②2017 年国内生产总值为827122 亿元，比 2012 年增长了 159%，全年人均国内生产总值达到 59660元③，如果以美元计价，全年人均 GDP 为 8836 美元，进一步稳固中高收入国家行列，与跨入高收入国家行列的差距进一步缩小。所以，2018 年 1 月 20 日印发的《中共中央　国务院关于全面深化新时代教师队伍建设改革的意见》指出："适应加快推进教育现代化的紧迫需求和城乡教育一体化发展改革的新形势，充分考虑新型城镇化、全面二孩政策及高考改革等带来的新情况，根据教育发展需要，在现有编制总量内，统筹考虑、合理核定教职工编制，盘活事业编制存量，优化编制结构，向教师队伍倾斜，采取多种形式增加教师总量，优先保障教育发展需要。"④

如前所述，一方面随着经济发展水平的不断提升，我国教师编制政策渐趋

---

① 数据来源于中国国家统计局网站：http://www.stats.gov.cn/tjsj/tjgb/ndtjgb/。

② 中国机构编制网站：《关于统一城乡中小学教职工编制标准的通知》，2019 年 1 月 14日，见 http://www.scopsr.gov.cn/bbyw/qwfb/201503/t20150310_272579.html。

③ 数据来源于中国国家统计局网站：http://www.stats.gov.cn/tjsj/tjgb/ndtjgb/。

④ 人民网：《中共中央　国务院关于全面深化新时代教师队伍建设改革的意见》，2018 年 8月 9 日，见 http://edu.people.com.cn/n1/2018/0201/c1006-29798831.html。

宽松,已经将中小学教师编制的城市、县镇、农村三级标准统一到城市的水平上来,这样实际上就会增加全国教师编制的总量;另一方面,随着义务教育普及率和巩固率的提高,义务教育学龄人口不断增加,即使教师编制标准不调整,按照生师比和小规模学校采取班师比的编制测算方法测算,教师数量实际上也会增加许多。

3. 教育发展实践需求决定了城乡中小学教师编制管理政策的演进

由于《2001 年编制意见》是以压缩编制、效率优先和城市偏向为导向,导致中小学教师编制特别是农村学校教师编制大幅减少,一些学生少、教学点分散、边远贫困地区的农村学校难以维持基本运转,无法开齐开足国家课程。部分地方政府往往根据自身财力而非教育实际核定使用教师编制,"占编""压编""有编不补"现象时有发生。自《2001 年编制意见》实施以来,随着城镇化进程加快,农村外出务工人员极速增加,农村学校学生规模逐年递减,按照《2001 年编制意见》规定的"生师比"核算,不少村小和教学点存在总体超编、结构性缺编现象。有些学校在编教师身兼数个班的全部课程超负荷工作,有些学校临时聘请了代课教师维持基本运转,农村教育基本质量难以保障。

为解决《2001 年编制意见》实施以来产生的上述实践问题,《2009 年落实通知》强调,要"切实加强中小学教职工编制的总量调控与统筹使用;不断完善中小学教职工编制动态管理机制。"在不改变《2001 年编制意见》中小学教职工编制标准的前提下,《2009 年落实通知》希望通过完善中小学教职工编制动态管理机制来实现城乡教师资源的合理使用。这也是我国在中小学教职工编制政策中首次提出动态管理教师编制。《2009 年落实通知》印发以后,全国有 12 个省份重新核定了编制,其中江西、青海、宁夏和甘肃 4 个省份编制增加了,四川、天津、湖南、辽宁、内蒙古、重庆和安徽 7 个省份编制未增减,但在编制总额内动态管理、统筹使用;有 25 个省份均不同程度地落实了《2001 年编制意见》规定的增编因素;广西、吉林、西藏和贵州 4 个省份明确规定实行机动编制。可以说,各地通过完善教职工编制动态管理,加强总量调控与统筹使用,在一定程度上缓解了我国部分地区农村教师总体超编、结构性缺编的矛盾。然而,一方面由于《2009 年落实通知》并未改变《2001 年编制意见》中小学教职工编制的核算标准,在教职工编制总量既定的情况下,动态调控的空间非常有限;另一方面由于城镇化进程加快,"城镇挤、农村空"的现象不断凸显,在教师编制动态管理过程中也出现了农村教师单向流入城镇学校的现象。

为此,《2014 年编制通知》提出:统一编制标准,促进城乡中小学教育资源均衡配置。进一步完善中小学教职工编制动态管理机制,根据学校布局结构调整、不同学段学生规模变化等情况进行动态调整,提高编制使用效益。探索教职工编制管理与人事管理相结合,促进县域内的教师交流轮岗和均衡优化配置。《2014 年编制通知》首先在编制标准上针对长期以来城乡"倒挂"现象,旨在实现城乡统一;其次要求各地探索教职工编制管理与人事管理相结合。[1]《中共中央　国务院关于全面深化新时代教师队伍建设改革的意见》提出:"深化教师管理综合改革,切实理顺体制机制。创新和规范中小学教师编制配备。落实城乡统一的中小学教职工编制标准,创新编制管理,加大教职工编制统筹配置和跨区域调整力度,省级统筹、市域调剂、以县为主,动态调配。编制向乡村小规模学校倾斜,按照班师比与生师比相结合的方式核定。"[2]可见,建立、加强和完善城乡教师编制动态管理机制,既伴随着我国经济社会发展由城乡二元结构转向城乡一体化,更是城乡中小学教育发展的实践要求。

---

①　本部分内容引用了课题组的阶段性研究成果。详见柳丽娜、朱家存、周兴国:《县域教师编制动态管理中的"撇脂"现象及其矫正》,《教育发展研究》2018 年第 2 期。

②　人民网:《中共中央　国务院关于全面深化新时代教师队伍建设改革的意见》,2018 年 8 月 9 日,见 http://edu.people.com.cn/n1/2018/0201/c1006-29798831.html。

（二）城乡中小学教师编制政策演进的价值取向①

1. 差异与均等

城乡教师编制政策在不同历史时期，经历了差异与均等的不同价值取向，在新中国成立初期至"文化大革命"前的一段时期内，主要是延续过往的一些做法，尚无清楚的、有意识的进行城乡差异对待。改革开放以来至 2009 年的30 年左右时间内，由于城乡二元结构的影响，城乡教师编制基本采取差异化政策，近十年来开始不断重视城乡教师编制的均等化，致力于推进落实城乡统一的中小学教师编制标准。需要特别说明的是，在城乡教师编制政策差异化价值取向下，差异主要不是因地制宜，而是农村对城镇发展的一种牺牲，农村有"被剥夺"感；在城乡教师编制政策均等化取向背景下，也会有差异性政策，但是这种差异主要是因地制宜，是对农村的一种倾斜和历史补偿，农村有"获得"感。

在《2001 年编制意见》中，对城市、县镇和农村的教师编制标准有明显的差异，采取了三个不同的标准，且农村明显紧于城市和县镇。为大力加强农村教师队伍建设，推进城乡义务教育均衡发展，《2009 年落实通知》要求认真落实《2001 年编制意见》规定的增编因素。强调各地方应结合本地实际情况，从满足教育教学基本需要出发，切实保障编制紧张学校特别是农村寄宿制学校、教学点分散地区教职工的基本需求。山区、湖区、海岛、牧区和教学点较多地区的中小学，可以依照从严从紧的原则适当增加编制。《中共中央　国务院关于全面深化新时代教师队伍建设改革的意见》则为城乡教师编制标准均等化确立了明确的政策依据，《意见》强调："逐步实行城乡统一的中小学教职工编制标准，对农村边远地区实行倾斜政策。"②而为了贯彻落实党的

---

① 李宜江：《我国中小学教师编制政策演进的历史逻辑与价值取向》，《教育发展研究》2021 年第 4 期。
② 人民网：《中共中央　国务院关于全面深化新时代教师队伍建设改革的意见》，2018 年 8 月 9 日，见 http://edu.people.com.cn/n1/2018/0201/c1006-29798831.html。

十八大和十八届三中全会精神,大力促进教育公平,统筹城乡教育资源均衡配置,依照《国家中长期教育改革和发展规划纲要(2010—2020 年)》的相关要求,《2014 年编制通知》明确提出:统一编制标准,促进城乡中小学教育资源均衡配置。将县镇、农村中小学教职工编制标准统一到城市标准,即高中教职工与学生比为 1∶12.5、初中为 1∶13.5、小学为 1∶19。至此,我国实施了 30 多年的城乡差别教师配置标准政策走向均等化。

2. 效率与公平

城乡教师编制政策在不同历史时期,经历了效率与公平交织的不同价值取向,在新中国成立初期至"文化大革命"前的一段时期内,虽然没有明确地提出公平、效率的价值追求,但实际上是效率与公平兼顾的,而且在当时的历史背景下,公平问题并不突出,效率问题虽也不突出但是具有优先的价值考虑。改革开放以来至 2007 年的近 30 年时间内,由于受以经济建设为中心,效率优先、又快又好的经济发展思路影响,城乡教师编制基本采取效率优先政策。《1984 年编制意见》明确提出要"调动教职工积极性,提高工作效率,以适应四化建设对普通教育事业发展和提高的要求。"《2001 年编制意见》把提高教育教学质量和办学效益,力求精简和高效作为目标和原则之一。自 2007 年党的十七大报告提出教育公平是社会公平的重要基础后,10 多年来开始不断重视城乡教师编制公平问题,致力于推进落实城乡统一的中小学编制标准。《2009 年落实通知》提出要"推进城乡义务教育均衡发展,促进教育公平"。《2014 年编制通知》强调要"大力促进教育公平,统筹城乡教育资源均衡配置"。

需要特别说明的是,公平与效率作为城乡教师编制政策的价值取向,在特定的历史时期不是非此即彼的关系,更不是以此废彼的关系,但是会有优先的制度设计与安排。在城乡教师编制政策效率取向背景下,公平也是有所考虑的,但是在基本数量与规模满足不了人民需求的时候,教育和教师编制的公平问题不是最突出的。当教育效率大幅度提高,教育数量与规模满足了人人有学上的需求后,上好学就显得尤为迫切,教育公平和教师编制公平问题就受到前所未有的关注。自2017年党的十九大报告提出发展公平而有质量的教育以来,公平与效率成为当前乃至今后较长一段时期我国城乡教师编制政策必须兼顾的两个价值取向,强调公平与效率的动态平衡,在公平的基础上,追求效率;提高效率是为了在更高的层面上实现公平。

3.结构、规模与质量

城乡教师编制政策在不同历史时期,结构、规模与质量曾先后、交织、兼顾协调地出现在城乡教师编制政策中。在新中国成立初期至"文化大革命"前的一段时期内,虽然没有明确地提出结构、规模与质量的价值追求,但实际上建设一支一定数量规模的教师队伍是尤为迫切的,教师编制和教师队伍的结构与质量问题并不突出。改革开放以来至2014年的30多年时间内,城乡教师编制在结构、规模与质量方面相对比较稳定,结构方面主要包括教师、职员、教学辅助人员和工勤人员等;规模方面一直采取的是控制编制总量、稳定编制总量、有增有减的方式;质量方面更多的是满足城乡教育发展对教师数量的要求,没有体现出对紧缺学科和实施素质教育方面的要求。如《1984年编制意见》提出:"占用教育事业编制的专职管理、技术人员,以校为单位,中师、中学不宜超过教职工的5%,小学不超过3%。"《2001年编制意见》指出:"中小学教职工包括教师、职员、教学辅助人员和工勤人员。中小学校的管理工作尽可能由教师兼职,后勤服务工作应逐步实行社会化。确实需要配备职员、教学辅助人员和工勤人员的,其占教职工的比例,高中一般不超过16%、初中一般不超过15%、小学一般不超过9%。"

但是到了2014年,《2014年编制通知》提出:"鼓励有条件的地方,探索将一般性教学辅助和工勤岗位不再纳入编制管理范围,并相应适当降低教职工编制核定标准。""在县域范围内统筹中小学教师资源,确保基本开齐开足国家规定课程,特别是体育、音乐、美术、科学技术等课程,以保障基础教育发展需要和素质教育全面实施。""深化后勤改革,加大政府购买服务力度。各地要按照中央改进政府提供公共服务方式、加大购买服务力度有关要求,继续深化中小学校后勤服务社会化改革,逐步压缩非教学人员编制。对适合社会力量提供的工勤和教学辅助等服务,鼓励探索采取政府购买服务方式,纳入当地政府购买服务指导目录,所需资金要通过合理渠道和方式妥善解决。"可见,随着《2014年编制通知》的出台,城乡教师编制的结构逐步压缩非教学人员编制,取向于专任教师,鼓励将一般性教学辅助和工勤岗位不再纳入编制管理范围;规模方面根据严控总量、盘活存量、优化结构、增减平衡的基本要求,由省级政府负总责,实行总量控制,在不突破现有编制总量前提下核定中小学教职工编制;质量方面开始关注体育、音乐、美术、科学技术等课程教师资源的配置,和保障素质教育全面实施的要求。至此,兼顾结构、规模与质量并不断实现三者之间的动态平衡,已经成为城乡教师编制政策主导价值取向。

第三章　中小学教师编制城乡
一体化的实施基础

教师编制是我国中小学教师人事管理的一项重要制度,关系如何配置和管理教师资源,对我国中小学教师队伍建设及教育质量提升有着重要作用。新中国成立初期,我国并没有明确规定中小学教师编制标准,直到1984年教育部才出台了关于中小学教职工编制的参考标准,但由于受当时社会经济环境影响,城市教师编制标准明显高于农村。此后,2001年国家对中小学教职工编制标准进行了修订,但依然采取了"与经济发展水平和财政承受能力相适应;因地制宜,区别对待"①的中小学教师编制标准。由此不仅沿袭原有的城乡二元色彩,而且使得中小学教师编制城乡标准倒挂现象制度化、合法化了。

直到2014年,中央编办、教育部、财政部在《关于统一城乡中小学教职工编制标准的通知》中提出要"统一编制标准,促进城乡中小学教育资源均衡配置"②,城乡教师编制才开始由二元转向一体化。紧接着,2015年6月,国务院

---

① 中华人民共和国中央人民政府网站:《关于制定中小学教职工编制标准意见的通知》,2019年1月31日,见http://www.gov.cn/gongbao/content/2001/content_61159.htm。

② 中国机构编制网站:《关于统一城乡中小学教职工编制标准的通知》,2019年1月31日,见http://www.scopsr.gov.cn/bbyw/qwfb/201503/t20150310_272579.html。

办公厅颁布的《乡村教师支持计划（2015—2020 年）》提出，"乡村中小学教职工编制按照城市标准统一核定，其中村小学、教学点编制按照生师比和班师比相结合的方式核定。"①2017 年，国务院印制的《国家教育事业发展"十三五"规划》提出："推动地方实行城乡统一的中小学教职工编制标准，对村小学和教学点采取生师比和班师比相结合的方式核定教职工编制。"②这一系列政策对于破除城乡教师编制二元结构具有重要的时代意义，也标志着我国中小学教师编制城乡一体化日渐深入。这些政策不仅是社会经济发展对教育发展的要求，也是人民对于美好生活期望的反映，有着深刻而广泛的实施基础。所谓实施基础即事物发展的出发点，是促成事物进一步发展的源动力、支撑因素，当然也包括存在的一些障碍或困难。而明晰实施基础有利于因势利导，趋利避害，更好地促进事物发展。

一、中小学教师编制城乡一体化的观念基础

观念是行动的先导。"任何一种社会制度都会反映出特定的文化和观念取向"。③ 中小学教师编制城乡一体化并不是一蹴而就的，有着深刻的观念基础。这些观念催生并催化了中小学教师编制城乡一体化。

（一）城乡一体化理念

从观念的角度来看，城乡一体化理念是中小学教师编制城乡一体化观念的主要渊源。

城乡一体化的思想产生于 19 世纪。有学者梳理了其来源，认为城乡一体

---

① 教育部网站：《乡村教师支持计划（2015—2020 年）》，2019 年 1 月 2 日，见 http://www.moe.gov.cn/jyb_xxgk/moe_1777/moe_1778/201506/t20150612_190354.html。

② 中华人民共和国中央人民政府网站：《国家教育事业发展"十三五"规划》，2019 年 1 月 31 日，见 http://www.gov.cn/zhengce/content/2017-01/19/content_5161341.htm。

③ 陈洪捷：《观念、知识和高等教育》，安徽教育出版社 2012 年版，第 144 页。

化思想来源主要有两个方面:一是以马克思为代表的马克思主义者关于城乡融合和城市乡村应该有同等的生活条件的论述,他们认为工人和农民之间阶级差别的消失和人口分布不均衡现象的消失是城乡融合的两个标志;二是以英国城市学家埃比尼泽·霍华德为代表的城市学和城市规划学家之于田园城市的论述,他们认为城与乡同等重要,应当结合在一起,要用城乡一体的新社会结构来取代城乡对立的旧社会形态。[①]

在我国,城乡一体化思想的产生有着深刻的社会背景。就中国城与乡产生的历程来看,城与乡本身并未有所不同,也未有谁优谁劣之分,只是因为其背后所支撑的经济和政治基础不同,才导致了城与乡的相对对立。在中国,"城市是政治权力的核心,是农村土地所有者居住的地方,城乡之间都形成了分离与整合的统一局面,即城市领导农村,既在政治上统治农村,又在经济上依赖农村。在权力结构上,城乡之间是一元或一体性的",[②]"在近代以前的中国,城乡之间没有截然的区分,它们仅是一个渐进的统一体"。[③] 只是到近现代以后,由于口岸通商、洋务运动,中国沦为半封建半殖民地国家后,城市和乡村才进一步分化。[④] 20世纪上半期,由于战乱,城市和乡村都未得到很好发展,新中国成立后,由于资源有限,国家财政压力大,只能集中有限的资源,重点发展城市工业,由此形成了"以农助工"的发展道路,促成了我国城乡二元结构的制度化,以至于在很长时间内,我国城乡发展严重失衡。

之后,1978年国家开始实行经济体制改革和对外开放,它不但"改变了我

---

① 李海潮、于月萍:《城乡教育一体化若干基本问题的思考》,《现代教育管理》2010年第4期。

② 折晓叶、艾云:《城乡关系演变的制度逻辑和实践过程》,中国社会科学出版社2014年版,第5页。

③ 周锡瑞:《华北城市的近代化——对近年来国外研究的思考》,载《城市史研究》(第21辑),天津社会科学出版社2002年版,第14页。

④ 折晓叶、艾云:《城乡关系演变的制度逻辑和实践过程》,中国社会科学出版社2014年版,第6页。

国城乡发展格局,也开启了城乡发展的一体化进程"①。20 世纪 80 年代,苏南地区较早使用了城乡一体化这个概念。在苏南地区实践探索和改革开放带来的国家经济社会发展的推动下,2002 年,中共中央提出统筹城乡发展,破除城乡二元结构,2008 年党的十七大首次提出"城乡一体化"发展命题,同年党的十七届三中全会第一次由国家层面在《中共中央关于推进农村改革发展若干重大问题的决定》中提出"到 2020 年,基本建立城乡经济社会发展一体化制度"②的城乡一体化发展的战略目标。自此以后,我国城乡关系进入新的发展阶段,一体化进程不断加速。

2013 年 7 月 22 日,习近平同志在湖北省鄂州市长港镇峒山村考察农村工作并同部分村民座谈时强调:"城镇化要发展,农业现代化和新农村建设也要发展,同步发展才能相得益彰,要推进城乡一体化发展"。③ 习近平总书记的这一讲话为城乡一体化的深入发展指明了方向。为了让广大农民共享当前我国教育改革发展的成果,2016 年《国务院关于统筹推进县域内城乡义务教育一体化改革发展的若干意见》指出要"统筹推进城乡义务教育一体化改革发展,促进基本公共教育服务均等化,办好人民满意的义务教育"④。城乡教育一体化发展成为当前教育发展的重要战略,直接催生了中小学教师编制城乡一体化,可以说,城乡教育一体化理念是中小学教师编制城乡一体化的上位理念。

随着城乡经济社会一体化的逐步推进,城乡一体化的发展和城乡教育二

① 王伟光等:《新型城镇化与城乡发展一体化》,中国工人出版社 2014 年版,第 48 页。
② 中华人民共和国中央人民政府网站:《中共中央关于推进农村改革发展若干重大问题的决定》,2019 年 1 月 31 日,见 http://www.gov.cn/jrzg/2008-10/19/content_1125094.htm。
③ 高长武:《"农村绝不能成为荒芜的农村、留守的农村、记忆中的故园"——从习近平同志对农村的担忧和期望说开去》,2019 年 1 月 31 日,见 http://dangshi.people.com.cn/n/2014/0526/c85037-25066224.html。
④ 中华人民共和国中央人民政府网站:《国务院关于统筹推进县域内城乡义务教育一体化改革发展的若干意见》,2019 年 1 月 14 日,见 http://www.gov.cn/zhengce/content/2016-07/11/content_5090298.htm。

元发展现状之间的矛盾,引发了学者之于城乡教育一体化的思考。关于城乡教育一体化最早的论述见于 1995 年王克勤的文章《论城乡教育一体化》,在文中他认为城乡教育一体化是"要打破城乡二元经济结构和社会结构的束缚,城乡是同属于城市和乡村一个大系统之中的,建议运用系统的方式,推动城乡教育协同发展。"①但是受限于当时国家经济和社会发展的水平,此概念并未引起理论界和实践界的深入关注。2003 年,中央提出科学发展观,强调统筹城乡发展,2004 年 12 月 31 日中共中央、国务院审议通过《中共中央　国务院关于进一步加强农村工作提高农业综合生产能力若干政策的意见》,第一次在中央一号文件中提出了"要加快发展农村义务教育"。② 2008 年《关于切实加强农业基础建设进一步促进农业发展农民增收的若干意见》强调:"当前我国工业化、信息化、城镇化、市场化、国际化正在深入发展,农业和农村也正经历着深刻变化要探索建立促进城乡一体化发展的体制机制,逐步实现城乡社会统筹管理和基本公共服务均等化,提高农村义务教育水平"。③ 加强农村教育建设,成为缩小城乡教育差距,实现城乡教育一体化的重要举措。2010 年《教育规划纲要》对城乡义务教育一体化的表述标志着"城乡义务教育一体化的概念被定义。"④紧接着,2016 年 7 月国务院印发《关于统筹推进县域内城乡义务教育一体化改革发展的若干意见》,对如何更好地推进城乡义务教育一体化进行了具体的定位和安排,可谓是从政策文件上规定了什么是城乡义务教育一体化,以及如何推进城乡义务教育一体化。

---

① 王克勤:《论城乡教育一体化》,《普教研究》1995 年第 1 期。

② 中华人民共和国中央人民政府网站:《关于进一步加强农村工作提高农业综合生产能力若干政策的意见》,2019 年 1 月 31 日,见 http://www.gov.cn/test/2006 – 02/22/content_207415.htm。

③ 中华人民共和国中央人民政府网站:《关于切实加强农业基础建设进一步促进农业发展农民增收的若干意见》,2019 年 1 月 31 日,见 http://www.gov.cn/jrzg/2008 – 01/30/content_875066.htm。

④ 陈巧云、张乐天、蒋平:《管窥城乡统筹背景下的义务教育研究现状》,《教育学术月刊》2014 年第 3 期。

　　从一定意义上来说,城乡教育一体化是在我国统筹城乡教育改革、城乡教育均衡发展等政策实施以来,中央为破解我国城乡二元结构、推动城乡教育公平与和谐发展而做出的战略部署,是当前高质量教育体系建设的重要内容。党的十九届五中全会审议通过的《中共中央关于制定国民经济和社会发展第十四个五年规划和二〇三五年远景目标的建议》提出"建设高质量教育体系,推动义务教育均衡发展和城乡一体化"①。张力认为,"城乡一体化发展已成为义务教育均衡发展的更高要求,义务教育从均衡发展转向城乡一体化发展,是依法推进教育公平、保障学有所教、办好人民满意教育的基本要求;是建立健全城乡融合发展体制机制、推动城乡发展一体化的关键环节;是新时代建设教育强国和学习型社会、大力提高国民素质的基础环节"②。对于何谓城乡教育一体化的目标,邬志辉认为实现城乡教育均衡发展只是中间目标,建立城乡一体化的涵盖制度、文化、社会心理等诸多要素的教育结构是城乡教育一体化的最终目的。③ 教师资源是重要的教育资源,合理调控城乡教师资源,满足民众的教育福祉便是首要需要实现的内容。因此,中小学教师编制城乡一体化是实现城乡教育一体化的关键。

(二) 以人为本的发展理念

　　长期以来,人们对于教育均衡发展较多地关注物而不是人,即集中在校舍装备、器械、方法、学科以及机构管理的方式上,却忽视了教育发展中的人的关键因素。教育中两个最重要的主体是教师和学生,要实现教育真正的均衡发

---

　　① 中华人民共和国中央人民政府:《中共中央关于制定国民经济和社会发展第十四个五年规划和二〇三五年远景目标的建议》,2020 年 11 月 3 日,见 http://www.gov.cn/zhengce/2020-11/03/content_5556991.htm。
　　② 张力:《城乡一体化发展是义务教育均衡发展的更高要求》,《中国教育学刊》2012 年第12 期。
　　③ 邬志辉:《当前我国城乡义务教育一体化发展的核心问题探讨》,《教育发展研究》2012年第 17 期。

展,最关键的是要实现人的均衡发展。联合国教科文组织在 20 世纪 90 年代就提出"教育不仅仅是为了给经济界提供人才,还要使每个人的潜在的才干和能力得到充分发展,这既符合教育人道主义使命,又符合应成为任何教育政策的指导原则的公正的需要"。① 因此,"以人为本"成为教育发展的基本理念。

在新型城镇化的快速发展下,也越来越要求社会发展要以人为本。我国城镇化发展相较发达国家虽然相对滞后,但是步伐却稳健有力。2000 年 10 月,党的十五届五中全会审议通过的国家"十五"计划明确了"我国推进城镇化条件已渐成熟,要不失时机地实施城镇化战略",②我国城镇化建设正式拉开序幕。随后,党的十六大报告、十七大报告对城镇化发展都做了明确指示,进一步推动了我国城镇化的发展。2012 年时我国城镇化率已由 1978 年的 17.9%上升到 52.6%。③ 城镇化速度之快令人惊喜,但在城镇化快速发展的过程中一些不协调不科学的问题也引起了人们的担忧。如何进一步科学地推动城镇化的发展成为国家关切的问题。

2012 年,国务院总理李克强强调:"城镇化不是简单的人口比例增加和城市面积扩张,更重要的是实现产业结构、就业方式、人居环境、社会保障等一系列由'乡'到'城'的重要转变"。④ 这一论述丰富了城镇化的内涵,促进了城镇化由单纯追求速度向重视内涵发展的转变,反映了城镇化发展的新诉求和新方向。2013 年中央经济工作会议进一步把"加快城镇化建设速度"列为 2013 年经济工作六大任务之一。同年 12 月,习近平总书记在中央城镇化工

---

① 联合国教科文组织:《教育—财富蕴藏其中》,教育科学出版社 1996 年版,第 70 页。

② 中华人民共和国国家发展和改革委员会:《中华人民共和国国民经济和社会发展第十个五年计划纲要》,2019 年 1 月 31 日,见 http://ghs.ndrc.gov.cn/ghwb/gjwngh/200709/P020070912634253001114.pdf。

③ 中共中央文献研究室:《十五大以来重要文献选编(中)》,人民出版社 2001 年版,第 1381 页。

④ 李克强:《认真学习深刻领会全面贯彻党的十八大精神,促进经济持续健康发展和社会全面进步》,《人民日报》2012 年 11 月 21 日。

作会议上指出我国要实现新型城镇化必须把握三大指导思想,坚持六大方向。这一思想为我国城镇化发展提出了更明确的发展方向,进一步推动了我国新型城镇化的发展。2014 年国务院印发的《国家新型城镇化规划(2014—2020年)》中指出我国走"以人为本"的有中国特色的城镇化道路。以人为核心的城镇化是指"以资源高效配置为基础,以人口的自主空间流动为路径,以城乡基本公共服务均等化为体制改革着力点,以可持续发展为底线,全面改善居民生活品质,提升人的基本权利保障水平"①。党的十九届五中全会审议通过的《中共中央关于制定国民经济和社会发展第十四个五年规划和二〇三五年远景目标的建议》提出"坚持人民主体地位,坚持共同富裕方向,始终做到发展为了人民、发展依靠人民、发展成果由人民共享,维护人民根本利益,激发全体人民积极性、主动性、创造性,促进社会公平,增进民生福祉,不断实现人民对美好生活的向往。"②,人民是社会发展的根本出发点和最终归宿。新型城镇化道路要求必须坚持"以人为本,公平共享",不断提高人口素质,促进人的全面发展和社会公平正义。

以此观之,教育领域便是强调要以人为本,一切为了儿童,为了儿童一切。哪里有学生,哪里就应该有教师,且应当有足够优秀的教师。"现代教育哲学要求从'所是之人'即人的具体性出发来确定教育行动纲领和教育方案"③。中小学教师编制城乡一体化不仅是教育发展的需要,更是以人为本,以生为本的体现,是对人的基本的学习教育需要的一种回应。所谓基本的学习需要"包括人们为生存下去,为充分发展自己的能力,为有尊严地生活和工作,为充分参与发展,为改善自己的生活质量,为作出有见识的决策,以及为继续学

---

① 党国英、吴文媛:《城乡一体化发展要义》,浙江大学出版社 2016 年版,第 13 页。

② 中华人民共和国中央人民政府:《中共中央关于制定国民经济和社会发展第十四个五年规划和二〇三五年远景目标的建议》,2020 年 11 月 3 日,见 http://www.gov.cn/zhengce/2020-11/03/content_5556991.htm。

③ 周兴国:《教育哲学的人论基础及其嬗变》,《苏州大学学报(教育科学版)》2015 年第3 期。

习所需的基本学习手段(如识字、口头表达、演算和难题)和基本学习内容(如知识、技能、价值观念和态度)"。① 确保城乡儿童都能够享受到优质的教师资源,是实现城乡儿童基本学习需要能够满足的保障。

为此,政府不仅要保证适龄儿童能够上学,还要保证所有儿童都能"上好学",这就要求政府对教育资源进行重新整合,以实现城乡优势教育资源的共享,对教师编制进行城乡一体化的管理便是保障城乡教师资源合理化配置的重要举措。中小学教师编制城乡一体化是实现教育资源配置"以生为本"的重要体现,它的核心是满足城乡儿童特别是乡村儿童的教育需要,既要满足乡村儿童学的需要,又要满足儿童"学好"的需要。

(三) 城乡基本公共服务均等化的理念

义务教育属于基本公共服务范畴。长期以来,受城乡二元结构的影响,在基本公共服务方面,财政在农村基础公共设施建设、义务教育、公共文化服务、社会保障的投入上明显低于城镇,农村合作医疗补助标准、低保标准、社会养老保险补助水平明显低于城镇,尤其是城镇社会保障体系对进城务工农民的覆盖度更低。城乡基本公共服务资源分配严重不均等,使得经过苦读离开乡村的青年人以及从未体验过农村生活的教师不愿回到农村或进入农村担任教师工作。联合国教科文组织新近的研究报告中提出,虽然大家都意识到了教师的重要性,也都加强了对教师培训的反思,鼓励教师继续学习和提高专业能力,但是我们还应为"教师提供更具吸引力、更能激发人的积极性以及更加稳定的生活和工作条件,包括薪资和职业前景,假如我们不想看到因兴味索然导致我们全球最重要的基础性职业受到削弱,就必须这样做"②。

党的十八大报告提出"要着力在基本公共服务等方面推动城乡发展一体

---

① 联合国教科文组织:《教育——财富蕴藏其中》,教育科学出版社 1996 年版,第 11 页。
② 联合国教科文组织:《反思教育:向"全球共同利益"的理念转变?》,教育科学出版社 2015 年版,第 55 页。

化,促进城乡要素平等交换和公共资源均衡配置"①。《国家十三五发展规划纲要》中指出"十三五"期间,要实现就业、教育、文化体育、社保、医疗、住房等公共服务体系更加健全,基本公共服务均等化水平稳步提高,进一步提升了人们对城乡基本公共服务一体化的认知和需求。由于教育是民族振兴和社会进步的基石,因此,教育特别是中小学教育无疑属于最重要最基本的公共服务,也是最应该优先实现城乡一体化发展的领域。百年大计,教育为本;教育大计,教师为本。教师是所有教育资源中最核心、最有能动性的资源,是影响教育质量的第一要素。因此,要实现中小学教育城乡一体化发展首先应该做到中小学教师编制城乡一体化。

中小学教师编制城乡一体化的目标就是要把县乡的教师资源作为一个整体看待,统筹管理,以实现城乡教师资源的共享、共有、共治,达到全体教师相互融合、相互流动、共同协调可持续发展,以此促进城乡教育的发展,让城乡儿童都能享受优质师资的教育资源。中小学教师编制城乡一体化的目标是不仅要改变量上按照生师比来分配教师编制问题,更要在质量上实现优质教师资源的互通互享。从我国当前的教育实情出发,实现中小学教师编制城乡一体化就是促进优质教育资源自愿自由地走进乡村学校,这样才能真正实现优质教师资源互通互享。

(四) 教育公平的理念

2000 年,我国基本普及九年义务教育以后,促进义务教育均衡发展成了理论界和实践领域不断求索的新命题。在 2010 年以前,学者们更多关注如何促进义务教育均衡发展,2010 年以后,更多关注城乡义务教育一体化发展。两者均是为了促进教育公平发展。

---

① 　人民网:《坚定不移沿着中国特色社会主义道路前进　为全面建成小康社会而奋斗——胡锦涛在中国共产党第十八次全国代表大会上的报告》,2018 年 2 月 1 日,见 http://cpc. people. com. cn/n/2012/1118/c64094-19612151. html。

　　自古以来,中国人都期待能够在公平公正和谐的环境中生存。《论语·季氏第十六篇》即有"不患寡而患不均"的思想。这种思想深深地影响了中国人,甚至成为人们普遍存在的社会心理。这种社会心理会自觉不自觉地表现在人们的生活中,影响人们对政府的评判。因此,国人自古对于公平正义就心向往之,无论是大同社会还是民主社会都追求公平正义。在当前社会政治经济快速发展的情况下,面对经济全球化、国际社会动荡多变的挑战,公平正义成为人们安居乐业的重要追求。作为全心全意为人民服务,一切为了人民的中华人民共和国政府,力求为民众建立一个公平公正和谐的生存环境。2012年党的十八大报告确立了"富强、民主、文明、和谐、自由、平等、公正、法治、爱国、敬业、诚信、友善"的社会主义核心价值观。这里的"公正"就是指社会的公平正义,它以人的平等权利的获得为基础,是国家、社会治国理政的价值基础,是当前社会主义最核心的价值追求。

　　国际上有关公平的讨论集中在三个概念上:"Disparity,不匀;Inequality,不均;Inequity,不公平。不匀,是指有差距;不均,是指不划一;不公平,是指机会不均等。"①教育是人人都应享有的资源。早在春秋战国时期,孔子就提出了"有教无类"的教育公平思想,而当前我国教育均衡发展的政策更是由"发展平衡"转向了"机会均等",旨在实现每个适龄儿童少年均等享有良好教育。②《国家中长期教育改革与发展规划纲要(2010—2020年)》将促进公平确立国家基本教育政策。为了进一步促进教育公平,《国家教育事业发展"十三五"规划》强调,要"实施教育脱贫攻坚行动计划,加大职业教育脱贫力度,扩大农村贫困地区学生接受优质高等教育机会。以中西部地区、贫困地区和民族地区为重点,补齐基本公共教育服务短板,推进县域内城乡义务教育一体化发展,推进城乡义务教育公办学校标准化建设,到2020年基本消除56人以

---

　　① 常琳:《教育公平与教育质量的冲突与选择》,《亚太教育》2016年第1期。
　　② 阮成武:《我国义务教育均衡发展政策的演进逻辑与未来走向》,《教育研究》2013年第7期。

上大班额现象,义务教育实现基本均衡的县(市、区)比例达到 95%,继续扩大普惠性学前教育资源"。① 教育公平的内涵也由数量、物质的保障上升到对质量和人力资源的需求。

"教育发展的早期以数量维度为主,具体表现为为人们提供更多的受教育机会,让更多的人可以上学。而且,在任何一次社会复兴或教育复兴的早期,教育发展也主要以数量维度为基本特点。但是,随着社会的发展和教育的发展,教育发展的基本取向将由数量转向质量维度"。② 在这一转向过程中,教育发展的水平是需要通过一定的指标来衡量的,这些指标包括教育数量增长、教育规模扩张、教育结构转换、教育条件改善、教育质量提高、教育效益增高、教育公平程度提高等等。其中教育质量、教育效益和教育公平程度的提高是教育内涵式发展核心诉求,是教育发展在质量方面的价值取向。但是当前我国教育发展"还存在不平衡、不协调的问题,城乡、区域之间教育差距仍较大,优质教育资源总量不足、布局不合理",③严重影响了教育公平。

"这个时代,即所谓有限世界的时代,只能是一个属于全体人的时代,即人人在内的全人类的时代",④因此,要统筹推进城乡义务教育一体化发展。教师作为重要的人力资源,是确保教育质量公平的关键。教师编制不仅关涉教师分配的数量,更是保障教师质量和结构的重要抓手,实行中小学教师编制城乡一体化是社会公平正义之于教育公平的内涵要求。让每一个孩子都"能上学"是教育的起点公平,确保每一个孩子都能"上好学"是教育过程公平的诉求,让每一个孩子通过教育得到合适的发展是教育结果公平的最佳体现。

---

① 中华人民共和国中央人民政府网站:《国家教育事业发展"十三五"规划》,2019 年 1 月 31 日,见 http://www.gov.cn/zhengce/content/2017-01/19/content_5161341.htm。

② 谢维和:《教育活动的社会学分析:一种教育社会学的研究》,教育科学出版社 2007 年版,第 277 页。

③ 中华人民共和国中央人民政府网站:《国家教育事业发展"十三五"规划》,2019 年 1 月 31 日,见 http://www.gov.cn/zhengce/content/2017-01/19/content_5161341.htm。

④ 联合国教科文组织:《学会生存——教育世界的今天和明天》,教育科学出版社 1996 年版,第 22 页。

无论是起点公平还是过程公平,抑或是结果公平,教师的作用都不可估量。

(五) 教育民生论

随着科学技术和人类的发展,人们对自我的教育权利有了进一步觉醒,期望教育成为生活的一部分,教育民生论因此而生。教育民生论不仅关注个体小我的利益,更关注民众全体的未来,是一种超越了个人本位和国家本位之上的人类情怀,是新的人文主义教育观和发展观的体现。教育民生论倡导维护人类的利益,捍卫人类最基本的权利,恰恰是维护所有个人的利益公平,更是为了国家更好地发展。教育民生论体现了教育发展的一种质量观。早期的教育均衡发展只是为了提供更多的受教育机会,让更多的人可以上学。但是,随着社会和教育的发展,教育发展的基本取向将由"数量转向质量维度"。①

教育民生论不仅仅关注数量上保证老百姓"能上学",更期望在质量上满足老百姓"上好学"的期望。这是当前教育内涵式发展最大的要求。它提出把人民群众享有受教育的权利和实现教育公平、办好让人民满意的教育作为实现好、维护好、发展好广大人民群众的根本利益的重要方面,强化了教育是民众的基本权利和人人都应享有好教育的权利。教育发展的目的是为了使人更好的生活,教育民生论更关注人,更关注全部人,尤其是弱势群体的人。它体现了一种人文主义的教育观和发展观:"维护和增强个人在其他人和自然面前的尊严、能力和福祉,应是 21 世纪教育的根本宗旨"。② 教育发展从某种意义上来说既是手段更是目的。它是期待通过教育的手段实现人们生活的改善。教育民生论体现了教育发展目的与手段的合一性。教育既是民生的,更是生民的。它改变了过去单纯追求教育的工具性价值,凸显了教育对人的发

---

① 谢维和:《教育活动的社会学分析:一种教育社会学的研究》,教育科学出版社 2007 年版,第 277 页。

② 联合国教科文组织:《反思教育:向"全球共同利益"的理念转变?》,教育科学出版社2015 年版,第 5 页。

展的重要作用。此外,教育发展不是简单地扩大教育投入、增加教育机会,更重要的是一种价值判断,这种价值判断最终要通过人的体验来衡量。"过去人们把一切事物都视为万能的主宰按照事物的自然秩序所作的安排,因而甘愿忍受一切痛苦,现在不然,单就经济、福利与生活水平而言,人们已不再甘心于不平等的待遇了"①,因此,人们不再觉得教育是少数人的事情,也不能仅有少部分人享有教育发展的红利,教育是民众的,是自我最基本的发展福利,人们对教育的期望不再是"获得就业机会,获得收入",更多是获得一种体面的生活,一种尊严。让每个人都有尊严的活着是教育民生论的真谛,不遗忘每个儿童,让每个儿童都能在教育中收获人生的幸福是教育发展的民生诉求。

在第十二届全国人民代表大会第四次会议上,李克强指出要紧扣增进民生福祉,推动社会事业改革发展。城乡一体化作为政府调控城乡资源、指导城乡均衡发展、维护社会公平正义、保障公众公共利益的重要手段,在资源分配时应力争做到公平、公正,保障民众的基本福祉。对此,李桢业早在 2008 年就通过对居民基本生存环境效应所得和公共福祉环境效用所得与居民幸福指数关系的研究得出了"相对于经济所得的差距拉大效应,公共福祉环境和基本生存环境起到了缩减省际城市居民幸福指数差距的作用"②。纵使这个研究结论是基于城市的数据所得,但也足以显见公共福祉环境对于城乡居民生活幸福指数的影响。教育福祉是民生福祉的重要组成部分,理应成为新型城镇化推进城乡资源共享不可忽视的部分。更何况,在我国,教育一直是民众尤其是农村民众家庭事务的中心工作,"再穷不能穷教育,再苦不能苦孩子",让孩子享受更好地教育已经成为我国民众最关心、最直接、最现实的利益追求。2006 年,上海零点公司的一项调查显示,"中国家庭教育花费已接近家庭总收

① 联合国教科文组织:《学会生存——教育世界的今天和明天》,教育科学出版社 1996 年版,第 6 页。

② 李桢业:《城市居民幸福指数的省际差异》,《社会科学研究》2008 年第 3 期。

入的三分之一,农村家庭每年用在子女身上的教育花费连续两年增长率超过20%"。① 新型城镇化的发展不仅要在经济上缓解民众的教育投资压力,更要以优质的教育质量让民众的教育投资有所值。建构城乡一体化的社会保障体系,实现城乡基本公共服务均等化,使城乡居民共享改革发展和城镇化成果,实现好、维护好、发展好人民群众的教育福祉。

教育纳入民生,包括教育民生保障、教育民生改善和教育民生压力纾解三个相互关联和辅成的范畴和内涵。② 教师是教育发展第一资源,合理调控城乡教师资源,不仅关系教育民生基本保障,而且直接关系教育民生改善及其压力纾解。中小学教师编制城乡一体化的目标,就是要把县乡的教师资源作为一个整体来看待,统筹管理,以实现城乡教师资源的共享、共有、共治,达到全体教师相互融合、相互流动、共同协调可持续发展,以此促进城乡教育的发展,让城乡儿童都能享受优质师资的教育资源。中小学教师编制城乡一体化不仅要改变量上按照生师比来分配教师编制问题,更要在质量上实现优质教师资源的互通互享。从我国当前的教育实情出发,实现中小学教师编制城乡一体化就是促进优质教育资源自愿自由地走进乡村学校,这样才能真正实现优质教师资源互通互享。

二、中小学教师编制城乡一体化的社会基础

城乡教师编制管理一体化的实施,像社会发展中的任何事物一样离不开一定的外部条件,正如教育无法摆脱社会诸因素的影响一样。"教育选择是社会的选择"。当前城乡一体化的社会发展趋势期待城乡教育一体化,期待城乡教育公共服务均等化。教师作为教育发展第一资源,也是最重要、最活跃

---

① 王俊秀:《注意:中国的家庭教育投资可能出现拐点》,《成才之路》2008年第14期。

② 阮成武:《教育民生论》,人民出版社2021年版,第62—66页。

的教育资源,更是最应该优先均衡合理配置的资源。我国经济社会发展成就已为城乡中小学教师编制一体化提供了坚实的社会基础。

(一)国家经济实力的增强

"实现社会公平正义是由多种因素决定的,最主要的还是经济社会发展水平"。[①] 同样中小学教师编制城乡一体化也是建立在一定的经济基础之上的。

国家统计局网站数据显示,改革开放以来,我国占世界经济总量的比重逐年上升,据国际货币基金组织数据计算,2019 年,我国人均 GDP 首次突破 1 万美元,国内生产总值占全球经济比重达 16%,对世界经济增长的贡献率达到 30%左右。2020 年,我国国内生产总值超过 100 万亿元。[②] 经济实力的显著提升,为国家各行各业的发展奠定了良好的经济基础,教育投入不断增加,教育发展蒸蒸日上。1991—2020 年,全国教育经费总投入由 1991 年的 732 亿元增长到 2020 年的 53014 亿元,连续多年保持了国家财政性教育经费占 GDP 4%以上的指标。这使得国家有足够的财力支持教育发展。教育的办学水平、办学规模、师资队伍、基础设施、教育管理、教学质量都发生了翻天覆地的变化,城乡教育发展日渐均衡,乡村教育办学条件得到极大改善,"'一无两有' '六配套',最好的房子是学校"是当前乡村学校的基本写照。同时,国家大力实施农村寄宿制学校建设工程、"两免一补"、全面改薄、农村义务教育学生营养改善计划、乡村教师支持计划等重大工程项目,改善了农村学校办学水平,缩小了城乡教育差距,提升了乡村教师的工作条件。2018 年国务院办公厅专门出台《关于进一步调整优化结构提高教育经费使用效益的意见》强调要在

---

① 习近平:《切实把思想统一到党的十八届三中全会精神上来》,《十八大以来重要文献选编(上)》,中央文献出版社 2014 年版,第 553 页。

② 国家统计局:《中华人民共和国 2020 年国民经济和社会发展统计公报》,2021 年 2 月 28 日,见 http://www.stats.gov.cn/tjsj/zxfb/202102/t20210227_1814154.html。

义务教育领域全面建立基于人口流动的动态调整的生均拨款制度,深入落实每一个适龄儿童义务教育保障制度。

同时,国家公共财政制度的建立完善,使得政府有更加充足的财力支持乡村教师队伍建设,法律及相关政策明确提出要保障教师的工资待遇。1993年的《教师法》规定"教师的平均工资水平应当不低于或者高于国家公务员的平均工资水平,并逐步提高",为解决教师地位待遇问题确立了基本原则和基本依据。不仅如此,国家十分重视乡村教师队伍建设,加大了乡村教师队伍建设的经费支持力度。"2006年启动实施'特岗计划',迄今中央财政已投入经费456亿元,为中西部乡村补充了66.8万名中小学教师。2007年起实施教育部直属师范大学师范生免费教育,目前已为中小学补充了近7万名高素质教师,90%到中西部中小学任教。2013年起实施乡村教师生活补助政策,中央财政划拨经费127.5亿元,实现725个集中连片特困地区全覆盖,惠及8万所学校130万名乡村教师"[1]。同时,加强对交流教师的生活补助,改善乡村教师福利待遇,支持乡村教师发展,国务院办公厅于2015年出台了《乡村教师支持计划(2015—2020年)》和《关于深化中小学教师职称制度改革的指导意见》等文件,对中小学教师在内的教师职称制度、考核机制、福利待遇等全面展开了改革,改善乡村教师工作环境,有利于推进教师编制城乡一体化。

(二)乡村基本公共服务水平的提升

中小学教师编制城乡一体化不仅受到城乡义务教育一体化发展水平的影响,更是城乡一体化发展的重要组成部分,只有城乡基本公共服务水平相当,才能营造真正的城乡中小学教师编制一体化的社会环境。乡村基本公共服务缺失不仅是造成农村教师向城镇流动的重要因素,也是影响新毕业的大学生是否愿意到农村任教的一个主要原因,是当前中小学教师编制城乡一体化管理的重

---

[1] 石莹:《40载砥砺奋进　成就辉煌载史册》,《中国教育报》2018年12月18日。

要障碍。城乡基本公共服务均等化是城乡教师编制一体化的基础和保障。城乡基本公共服务如果没有实现均等化,中小学教师编制城乡一体化就很难实现。

近年来,国家在公共财政支撑下,加大了对教育领域的投入,对影响教育发展的其他公共领域也加强了投入,尤其是加大了乡村基本公共服务投入,缩小了城乡生活差距。

第一,城乡交通的便捷消除了城乡的地域隔阂。交通是城乡交流沟通的重要平台。近年来城乡之间路通、网通,实现了路上与空中的无障碍交流。一是城乡路上交通四通八达。交通运输部不断推进农村公路更多向进村入户倾斜,持续提升农民群众获得感、幸福感。统计资料显示,截至 2019 年底,全国农村公路总里程达 420 万公里,新改建农村公路 28.8 万公里,实现了具备条件的乡镇和建制村 100% 通硬化路。① 旧时农村“无风三尺土,有雨一身泥”,现在是公路纵横交错,农村公交实现了“乡乡通”。尤其是对于一些山区,更是改变了过去“这山看不见那山”的闭塞状态,城市人进入乡村、乡村接近城市成为可能,不再是“一山隔一山,两眼黑茫茫”了。

2021 年,交通部还专门出台《农村公路中长期发展纲要》明确“到 2035年,形成‘规模结构合理、设施品质优良、治理规范有效、运输服务优质’的农村公路交通运输体系,农村公路网络化水平显著提高,总里程稳定在 500 万公里左右,基本实现乡镇通三级路、建制村通等级路、较大人口规模自然村(组)通硬化路”②。如此宏伟庞大的交通网络必将改变城乡居民的生活方式,提升城乡教师之间交流的便利,使得即便教师生活在城镇,每日上班往返于城乡也不是难事,有利于教师编制城乡一体化。

第二,互联网全覆盖实现了城乡信息资源的无障碍共享。长期以来,乡村

---

①　中华人民共和国交通运输部:《2019 年交通运输行业发展统计公报》,2020 年 5 月 12 日,见 https://www.mot.gov.cn/2020zhengcejd/hangyetjgb_2019/202005/t20200509_3330557.html。

②　中华人民共和国交通运输部:《农村公路中长期发展规划》,2021 年 3 月 3 日,见 https://mp.weixin.qq.com/s?_biz=MzI3MDQwMDQ5NQ==&mid=2247536204&idx=1&sn=5c2fd7a47881c056a182d30423c6f59c&scene=0。

被认为是消息闭塞、网络不通的地方,造成了乡村发展的滞后。近年来国家大力实施网络进村工程,打通了乡村与外界的无线交流。《中国数字乡村发展报告(2020年)》显示:"全国行政村通光线率和4G覆盖率均超过98%,人工智能、5G、大数据等新一代互联网技术创新应用,乡村广播电视网络基本实现全覆盖"①。乡村网络技术和互联网的发展,推动了乡村义务教育学校的智能化。有数据显示"十八大以来,全国中小学互联网接入率从25%上升到87%,多媒体教室比例从不到40%提高到80%,每百名中小学生拥有计算机的数量从8台增长到12台"②。网络进村的发展扩大了教师交往的朋友圈,消除了乡村教师消息闭塞的恐惧感,有利于加强城乡教师之间的交流。同时网络进村,不仅为乡村教师开展网络学习提供了便捷,有利于加强对乡村教师的培训与考核,强化乡村教师的职业发展意识,消除城乡一体化的进程,而且有利于学生开展网络学习。

第三,快递业的发达丰富了乡村生活资源。经济的发展不仅带来了收入的提升、交通的便捷、网络的发达,也刺激了中国乡村快递业的发展。快递的发展不仅改变了乡村民众与外界的接触方式,也丰富了乡村的物质和精神生活。当前,我国大力扶持乡村快递业的发展,重视乡村物流基础设施建设,开展"快递下乡"工程,促使乡村快递发展迅速,乡村快递点日益增多。据《中国数字乡村发展报告(2020年)》显示2019年已提前完成'村村直接通邮'任务,全国3万多个乡镇实现了快递点全覆盖,覆盖率达97.6%。④ 乡村快递的

---

① 中华人民共和国农业农村部:《中国数字乡村发展报告(2020年)》,2020年11月28日,见 http://www.moa.gov.cn/xw/zwdt/202011/t20201128_6357205.htm。

② 中华人民共和国教育部:《介绍从数据看党的十八大以来我国教育改革发展有关情况》,2018年9月28日,见 http://www.moe.gov.cn/jyb_xwfb/xw_fbh/moe_2069/xwfbh_2017n/xwfb_20170928/201709/t20170928_315538.html。

③ 中华人民共和国农业农村部:《中国数字乡村发展报告(2020年)》,2020年11月28日,见 http://www.moa.gov.cn/xw/zwdt/202011/t20201128_6357205.htm。

图 3-1　2015—2020 年我国农村宽带用户数

来源:《中国数字乡村发展报告(2020 年)》①。

发展不仅促进了乡村经济的发展和电子商务的发展,更为乡村生活的民众生活提供了广阔的供、销渠道,提供了多样化的选择,开拓了生活空间,便利了民众生活,也有利于便利乡村教师的生活和工作。这主要表现在两个方面:一是生活上,快递促进了城乡物质资源的流通,即便生活在乡村,也可以通过电子商务和快递,享受丰富的生活资源,有利于缩小城乡教师的生活差距,改变了过去乡村教师有经济实力无法消费的情况。二是工作上,有利于丰富教师的教学资源。虽然教师可以利用网络获得一些教学资料和课程资源,但也需要一些实体教学资源以及图书资源。快递业的发展,有利于促进城乡教学资源的流通,使得乡村教师可以通过网络,即使不入书店,也能购买图书或其他教学资料,有利于缓解教师“无米之炊”的尴尬,提升乡村教师的生活工作幸福感。

---

　　①　中华人民共和国农业农村部:《中国数字乡村发展报告(2020 年)》,2020 年 11 月 28 日,见 http://www.moa.gov.cn/xw/zwdt/202011/t20201128_6357205.htm。

第四,美丽乡村建设提升了乡村生活幸福指数。2005年党的十六届五中全会提出了建设社会主义新农村建设目标,开启了中国社会主义农村建设的新篇章,随后党的十七大提出要"统筹城乡发展,推进社会主义新农村建设"理念,党的十八大更是明确提出了"美丽乡村"的概念。近年来,全国各省市深入学习贯彻党的十八大精神,从硬件软件、内在外在、制度物质多层面多渠道采取了一系列措施,比如乡村交通建设,乡村环卫建设、乡村生态建设,加快推进社会主义新农村建设,努力实现乡村生产发展、生活富裕、生态良好的发展目标,取得了一定的成效。

美丽乡村建设不仅要使乡村越来越美,更重要的是使乡村民众的生活更加便利舒适。在美丽乡村建设中,很多地方实现了自来水入户,建设了设施齐全的文化休闲广场和资源丰富的农家书屋,开展了农村环卫建设和生态文明建设。如今,中国的很多农村都是路平水净、绿树成荫、环境整洁、民风淳朴。2017年8月住房城乡建设部等部门公布了590个乡村为2017年度中国改善农村人居环境示范村,"据介绍,5年来,山东省共筹集资金29.4亿元,支持南水北调汇水区等重点区域,开展农村生活污水和垃圾处理、饮用水水源地环境保护等农村环境综合整治"①,极大地改善了乡村的人居环境,不仅提高了乡村的"颜值",也提升了乡村群众的素质,更增强了群众的生活幸福感,有利于吸引教师进入乡村任教。近年来,山东不仅重视美丽乡村建设,也通过设立了教师临时周转编制专户和城乡紧密型教育共同体②,大力试行教师编制改革,推进中小学教师编制城乡一体化,打响了中国教师编制改革的"第一枪"③,为国家推进中小学教师编制城乡一体化提供了丰富的实践经验。

---

① 席敏:《山东5年投逾30亿元改善农村人居环境》,《中国建设报》2017年9月20日。

② 魏海政:《山东设中小学教师临时周转编制专户》,2019年1月31日,见 http://edu.people.com.cn/n/2015/0925/c1053-27633585.html。

③ 王磊:《打破"铁饭碗"! 中国教师编制改革全国"第一枪"在山东打响》,《鲁北晚报》2017年9月13日。

表 3-1　全国乡镇、村公共服务基本情况一览表

乡镇、村交通设施建设	单位（%）	村能源、通讯设施	单位（%）	乡镇、村卫生处理设施	单位（%）	乡镇、村文化教育设施	单位（%）	乡镇、村医疗和社会服务	单位（%）
有火车站的乡镇	8.6	通电的村	99.7	集中或部分集中供水的乡镇	91.3	有图书馆、文化站的乡镇	96.8	有医疗卫生机构的乡镇	99.9
有码头的乡镇	7.7	通天然气的村	11.9	生活垃圾集中处理或部分集中处理的乡镇	90.8	有剧场、影剧院的乡镇	11.9	有卫生室的村	81.9
有高速公路出入口的乡镇	21.5	通电话的村	99.5	生活垃圾集中处理或部分集中处理的村	73.9	有体育场馆的乡镇	16.6	有执业（助理）医师的村	54.9
通公路的村	99.3	安装了有线电视的村	82.8	生活垃圾集中处理或部分集中处理的村	17.4	有公园及休闲健身广场的乡镇	70.6		
村内主要道路有路灯的村	61.9	通宽带互联网的村	89.9	完成或部分完成改厕的村	53.5	有体育健身场所的村	59.2		
		有电子商务配送站点的村	25.1			有农村业余文化组织的村	41.3		

数据来源：国家统计局网全国 2016 年第三次农业普查。

（三）城乡二元结构基础的转变

长期以来，城乡经济发展的基础不同，造成了以工业化生产为基础的城市经济和以农业生产为基础的农村经济并存的城乡二元结构。我国城乡二元经济结构的主要特点是：城市经济以现代科学先进的大工业生产为主，享有较为发达的道路、通信、医疗卫生和教育等基础设施，而乡村则是以小农经济为主，基础设施相对落后，从根本上造成了城市的人民生活水平远远高于乡村，城市

的基本公共服务水平远远高于乡村。这种状态既是我国社会发展存在的突出矛盾,也是影响我国中小学教师编制城乡一体化进程的重要因素。

但是随着经济的发展和劳动力市场配置的变化,当前我国城乡二元结构虽未完全消解,但造成城乡二元结构的基础已经由制度层面转向了技术层面。技术的核心因素便是人才。当前城乡的差距,说到底皆是因为城乡人才资源配置不均而造成的。高素质人才均集中在城市的各行各业,乡村被形容成技术落后、人才匮乏的凹地,人才的差距已经成为城乡新的差距的基础。对于教育来说尤是如此。教师本身就是高素质人才的代表,且担负着培养人才的使命。教师资源的分配不均将造成城乡更深层次的代际差距。因为本身城乡儿童优质资源就已经分配不均,如果从小未能受到良好的教育,只能进一步拉大城乡儿童的发展差距,拉大城乡的差距,这有悖于国家目前大力倡导的缩小城乡差距的治国理念。因此,对于教师编制城乡一体化管理是统筹城乡人才资源,优化配置技术资源,最大限度地实现技术资源向发展资本转化、向人才资源转化的重要保证,这也是城乡均衡发展最基本的人才保障和智力支撑。正如著名教育家陶行知早在1926年就认识到的:"乡村学校是改造乡村的中心,乡村教育要做改造乡村生活的灵魂"。① 于是,陶行知设立实验乡村师范学校,大力培养愿意献身农村教育的人才。在陶行知看来,乡村学校是改造乡村的重要力量,乡村教师不仅仅是教书,更是影响乡村发展进步重要的技术人才,作为高素质代表的乡村教师是乡村新文化的建设者。因此只有通过向乡村输送优质的教师资源,才能从根本上改变乡村儿童的素质,而改变乡村儿童的素质必将影响农村民众的素质,进一步推动城乡内涵差距的缩小。

伴随着城乡二元结构的消解,在基本公共服务方面,公共财政对农村公共设施建设、义务教育、公共文化服务、社会保障的投入强度也日益增强。党的十九大报告提出"从二〇二〇年到二〇三五年,在全面建成小康社会的基础

---

① 华中师范学院教育科学研究所主编:《陶行知全集》(第一卷),湖南教育出版社1985年版,第646页。

上,再奋斗十五年,基本实现社会主义现代化。城乡区域发展差距和居民生活水平差距显著缩小,基本公共服务均等化基本实现。"这将为我国中小学教师编制城乡一体化提供强大的社会支撑。

(四)"城市中心论"社会偏见的消解

所谓"城市中心论"偏见是指世人心里总是认为城市代表着先进、代表着高尚、代表着发达,乡村相较于城市就是"落后"的代名词。"城市中心论"是制约城乡教师编制一个很重要的社会文化心理,这是有着很深的社会历史基础的。长期以来,城市都被定位于最接近中央统治集团所在地的地区,代表着特定时代优势阶层,在资源享有方面占有绝对的优势,进入城市便意味着进入上流社会,享有丰富的优质资源。因此,"城市中心论"的优势情怀不仅使一代代经过寒门苦读后的莘莘学子竭力往之,也使得城市里的人们不愿离开幸福的家门,甚至使得政府部门在进行资源分配时都有意无意的倾斜于城市。但是随着我国经济的发展带来的城乡居民收入差距的缩小和户籍制度的改革带来的城乡身份差距的缩小,"城市中心论"的社会偏见日渐消解。

第一,城乡居民收入差距的日益缩小。根据国家统计局资料显示,"2020年,全国居民人均可支配收入 32189 元,其中,城镇居民人均可支配收入 43834 元,农村居民人均可支配收入 17131 元,比 2019 年增长 3.8%"。[①] 农村居民收入的增加,丰富了农村居民的消费内容(见图 3-2)。资料显示,2017年农村居民人均消费支出 10955 元,其中人均食品烟酒消费支出 3415 元、衣着消费支出 612 元、居住消费支出 2354 元、生活用品及服务消费支出 634 元、交通和通信消费支出 1509 元、教育、文化和娱乐消费支出 1171 元、医疗保健消费支出 1059 元、其他用品及服务消费支出 201 元。农村居民生活水平日益改善。

---

① 中华人民共和国中央人民政府网站:《2020 年居民收入和消费支出情况》,2021 年 1 月 18 日,见 http://www.gov.cn/xinwen/2021-01/18/content_5580659.htm。

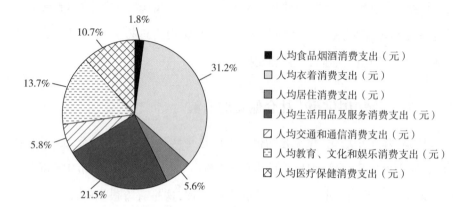

图 3-2 2017 年我国农村居民人均消费支出情况

数据来源:国家统计局:《国家数据》,见 http://data.stats.gov.cn/easyquery.htm? cn=C01。

城乡居民收入的变化,虽然不能完全反映城乡教师收入的变化,但是也反映了城乡整体居民收入在不断提升。城乡总体居民收入的提升,意味着国家整体经济实力的提升,意味着地方财政的提升。而地方财政是教师工资的重要来源。再加上国家向来重视对边远地区、贫困地区、乡村教师的工资补贴,乡村教师的收入水平得到显著提高。1985 年《中小学教职工工资制度改革实施方案》中规定"各类学校毕业生分配到'老、少、山、边、穷'地区和调入上述地区从事中小学教育工作的教职员,待遇从优",为鼓励毕业生进入乡村任教奠定了政策基础。2015 年国务院办公厅颁布的《乡村教师支持计划(2015—2020 年)》提出"全面落实集中连片特困地区乡村教师生活补助政策""依法依规落实乡村教师工资待遇政策",又为乡村教师带来了福音。之所以国家重视对乡村教师的经济补助,不仅仅是出于均衡发展义务教育的需要,更是当前国家经济实力提升的表现。国家将城镇化发展带来的经济效益合理科学的分配至国家全民,尤其是弱势群体,是国家惠民、助民理念的集中体现。反映到教育领域,就是对乡村学校的关注,对乡村教师的关注。当在乡村任教的经济待遇有所保障后,将极大地增强教师进入乡村任教的积极性。

第二,户籍制度改革消除了城乡居民身份差异。党的十八届三中全会指出,制约城乡发展一体化的主要障碍是城乡二元结构,其中最重要的就是户籍制度所带来的身份限制。1958 年 1 月中华人民共和国第一届全国人民代表大会常务委员会第 91 次会议通过《中华人民共和国户口登记条例》,我国根据地域和家庭成员关系将户籍属性划分为农业户口和非农业户口,对农民进入城市,城乡间人口的流动作出了明确限制。再加上当时国内分配制度的计划性,附着在户口制度之上的粮油供应、劳动就业、医疗保健、教育、福利等多项制度之于城市户口的倾斜,在城乡之间人为地构筑了一道二元对立的高墙,严重影响了城乡教师之间的流动和编制的共享。

改革开放以后,随着经济体制的改革,社会生产关系的变化,极大地影响了人民的生活方式和迁移习惯,人民生活的流动性日益增强,原先的户籍管理制度已经不再适应当前国家人口管理和社会服务的需要,户籍制度改革也在不断探索中。2014 年,伴随着城镇化的发展以及人口流动的日益频繁,国务院印发了《关于进一步推进户籍制度改革的意见》明确提出,"取消农业户口与非农业户口性质区分和由此衍生的蓝印户口等户口类型,统一登记为居民户口,还要建立与统一城乡户口登记制度相适应的教育、卫生计生、就业、社保、住房、土地及人口统计制度,逐步实现城乡居民平等享有公共服务和社会福利待遇。"①以此尽全力剥离过去附着在户口上的福利差别,实现基本公共服务均等化,切实体现"以人为本",人人平等。2021 年 1 月中办、国办印发《建设高标准市场体系行动方案》提出试行以经常居住地登记户口制度的户籍政策,并要求有序引导人口落户,为非户籍人口提供更为公平的服务,这将进一步推动城乡人口的交流与互动,不仅有利于提升教育等基本公共服务均等化,也有利于消除城乡教师在户籍上的差距,还有利于进一步推进中小学教师编制城乡一体化。

---

①　黄明:《权威访谈:一项助圆亿万人市民梦的重大改革》,见 http://www.gov.cn/xinwen/2014-07/31/content_2727405.htm,2017 年 10 月 14 日。

三、中小学教师编制城乡一体化的教育基础

辩证唯物主义认为,每一个事物的发展变化都是内外因共同作用的结果,内因是事物变化发展的根据。作为教育事业构成要素之一的教师编制,自然受到教育本身发展的影响。中小学教师编制城乡一体化是义务教育发展到一定阶段的诉求,也是建立在城乡义务教育经费一体化和国家及地方政府对乡村教师队伍建设的重视基础上。

(一)义务教育进入优质均衡发展新阶段

改革开放以来,国家为了满足人民群众日益增长的教育需要,实施了义务教育普及计划。2000 年全国 85% 人口所在地区普及了九年义务教育。2010年年底,2856 个县(市、区)基本普及九年义务教育,2011 年年底,所有省(自治区、直辖市)正式通过国家级九年义务教育普及检查验收。当前我国 100%人口所在地区普及了九年义务教育。在普及的同时,国家坚持教育优先发展战略,重视推进教育均衡发展。在 2012 年《关于深入推进义务教育均衡发展的意见》中国家提出义务教育均衡发展的基本目标是:"每一所学校符合国家办学标准,办学经费得到保障。教育资源满足学校教育教学的需要,开齐国家规定课程。教师配置更加合理,提高教师整体素质。"①在此情况下,国家始终坚持教育优先发展地位,确保教育经费不断增加,从 2012 年以来国家财政性教育经费占 GDP 比例一直保持在 4% 以上,各级教育财政性教育经费均有增幅,其中,义务教育增加最多②,农村和贫困地区义务教育经费投入不断增加,

---

① 中华人民共和国中央人民政府网:《国务院关于深入推进义务教育均衡发展的意见》,2017 年 12 月 11 日,见 http://www. gov. cn/zwgk/2012-09/07/content_2218783. htm。

② 周继凤:《从数据看十八大以来我国教育改革发展新变化》,2019 年 1 月 31 日,见 http://www.moe. gov. cn/jyb_xwfb/xw_fbh/moe_2069/xwfbh_2017n/xwfb_20170928/mtbd/201709/t20170929_315705. html。

"2018年中央财政教育转移支付增加到3067亿元,80%用于中西部农村和贫困地区,农村普通小学、初中生均教育经费支出2017年分别达到1.14万元、1.55万元,在农村义务教育薄弱学校改造计划中,全国832个贫困县的10.3万所义务教育学校办学条件达到'底线要求',占94.7%"。① 农村义务教育经费投入的增加,不仅确保了乡村学校标准化建设,提升了乡村学校的硬件水平,同时也有利于吸引优秀教师进入乡村学校任教。

与此同时,国家也重视加强义务教育阶段软件资源特别是教师队伍建设,将教师资源作为推动义务教育优质均衡发展的第一资源。2013年开始实施义务教育"特岗教师"计划,截至2016年中央财政投入217.9亿元,2013年开始又实施了乡村教师生活补助政策以及公费师范生制度,而且改革实施国培计划,加强对乡村教师的职业素养培训,乡村教师队伍建设进入了一个全新的阶段,城乡教师资源均衡配置有了一定的保障。但是相较于教师编制的稳定性及"诱惑力"来说,"特岗计划"、"免费师范生"、城镇教师向乡村学校流动等举措只能暂时缓解乡村优质师资不足,难以维系乡村教育的可持续发展。因此,一体化管理城乡中小学教师编制,不仅有利于消解乡村优质教师资源不足问题,也有利于促成城乡教师的统一管理与统一调配,提升编制教师的有效利用率,促进义务教育向优质均衡发展。

编制在我国不仅意味着教师数量的一种保障,更关系到教师的质量和结构,推行城乡教师编制一体化就是实现一定区域内教师编制的自由分配和协调分配,这不仅是保证义务教育领域内孩子有学上,更是其享有好学上的保障。因此可以说义务教育均衡要实现高位均衡发展,实行中小学教师编制城乡一体化是关键。

---

① 陈鹏:《从"有学上"到"上好学"——党的十八大以来全国教育系统推进义务教育均衡发展纪实》,《光明日报》2018年9月8日。

（二）义务教育经费实现了城乡供给一体化

编制不仅是一个岗位，更意味着一份经济收入，一个编制就是一份工资，牵涉到教育经费的分配问题。长期以来，我国教师经费与教师编制一样呈现出了二元的状态，一定程度上受到了义务教育经费支持主体的影响。教育经费城乡一体化的管理是中小学教师编制城乡一体化的重要保障。

1985年，《中共中央关于教育体制改革的决定》为了适应当时经济体制改革对人才的需要，"多出人才，出好人才"，确定了"分级办学"的教育管理体制。该决定明确提出把发展基础教育的责任交给地方，并赋予了"地方可以征收教育费附加"的权利。以至于很长一段时间内我国的基础教育都是"县办高中、乡办初中、村办小学"的现象，实际上是"把义务教育经费的过半费用推给了农民和企业承担。其结果不仅加重了农村和农民的负担，而且造成了农村教育的滞后与城乡教育差距的延续和扩大"[1]。而与教育经费紧密联系的教师工资，城市和城镇教师工资由县一级来负责，而乡或者农村则由农民交费来支持，农民本就生活困苦，于是不仅引起了民愤民怨，乡村教师的工资也无法保障，教师极不愿意到乡村任教，加剧了教师编制的城乡二元分割。

2000年以后，为了安抚民众情绪，国家实行了费改税政策。虽然仍然需要老百姓交钱，由于中国人民自秦汉以来已习惯了交税，费改税政策实行较为顺利。但是却给教育经费的补给带来了挑战。费改税后，由于税率是固定的，不能随意收费，造成了教育经费紧张，因此教师工资就紧张。工资紧张后只能靠压缩教师编制来解决，压缩教师编制，压哪里，只能压缩农村教师编制，以至于农村甚至"有编不进"，导致新型代课教师产生，这也是为什么我国乡村曾经一度代课教师盛行的原因。后来2001年《国务院关于基础教育课程改革与

---

① 张玉林：《分级办学制度下的教育资源分配与城乡教育差距——关于教育机会均等问题的政治经济学探讨》，《中国农村观察》2003年第1期。

发展的决定》、2002 年国务院《关于完善农村义务教育管理体制的通知》、2003 年国务院《关于进一步加强农村教育工作的会议》又进一步确立了"以县为主"的教育管理体制。在这种体制的影响下，长期以来我国的教育管理存在着事权和财权不相称的现象，县级政府无力承担教育财政负担，不仅没有缩小城乡教育差距，也无法保障教师的工资。2006 年修订的《义务教育法》确立了"省级政府统筹"义务教育管理体制，对于将义务教育均衡发展经费全面纳入公共财政起到了很好的促进作用。

2010 年《国家中长期教育改革和发展规划纲要(2010—2020 年)》提出，要落实和扩大学校办学自主权，加强省级政府教育统筹、健全权责明确的教育管理体制等，为落实中小学教育经费提供了保障。义务教育管理体制的改革，也带来了义务教育教师编制政策的变革。《规划纲要》强调要"推进义务教育学校标准化建设，均衡配置教师、设备、图书、校舍等资源，在财政拨款、学校建设、教师配置等方面向农村倾斜"①，并且首次提出要"逐步实行城乡统一的中小学编制标准，对农村边远地区实行倾斜政策"。② 2012 年，国务院《关于深入推进义务教育均衡发展的意见》进一步细化了此目标，要求"各地逐步实行城乡统一的中小学编制标准，并对村小学和教学点予以倾斜。合理配置各学科教师，配齐体育、音乐、美术等课程教师。重点为民族地区、边疆地区、贫困地区和革命老区培养和补充紧缺教师"③。2014 年《关于统一城乡中小学教职工编制标准的通知》中要求"探索教职工编制管理与人事管理相结合，促进县域内的教师交流轮岗和均衡优化配置"。这一要求从动态管理层面为中小学教师编制城乡一体化提供了可能。《国家教育事业发展"十三五"规

---

①　中华人民共和国中央人民政府网站:《国家中长期教育改革和发展规划纲要(2010—2020 年)》,2018 年 6 月 19 日,见 http://www.gov.cn/jrzg/2010-07/29/content_1667143.htm。

②　中华人民共和国中央人民政府网站:《国家中长期教育改革和发展规划纲要(2010—2020 年)》,2018 年 6 月 19 日,见 http://www.gov.cn/jrzg/2010-07/29/content_1667143.htm。

③　中华人民共和国中央人民政府网站:《国务院关于深入推进义务教育均衡发展的意见》,2019 年 1 月 31 日,见 http://www.gov.cn/zwgk/2012-09/07/content_2218783.htm。

划》确立促进义务教育均衡优质发展的"四统一全"目标:"加快推进县域内城乡义务教育学校建设标准统一、教师编制标准统一、生均公用经费基准定额统一、基本装备配置标准统一和'两免一补'政策城乡全覆盖"。① 这一目标为基本实现县域校际资源均衡配置提供了可以操作的评价指标,使得中小学教师编制城乡一体化成为促进义务教育均衡优质发展的不可或缺的举措。

（三）乡村教师支持计划的政策出台

利益是人们追求的奋斗目标,是人们活动的内驱力,推动着人类的各种活动。马斯洛的需要层次理论也告诉我们,生存是人类最基本的需求。而利益便是人们生存最基本的需要。教师虽然是太阳底下最光辉的职业,但是利益也是教师追求的生活目标。编制是直接影响教师的重要利益客体。改革编制,尤其是推行中小学教师编制城乡一体化,必将使教师的即得利益(想要通过当教师即将获得的利益)和既得利益(已经拥有教师编制所获得的利益)发生改变。因此,在确保每个适龄儿童能够均等地享有优质教师资源的同时,保障编制主体——教师的权益使其成为推动教师编制城乡一体化的主力军是城乡教师编制管理一体化进程中需要解决的问题。针对这一问题,国家先后出台多项倾斜政策提高农村教师待遇。

一是 2006 年原人事部、财政部、教育部联合印发《中小学贯彻〈事业单位人员收入分配制度改革方案〉的实施意见》规定,到艰苦边远地区或国家扶贫开发工作重点县以及乡(含乡)以下中小学工作的大中专及以上毕业生,可以直接转正定级,转正定级时薪级工资可高定 1 至 2 级。同年原人事部、财政部印发的《完善艰苦边远地区津贴制度实施方案》规定在艰苦边远地区机关事

---

① 中华人民共和国中央人民政府网站:《国家教育事业发展"十三五"规划》,2019 年 1 月 31 日,见 http://www.gov.cn/zhengce/content/2017-01/19/content_5161341.htm.

业单位工作的教师执行艰苦边远地区津贴所需经费由中央财政负担。①

二是 2008 年《国务院办公厅转发人力资源社会保障部　财政部　教育部关于义务教育学校实施绩效工资的指导意见的通知》明确规定,主管部门具体核定学校绩效工资总量时,要对农村特别是条件艰苦的学校给予适当倾斜。②

三是人力资源社会保障部、财政部《关于乡镇机关事业单位工作人员实行乡镇工作补贴的通知》规定,从 2015 年起,对包括乡村教师在内的乡镇机关事业单位职工,实行乡镇工作补贴,补贴标准不低于月人均 200 元,并向条件艰苦的偏远乡镇和长期在乡镇工作的人员倾斜。③

四是 2012 年的《国务院关于深入推进义务教育均衡发展的意见》中明确提出要"改善教师资源的初次配置,切实维护农村教师社会保障权益……"同年《国务院关于加强教师队伍建设的意见》再次强调:"建立县区域内义务教育学校教师校长轮岗交流机制,促进教师资源合理配置。"在国家政策的指引下,有些地区也出台了相关的教师流动制度,鼓励教师深入乡村。比如马鞍山博望区为了鼓励教师扎根山村、钻研教学,根据地理位置、办学条件等差异度,将区属中小学(含附属幼儿园)划分为一、二、三类地区。"分别给予每人每月生活补贴 90 元、290 元和 390 元,同时还给予支教、交流教师一定金额的交通补贴",有力地促进了教师的自主流动。④

五是 2015 年国务院又出台《乡村教师支持计划(2015—2020 年)》,对教师的工资待遇、医疗保险、生活住房保障提出了明确要求。同年,国家人力资

---

①　《中小学贯彻〈事业单位人员收入分配制度改革方案〉的实施意见》,国人部发〔2006〕113 号,2006 年 10 月 7 日。

②　《国务院办公厅转发人力资源社会保障部　财政部　教育部关于义务教育学校实施绩效工资的指导意见的通知》,国办发〔2008〕133 号,2008 年 12 月 23 日。

③　《关于乡镇机关事业单位工作人员实行乡镇工作补贴的通知》,人社部发〔2015〕7 号,2015 年 1 月 19 日。

④　《国务院关于深入推进义务教育均衡发展的意见》,国发〔2012〕48 号,2012 年 9 月 7 日。

源社会保障部会同教育部制定印发的《关于深化中小学教师职称制度改革的指导意见》,对中小学教师在内的教师职称制度、考核机制全面展开了改革,以期在中小学教师职称评审与事业单位岗位聘用制度之间建立有效的衔接,为激发农村中小学教师的积极性、创造性发挥了重要作用。①

六是 2018 年中共中央、国务院出台《关于全面深化新时代教师队伍建设改革的意见》,提出要实施校长国培计划,优化义务教育教师资源配置,重点开展乡村中小学骨干校长培训和名校长研修,提升乡村教师待遇,落实艰苦边远地区津贴等政策,全面落实集中连片特困地区乡村教师生活补助政策,按规定将教师周转房纳入当地住房保障,为乡村教师配备相应设施,丰富精神文化生活。②

(四) 师德师风建设制度体系的构建

国家之所以重视乡村教师的发展,力求通过一系列制度来保障乡村教师的权益,是因为乡村教师较城镇教师处境较为不利,很多优秀大学生或者优秀教师不愿留在乡村,造成了乡村教师资源的薄弱,特别是优质教师资源的短缺。因此,要推动中小学教师编制城乡一体化,就必须要有教师有愿意扎根乡村、奉献乡村的高尚品德。近年来,国家也十分重视师德师风建设,师德建设长效机制逐步完善,出台了《关于加强中小学校党的建设工作的意见》,力求加强党对中小学的引导,使广大教师能够坚持立德树人,率先垂范,成为有坚定的理想信念,高尚的道德情操、学识扎实、有仁爱之心的好教师。2013 年教育部又出台《关于建立健全中小学师德建设长效机制的意见》强调"强化师德教育,提升教师的职业道德素养,增强广大教师教书育人的光荣感、责任感和

---

① 《国务院办公厅关于印发乡村教师支持计划(2015—2020 年)的通知》,国办发〔2015〕43 号,2015 年 6 月 8 日。

② 《中共中央 国务院关于全面深化新时代教师队伍建设改革的意见》,中发〔2018〕4 号,2018 年 1 月 20 日。

使命感。"①2020 年为进一步推进《中共中央　国务院关于全面深化新时代教师队伍建设改革的意见》,培养高素质专业化创新型教师队伍,教育部专门研制《中小学教师培训课程指导标准(师德修养)》,加强教师师德师风建设。

同时,国家开展了一系列宣扬师德师风和扎根乡村的教师风采展示,比如开始于 2011 年的"寻找最美乡村教师"活动。这个活动"以报纸、电台和网络为平台,以农村中小学教师为特定对象,通过深入寻找、发掘、宣传有代表性的、高素质的乡村教师,展示我国农村教育事业的发展,表现感人的乡村教师生活,涌现出了像张桂梅一样的优秀乡村教师多人,展示基层教育工作者无私奉献、甘为人梯的风采,在全社会弘扬尊师重教的良好风尚,弘扬社会主义核心价值,倡导更多的优秀教师扎根农村,做农村教育的生力军,为我国农村教育事业贡献力量"。② 国家力求通过这样一批扎根乡村,支持乡村教育发展的榜样引领,营造良好的支持乡村教师发展的氛围,构建中小学乡村教师师德建设制度体系,力求通过制度来宣扬、来弘扬优秀的乡村教师精神,期待通过这种方式,提升教师的奉献意识,同时也通过这种方式提升乡村教师的荣誉感,增强他们工作的幸福感,也是国家对乡村教师的另一种关注与重视。这也有利于提升青年大学生或者现有教师进入乡村,从事乡村教育工作,能在一定程度上推动城乡教师编制管理一体化。

四、中小学教师编制城乡一体化的技术基础

中小学教师编制城乡一体化既是一种目标,更是一种实践,源于人们教育需要,并为着满足人们的美好教育需要,不仅仅停留在美好愿望中,更需要落

---

① 《教育部关于建立健全中小学师德建设长效机制的意见》,教师〔2013〕10 号,2013 年 9 月 2 日。

② 光明网:《"寻找最美乡村教师"大型公益活动简介》,2011 年 6 月 16 日,见 http://www.gmw.cn。

实在实践中,因此就需要有一定的技术基础来促成中小学教师编制城乡一体化。这里所说的技术是指推进中小学教师编制城乡一体化所凭借的方法、能力或设备等。基于此,中小学教师编制城乡一体化的技术基础可以包括以下几个方面:

(一)"互联网+"大数据的运用

教育不是一个独立的系统,教育资源的分配需要综合考虑各方面的因素,涉及人口、地理、环境,受到城镇化、市场化发展的影响,要科学合理实现城乡教师编制管理一体化,需要依据大数据综合考察一定区域内的教育需要以及可满足这种需要的各种条件。现实中,人们经常会看到,由于城镇化的发展,乡村求学儿童越来越少,而教师数却多年未变化,而且这些教师基本上是长期任教于此。一方面是由于人们惯性使然,不愿换学校;另一方面是由于我们的数据统计不到位,需要利用大数据整体把握一定区域内人口的变化情况,把握基层学校学生数和教师数的变化,尤其是现在城镇化发展的迅速,乡村儿童流动性的增大,需要依托人口统计等大数据对一定区域内的求学人数、学校数、教师数进行分析,适时合理调整教师数以满足不同学生和不同学校的教育需求。"互联网+"大数据统计使这一切成为可能。当前我国的教师管理系统以及学生卡的使用为中小学教师编制一体化提供了强大的信息中介平台。

2016年年底,国家正式推行全国教师管理信息系统,这是一个覆盖全国各级各类教职工的基础数据库和管理信息系统,每位教职工"一人一号",相当于教职工的电子档案,关涉教职工的职称评审材料审核、岗位聘用情况查询、培训名额分配、职称晋升、人事调动、离退休等一系列切实利益。该系统涉及信息广泛,基本信息方面具体有教师基本信息表、学习经历、工作经历信息表、岗位聘任信息表、专业技术职务信息表、基本待遇信息表(方便了解教师的经济收入,更好地做好乡村教师补助计划)、年度考核信息表(方便了解教师的考核情况,不仅提升教师工作的积极性,也有利于均衡优质师资)、教师资格信息表师德信息表、教育教学信息表、教学科研成果信息表、教学科研获奖及专家信息表填写、国内培训信息表(了解教师的培训情况)、海外研修信息表、技能及证书信息表选填、交流轮岗信息表、联系方式信息表等 17 项基本信息表需要填写,能够全面地反映某一时期某一区域某一阶段所有教师的基本情况,对于整体了解全国的教师信息,实现区域内教师的动态精准管理有很大的促进作用。中小学教师编制旨在打破一定区域内教师编制的栅栏,实现这一区域内义务教育阶段教师资源的自由流动,精准管理。前提便是对这一区域内的教师资源有整体把握,全国教师管理系统借助信息化平台提升教师服务水平,方便对一定区域内教师资源、教师编制分配开展精准的管理,提升教师资源的利用率。尤其是在义务教育阶段,可以据此了解教师的详细情况,利于推动县域内教师的轮岗交流,实现城乡义务教育教师队伍协同发展,能够有效推动城乡教师编制管理一体化。2017 年教育部专门出台《关于全面推进教师管理信息化的意见》强调"各地要抓住有利时机,以深入应用教师系统为抓手,加快推进教师管理信息化,推动教育信息化工作迈向新台阶……利用教师基础信息库,分析全国、区域、城乡、校际等不同层面和各级各类教师的资源配置,优化教师编制配备、改进教师调动管理,规范教师交流轮岗,推进城乡教师交流。"①有效推进了教师编制城乡一体化的信息化管理。

　　教师编制是根据学生需求而定的,学生在哪里,教师就要配置到哪里,因此,了解第一手的学生信息是做好教师编制城乡一体化的关键。在学生信息获取方面,2013 年教育部出台《中小学生学籍管理办法》提出要建立"统一规范的学籍信息管理制度",指出"建立全国统一、规范的学籍信息管理制度,学生学籍号是学籍信息的核心要素,以学生居民身份证号为基础,从幼儿园入园

---

① 《教育部关于全面推进教师管理信息化的意见》,教师〔2017〕2 号,2017 年 4 月 5 日。

或小学入学初次采集学籍信息后开始使用,基础教育、高等教育、职业教育、成人教育有机衔接,终身不变"①的学生管理模式。这一模式有利于了解一定区域内生源变化情况,便于应生而定师,可以为中小学教师编制城乡一体化提供大数据支撑。

(二)"网络编制教师"的资源共享

当前,随着互联网和大数据的发展,各种网络教学资源也日益丰富,MOOC 中国、可汗学院等推出的基础教育网络课程层出不穷。这种网络课程的推出不仅有利于丰富教学资源,从一定意义上来说也有利于缓解教师编制的不足。一个教师可以不属于某一个特定的学校,但他推出的慕课或微课课程资源却可以以购买或赠送的方式给予某个学校,缓解某个学校因为教师编制不足而引发的教学问题。2018 年第 7 期的《半月谈》上推出的题为《直播课堂,让乡村孩子看见光》的文章中提到,甘肃省定西市安定区李家堡镇中心小学的美术老师郑红运用网络直播课给周围山里孩子上美术课,缓解了当地部分学校师资不足问题。② 这些教师可以成为"网络编制教师",其使用范围不受地域和学校的限制,他们可以利用当前的"班班通""智慧教室""智慧学校"设备将自己的课程最大限度地传递给有需要的学生和学校,缓解城乡教师编制不足和流动受限的现象。各个学校也可以根据学生的需要和自身发展的实际来选择某个教师的网络课程,以此来解决教师空缺问题。因此,教育部门在政策转型中也需要充分考虑互联网技术为编制教师资源共享提供的便捷,为构建优良的"网络编制教师"共享平台提供政策支持与监管。

---

① 中华人民共和国中央人民政府网站:《中小学生学籍管理办法》,2018 年 2 月 9 日,见 http://www.gov.cn/gzdt/2013-08/23/content_2472290.htm。

② 刘能静、马莎:《直播课堂,让乡村孩子看见光》,《半月谈》2018 年第 7 期。

（三）中小学教师编制城乡一体化的实践探索

有设备技术支撑,还应有技术方案的指导。当前有地区实行的学区一体化管理和学校联盟在实践层面为中小学教师编制城乡一体化提供了很好的技术方案。

1. 学区一体化管理

过去,我国中小学教师编制分配是各个学校根据自己的学生数和教学需要向上级主管部门进行申请认定的,不同的学校由各自不同的编制需求,而上级主管部门也往往是根据某个学校的需要来对其进行教师编制的分配,甚至有些时候有些学校因为申请了编制,即便没有优秀的教师,他也会招一个教师将此编制用掉。这不仅导致了编制的学校化,而且降低了编制的质量。随着义务教育均衡发展的需要,很多地区实行了学区一体化管理。

学区一体化是以本级行政区为单位,综合考虑本行政区内义务教育所有学校布局和教育资源的需求,以优质教育资源的均衡分配为主导,旨在打破原先的城乡对立分割的教育资源分配方式,系统建构学区内教师、教育经费、教育设备等资源的一体化配置体系。这种组织方式为城乡教师编制管理一体化提供了完善的组织保障。当前,在我国有些地区已经较为成功的推行了学区一体化管理模式。2013 年以来,重庆岩口复兴学校通过实施"四项举措"实现学区一体化管理,较大程度上改善了村小办学条件,提升了村小教育水平,促进了学区教育均衡发展。这四项措施具体为:一是实行"走教制",即村小学生艺体课、英语课由中心校专职教师每周按课表定时到村小任教,促进学区师资均衡;二是配餐制,每天中午村小师生的午餐由中心校食堂专人配送,确保村小学生营养午餐计划的落实;三是教学具学区同标准配备制。班班通、运动器材、书橱等教育装备村小和中心校实行同一标准配备,促进学区办学条件实现均衡;四是学区教科研一体制。练兵课,研究课,集体备课,校本培训等活动,村小和中心校教师一起开展,地点定期轮换,确保学区教师教学水平和能力共同提升。① 重庆市岩口复兴学校的学区一体化管理措施正是实践城乡教师编制管理一体化较好的路径。

2. 义务教育学校联盟

2011 年 8 月 10 日,《中国教育报》登载了《太原试点义务教育"联盟校"106 所学校结对发展》介绍了太原市通过联盟校方式推动城乡教师资源流动共享的尝试,这种联盟校模式旨在促进联盟内教师的自由交流,最终是通过学校间的优质资源共享、优势互补、合作共赢,实现联盟内校际均衡,这无疑实践了城乡教师编制管理一体化的理念诉求。

2016 年 7 月 21 日,《羊城晚报》同样报道了珠海市义务教育集团化办学联盟的运作模式。报道介绍了珠海将通过"市级统筹、各区配合、牵头学校负责"的方式组建跨区域集团化办学联盟。办学联盟由牵头学校和加盟学校,内设集团化办学联盟理事会,由牵头学校校长任理事长,加盟学校校长任副理事长。在实施的过程中,珠海市教育局规定,"牵头学校每年派出不少于 60名骨干导师到加盟学校支教帮扶,加盟学校每年派出不少于 60 名青年教师到牵头学校跟岗学习。珠海市教育局还设立了办学联盟专项经费,每个初中办学联盟 100 万元 /学年,每个小学办学联盟 80 万元 /学年"。② 除此以外,安徽省的庐江县等全国其他地区也在实行义务教育联盟。这一运作模式与城乡教师编制管理一体化的理念不谋而合,为推进城乡教师编制管理一体化提供了有效的实践经验和实践模式。

---

① 文家祥:《岩口复兴学校"四举措"实现学区一体化管理》,2019 年 1 月 31 日,见 http://www. wzjy. cq. cn/ReadNews. asp? NewsID = 24135。

② 吴国颂:《义务教育阶段学校从此联盟办学》,2019 年 1 月 31 日,见 http://news. sina. com. cn/c/2016-07-21/doc-ifxuifip2488679. shtml。

3. 中小学教师"无校籍管理"

教师编制不仅是教师获得岗位的依据,更是决定教师在哪个学校任职的重要因素。长期以来,教师编制都是根据各所学校的生师比由教育和人事部门核定后决定某所学校增编还是减编,从而来选拔教师进入某个学校。从某种意义上来说,现行的教师编制核定虽然名义上是以"生师比"来核定,但更多的时候是以某个学校学生数来核定教师编制,即以校为单位来核定教师编制。一旦以校为单位来核定教师编制,经过编制招聘的教师就只能限制在一个学校内,成为一个"单位人"。由作为"单位人"形成的所谓"校籍",不仅无法从一个单位(学校)到一个单位(学校),也将教师固定在一个教育阶段内部,小学到初中、初中任教小学交流体制不畅,影响了中小学教师编制城乡一体化。为了解决城乡之间教师交流的障碍,很多地方探索实施教师"无校籍管理",统一管理教师资源。所谓"无校籍管理"就是打破教师的学校限制,实现一定区域内教师资源的协调分配和共同使用,学校对教师只有使用权,没有管理权,改变了教师固定于学校的身份限制。

安徽省芜湖市弋江区在全国较早实行教师无校籍管理。2014年弋江区区属中小学所有在编、在岗教师将实行"区管校用"制度。为更好地开展"区管校用"制度,弋江区下发了《弋江区关于教师"无校籍管理"的实施意见》指出"教师聘用合同管理、岗位设置、人员调配、职称评定、组织培训等工作由区委教育负责",各校负责在岗教师在校期间的日常管理;在推动教师动态调整、合理流动、科学配置上,兼顾学校岗位设置与人员结构、学校个性发展与优质均衡、全局需要与个人意愿,做到有序流动,划片、按比例开展教师交流;兼顾办学特色,鼓励优秀教师从热点学校向非热点学校流动,从教师富余学校向缺员学校流动。在无校籍管理的执行中,弋江区还在交流津贴和交通补助、评优评先和职称评聘上加大经费和政策倾斜。当前,弋江区教师无校籍管理已经开展了4年,也出现了一些反思,有学者认为"无校籍管理可能会伤害教师、家长、受教育者和学校管理者的利益,也可能进一步削弱专业权利,并且不一定带来教育质量的提升"。① 如何更好地审思无校籍管理,切实发挥无校籍管理之于城乡中小学教师编制一体化的助推作用,是实现无校籍管理更好更深入落地生根的关键。

4. 中小学教师"县管校聘"

在城乡教育一体化发展的推动下,为深入贯彻落实《国务院关于加强教师队伍建设的意见》和教育部、财政部、人力资源和社会保障部《关于推进县(区)域内义务教育学校校长教师交流轮岗的意见》等文件要求,各地区在中小学教师编制管理实践中探索实施了县管校聘模式。所谓"县管校聘"主要是指"县级教育行政部门会同有关部门制定本县(区)域内教师岗位结构比例标准、公开招聘和聘用管理办法、培养培训计划、业绩考核和工资待遇方案,规范人事档案管理和退休管理服务。学校依法与教师签订聘用合同,负责教师的使用和日常管理。教师交流轮岗经历纳入其人事档案管理"。②

山东省自 2015 年开始率先在全国出台《关于推进中小学教师县管校聘管理改革的指导意见》,开始在全省推进中小学教师"县管校聘"改革。"近 3年,山东省交流轮岗教师达 9.98 万人次,调配分流富余教师、教辅人员 4.46万人,城乡学校之间管理水平和师资条件差距逐步缩小。"③2018 年中共中央、国务院在《关于全面深化新时代教师队伍建设改革的意见》中肯定了"县管校聘"之于优化义务教育教师资源配置的作用,并提出要大力推广这种模式,但由于各地具体情况不同,如何更好地实施"县管校聘",还需要因地制

---

① 辛治洋、朱家存:《无校籍管理:价值诉求和政策审思——以安徽省芜湖市弋江区为个案》,《教育科学研究》2018 年第 8 期。

② 中华人民共和国教育部网站:《关于推进县(区)域内义务教育学校校长教师交流轮岗的意见》,2019 年 1 月 31 日,见 http://www.mof.gov.cn/zhengwuxinxi/caizhengxinwen/201410/t20141017_1151644.html。

③ 赵秋丽:《山东"县管校聘"激发教师新动能》,《光明日报》2018 年 9 月 7 日。

宜、因生制宜、因师制宜,切实优化义务教育教师资源配置,推进中小学教师编制城乡一体化。

（四）中小学教师管理改革的政策支持

我国中小学教师编制管理在很长时期内依靠的是自上而下的计划调控和行政管治,城乡分割,难以统筹和沟通。当前我国的教师职称评聘制度和教师轮岗制度在一定程度上有力地推动了中小学教师编制城乡一体化的进程。

一是实行新型教师职称评聘制度。教师职称评聘制度是国家一项重要的教育制度,是对教师编制的进一步管理措施。由此也反映了教师编制不仅是一种数量的保证,更是一种质量的体现。教师经过资格考到编制考再到编制内的职称评聘,可谓过五关斩六将,素质过硬,由此也足见教师职称评聘制度对于促进中小学教师编制城乡一体化的意义。如果不能将优质的师资均衡分配到城乡,那么中小学教师编制城乡一体化也就失去了促进教育公平、社会正义的价值。

我国自1986年开始实行的教师职称制度以来对于保障中小学教师资源,促进基础教育健康和谐持续发展起到了积极作用。但随着国家人事制度改革和素质教育发展的推动,1986年的职称评定引起了一些问题,一是中小学教师职称指标城乡存在差异,尤其高级职称指标问题,由于城乡二元结构的历史影响,造成城市优秀教师过多,高级职称指标不够,而乡村却有富余;二是评上了职称的教师,教育积极性不高,影响了教师职称的现实效度。鉴于此,在《国家中长期教育改革和发展规划纲要(2010—2020年)》提出要"建立统一的中小学教师职务(职称)系列"的意见,2015年8月28日,人社部、教育部联合印发了《关于深化中小学教师职称制度改革的指导意见》,旨在为解决我国中小学教师职称评聘中存在的不科学问题,加强教师队伍建设,提高教育质量。该意见指出要"遵循教育发展规律和教师成长规律,按照深化职称制度改革的方向和总体要求,建立与事业单位聘用制度和岗位管理制度相衔接、符合教师职业特点、统一的中小学教师职称（职务）制度"。该《意见》规定要"改革原中学和小学教师相互独立的职称（职务）制度体系。实现教师编制管理制度与事业单位岗位聘用制度的有效衔接"。这将有利于打破教师编制给予教师单位人的限制。以前编制定了，教师的单位就定了，是终身与岗位和单位相挂钩的。使用此方法后，将有利于促进教师校际之间和单位之间的流动。同时改变了过去编制受单位发放工资的限制，现在统一按照事业单位岗位管理制度和收入分配方式进行管理，有利于消解城市教师因到乡村任教对经济的担忧。同时《意见》还指出政策要向农村教师倾斜，这些对于促进教师合理流动，提高教师任教乡村的积极性，促进义务教育高位均衡发展和中小学教师编制城乡一体化都起到了很好的作用。

二是实施中小学教师交流轮岗制度。长期以来，由于编制与单位的僵化联系，有编制意味着是某个单位的人。A 学校的教师编制就允许你在 A 学校工作，而 B 学校的只允许在 B 学校工作，一旦流动意味着编制的变化，极大地阻碍了城乡教师之间的流动。2014 年，为进一步推进义务教育均衡发展，教育部、财政部与人力资源和社会保障部联合发文出台了《关于县（区）域内义务教育学校校长教师交流的若干意见》及配套工作措施，指出"力争用 3 至 5 年时间实现县（区）域内校长教师交流轮岗的制度化、常态化，率先实现县（区）域内校长教师资源均衡配置，支持鼓励有条件的地区在更大范围内推进，为义务教育均衡发展提供坚强的师资保障"[①]。这一规定有利于确保教师轮岗制度的实行，拓宽城乡教师交流机制与平台，推进中小学教师编制城乡一体化。

社会的任何一项改革与发展都不是孤立的，而是与社会政治经济等外部因素，以及其自身的内部因素等诸多因素相互影响相互作用的。中小学教师

---

① 中华人民共和国教育部网站：《关于推进县（区）域内义务教育学校校长教师交流轮岗的意见》，2019 年 1 月 31 日，见 http://www.mof.gov.cn/zhengwuxinxi/caizhengxinwen/201410/t20141017_1151644.html。

编制城乡一体化,它的发展也不是一个孤立的事件,而是一个与社会其他方面相互影响相互作用,并且深受社会其他方面影响,是社会诸多系统中的一个子系统,因此中小学教师编制城乡一体化是一个系统的工程。中小学教师编制城乡一体化不仅是教育自身发展的需要,也是社会经济发展的需要,不可能离开整个社会大系统和教育的母系统。我们所梳理的这些基础是具体的,而不是宏大叙事或者假大空的。这些事实基础是客观的,不是抽象的,是一个个既定的事实,而非想象出来的。为了研究方便,我们将这些基础分成了观念、社会、教育和技术四个方面,但实际上这些基础是无法完全割裂的,他们是一个整体的系统因素,这些因素之间相互影响相互交织,共同作用于中小学教师编制城乡一体化,为中小学教师编制城乡一体化提供了一定的基础。深入梳理这些实施基础,有利于分析当前我国城乡教师编制的现状,进一步推进中小学教师编制城乡一体化。这样说明了,推进中小学教师编制城乡一体化,需要从社会系统和教育系统的结构与整体功能出发,需要政府、社会、教育行政部门等多方面的通力合作、整体推进。

第四章　中小学教师编制城乡
一体化的实践探索

我国区域经济和教育发展的不平衡,使得不同地区教师编制一体化呈现出不同的取向和形态。然而,这并不意味着其中没有共同的东西。实际上,在中央政府统一的政策理念和实施要求的前提下,在省级统筹的背景下,县级教育、人事管理部门为更好地执行教师编制政策,一般都会结合本地区的实际,在总体要求的前提下,进行创造性的制度设计,以期推动政策落地,更好推进中小学教师编制管理改革,推进城乡义务教育一体化发展。本章以安徽省实施中小学教师编制城乡一体化改革的有关县区为案例,通过对典型案例的深度分析,总结中小学教师编制城乡一体化所取得的经验以及实施过程中所面临的问题,探明问题发生的原因及解决对策。

一、安徽省 L 县"宏观调控"的中小学
教师编制城乡一体化改革

根据事权分属原则,中小学教师编制设置与管理是县级政府的职责,因而就县域教师编制管理而言,就有两个考察的维度。一个维度是县域总体的维度,将县作为一个整体单位来考察;另一个维度则是将乡村与城镇中小学校分

离出来,将乡村中小学教师作为一类考察对象,同时将城镇中小学教师作为与之相对应的考察对象。两个不同的考察维度,使得我们对县域中小学教师编制城乡一体化有着不同的认识。

L县是皖北人口和教育大县,在教师编制管理上面临许多问题。根据县教育局人事科提供的材料,这些问题既表现为总体的师资缺编,也表现为乡村学校师资的结构性缺编,同时还表现为乡村学校师资总体水平低下等问题。正如县教育局人事科的同志所说的那样,"师资补充困难,结构性矛盾和困难仍然突出。"按现有编制计算,"十三五"期间需补充教师约6500名。具体而言,这些问题主要表现在以下几个方面。

一是教职工编制缺额大。该县人事科提供的资料:"截至2015年年底,中小学编制13581人,在岗教师10572人,缺额3009人;幼儿园教职工编制1825人,在岗教师398人,缺额1427人。二是面临教师退休高峰,每年辞职、辞聘教师数量较大。2011—2015年教师减少3063人(退休2024人,辞职597人,流出335人,病故等107人),教师总量负增长905人。三是学前教育师资严重不足。到2016年学前三年毛入学率应达到80%。教职工截至2015年年底仅398人,仅靠政府招聘补充师资杯水车薪,如何实施公助民办,缺乏政策和资金支持。四是职业学校发展滞后,专业课教师严重不足。按照省政府规定,将职业学校20%的编制数聘用兼职教师,面向企业、行业聘用技术技能型人才,实行购买服务,经费由财政负担,而专项资金难以落实。五是到2017年实行义务教育均衡,仅义务教育阶段,每年至少需补充教师1000人以上,财政资金压力大。师资得不到足额补充,将严重影响义务教育均衡验收,应引起高度重视。"[①]

L县是贫困县,同时也是一个人口大县。县域内各级各类教育的总体规模也很大。然而,经济发展的滞后直接影响到教育的投入,从而影响到教师的补充与编制按标准供给。就基础教育的需求而言,中小学和幼儿园教师总体

---

① 资料来源:L县教育局人事科。

缺编近4500人。这不能不说是L县教育发展面临的巨大挑战。这意味着,对于一个贫困县来说,即便根据目前的编制标准,实际在岗的教师编制也难以达到规定的要求。这使得县域农村教师编制问题不仅仅是一个教师人事管理的制度创新问题,更是教育与经济发展的相互适应问题。标准编制环境下的县域教师编制管理显然不同于非标准环境下的教师编制管理。后者所面临的,则是一个总体编制短缺的问题。当然,非标准环境下的教师编制管理也面临与标准环境下教师编制管理类似的问题。非标准环境下的教师编制管理问题,主要表现在以下三个方面。一是因为编制不到位带来的教师短缺问题,涉及公共财政约束的编制供给;二是非均衡状态下的教师编制动态宏观管理问题,涉及城乡教师编制在区域内部的动态调整;三是农村教师队伍整体素质与发展素质教育不适应及相应的结构性问题,涉及教师编制的内部结构调整。

(一)L县中小学教师编制城乡动态调控取得的成效及问题

"十二五"期间,L县在教师编制的宏观调控上采取一些切实的举措,这些举措可以分为两个方面:一是在政府层面,县编办重新核定中小学幼儿园编制,同时加大教师补充力度;二是在教育行政部门层面,教育局开始实施城乡教师流动和交流,希望通过城乡教师的交流和流动,促进城乡义务教育均衡发展。总体上来看,这些举措取得了较为显著的成效,教师队伍整体素质得到进一步提升,城乡师资结构也不断优化。具体而言,包括以下几个方面。

一是调整编制结构,实行动态管理。近年来,L县教育局根据国家和省政府教师编制标准,重新调整中小学教职工编制,核定幼儿园中小学教职工编制。县域范围内的宏观调控,重点是将新增加的教师编制用于城区新建学校,以解决适龄儿童增加带来的城区学校缺编问题,目的是适应城乡学校因生源流动带来的学校之间学生数的结构性变化。随着城乡学校校车的通行,义务教育学段学生,包括小学生的校际流动变得可能。在此背景下,乡村学校学生规模缩小,城镇学校在校学生规模不断扩大。教师编制调整就成为教师人事管理中的一个突出问题。县域范围内的教师编制宏观调整,在于适应城乡学校学生的结构性改变,以适应并满足城乡教育非均衡发展的需要。

二是加大教师补充、交流力度,优化师资结构。中小学教师编制城乡一体化,前提是依据标准配足配齐教师。然而,由于受县级财政的制约,城乡教师编制总体上呈现出紧缺的状况。为此,L县在编制缺额较大、地方财力困难的情况下,加大教师配置力度,多渠道补充教师,保持了教师队伍数量上基本稳定,质量上大有提升,保障各类教育稳步发展;加大音体美英语等紧缺学科师资配置,试行"无校籍"管理,缓解了紧缺学科师资严重不足的困难。建立教师交流机制,每年校际、乡镇内校长教师交流人数达到10%以上。上述举措优化了师资结构,促进了师资均衡配置。

三是健全教师队伍管理制度,发挥骨干校长、教师示范作用。教师编制一体化,并不完全是教师编制标准一元化问题,从根本上来说,它也是县域教师队伍建设问题。编制的配备侧重于解决教师在数量和结构上的问题,而队伍建设则着重解决教师队伍的素质和专业化问题。L县在实施教师编制一体化管理的同时,完善教师队伍管理制度,强化管理措施,提升管理力度。规范评优评先、晋职晋级、绩效分配程序,建立竞争、公平、公正机制。义务教育阶段学校管理人员纳入全县统一考核,落实奖惩制度。加强培养培训骨干校长、教师,发挥示范引领作用,促进教师专业发展,拓展管理人员岗位培训、提高培训和高级研修,提升教育管理人员能力。积极开展名优校长、骨干教师评选。建立学校、县级、市级名优校长和骨干教师成长阶梯。

四是利用政策支持,提升农村教师待遇。中小学教师编制城乡一体化,难点在乡村。尽管城乡的社会差距在缩小,但由于受到其他一些因素的制约,如乡村教师未来发展的前景、子女受教育问题以及乡村学校教师的生存处境较差等,乡村学校普遍存在年轻的教师不愿意到乡村学校任教,或者即使能够到乡村学校任教也难以留得住等问题。为此,L县根据县情和乡情,利用国家义务教育奖补资金,合理设置艰苦岗位标准,落实农村偏远教师艰苦岗位津贴发放。结合"三区"教师支持计划,利用乡村教育支持资金,对省派和县派支教人员予以奖补。

总体编制短缺需要加大教育投入。从这个角度来看,教育投入确实具有加快乡村教育发展的功能。然而,加大教育投入问题是教育行政部门所无能为力的。教育行政部门所能做的是,全面而真实地向县编制部门反映教师编制的短缺状况,即反映全县各级各类教育发展的规模与教师数的基本情况,通过两者的比较而呈现全县教育发展所必需的教师缺编数;同时在标准的教师配备到位后,采取有效的举措来加强师资队伍建设,促进教师在城乡之间合理动态流动,努力激发师资存量,提高师资的使用,提高师资质量和水平。在总体编制短缺的背景下,县域师资的结构性问题以及师资队伍质量问题,只能让位于数量的补充问题。也就是说,足额配齐教师对于 L 县这样一个贫困县来说,是一个最为急迫的现实问题。就目前的状况而言,县政府以及教育局大概还难以顾及乡村教师队伍的结构性问题和质量问题。尽管乡村教师队伍质量问题已经进入教育局的管理视野,但现有的举措和对策所产生的效果有限。就教育行政部门和学校的实际行动来说,目前较为可行的做法就是教师培训,但师训部门的反映表明,效果并不能令人满意。就学校的管理来看,教师队伍建设不过是写在规划上,还没有真正落实到行动中。目前,教育局真正关切和能够解决的,主要是教师编制宏观动态管理及相关的问题。

(二)中小学教师编制城乡动态调控下的非均衡化现象加剧

针对城镇学校教师缺编和农村学校因生源流失而带来的超编问题,L 县教育局采取宏观调控政策,对教师编制实行动态管理。据教育局人事科提供的材料,2013 年,县教育局重新调整中小学教职工编制 13581 名(其中:普高1864 名,职高703 名,初中3476 名,小学7520 名,特教18 名),并核定幼儿园教职工编制 1825 名,宏观调控编制 692 名(用于城区新建学校增加编制),以适应各学段教育发展和县域内师资均衡配置。

从积极的方面来看,县教育局对全县中小学教师编制的宏观动态管理,有利于教师在学校、城乡之间的合理流动。这种宏观动态管理的背景是,伴随着城镇化的快速发展,生源流动也呈现出向城区学校加速流动的趋势。在校长和教育局各科室负责人的调研会上,普遍的反映是,乡村学校的生源在减少,城镇学校的生源在增加。首先,随着部分农民定居城镇,其子女进入城镇学校就读已经成为常态;其次,农民工进城务工经商,也使得一部分学生流失到城镇学校;最后,乡村学校教育教学质量弱于城镇学校,也使得部分较为富有的农民将孩子送入城镇学校就读。多种因素的相互作用,使得乡村学校的生源减少,相应的,在给定的编制标准前提下,乡村学校就会出现教师超编现象。同样,在给定的编制标准条件下,在编制核定限制在一定的时间段内(通常是三年到五年,在一些情况下甚至是更长一段时间)城镇学校随着生源的增加而出现缺编现象,由此而引发出来的便是城镇学校较大班额。因此,县域内教师编制的动态调整,有利于在乡村学校和城镇学校之间平衡教师的超编与缺编问题。

凡事有利必有其弊。就全县范围内生源结构的变化而言,教师编制的宏观动态调整意味着农村学校的部分教师将流入城镇学校。而什么样的教师流入城镇学校,就成为动态调整的一个非常敏感的人事管理问题。由于动态调整牵涉到乡村教师的个人利益,因而,动态调整也同时成为人事管理中的政治问题。在现有的社会背景和县域教育的发展环境下,在现有的人事管理的制度安排下,不可避免地将出现优秀的乡村教师通过选拔机制而进入城镇学校的现象。乡村学校成为城镇学校的造血平台。乡村学校优秀师资向城镇学校的流入,进一步恶化了乡村学校的教育教学质量和办学水平,从而加剧了城乡教育的非均衡化发展,加剧了乡村学校发展的恶性循环。从某种意义上来讲,县域内教师编制的动态管理已经形成一种对乡村学校教育的资源剥夺机制,即优秀的师资和优秀的生源不断地流入城镇学校。在更大的范围内,乡村学校优秀的师资甚至会流向县域外。据教育局人事科的统计,2011—2015 年,全县教师减少 3063 人,其中退休 2024 人,辞职 597 人,流出 335 人,病故等 107 人,教师总量负增长 905 人。教师流出占减少教师总数超过 11%。这还不包括辞职减少的 597 人。

教师编制宏观动态管理所形成的非均衡化现象,使得政府的义务教育均衡发展及教育行政部门着力进行的农村教师队伍建设两个方面的努力成效被抵消。

首先,教师编制的宏观动态调整对政府教育投入产生了较为明显的抵消作用。近年来,县级政府在义务教育均衡发展上投入很大,乡村学校的基础设施及教育教学条件都得到很大的改善,学校的标准化建设也使得乡村学校在硬件设施上基本达到了城镇学校的办学要求。但是,乡村学校的教育教学质量并没有随着均衡发展而缩小与城镇学校的差距,甚至在一些地方,这种差距还有进一步扩大之势。这意味着,政府对乡村学校的教育财政投入并没有产生期望的效果。这里的作用机制当然非常复杂,但教师编制动态管理的宏观动态调整,不能不说是一个重要的影响因素。概言之,政府的教育投入所能够产生的功用或多或少为宏观动态调整抵消,从而在政府均衡发展的努力与教师人事管理制度之间形成一种对冲作用,这种对冲作用使得政府均衡发展的努力难见实质性的成效,并将使农村学校教育进一步陷入困境之中。

其次,教师编制的宏观动态调整亦对乡村教师队伍建设举措产生相应的抵消作用。据宏观考察,乡村学校教师队伍建设,主要是通过两条途径来实现的。一条途径是教师培训,另一条途径是各级名师的培养工程。就教师培训而言,现有的培训存在着较为突出的理论脱离实际的倾向,培训的形式和内容明显脱离农村教育教学实际,脱离乡村教师在教育教学实践中存在的问题和困惑。教育局基教科提供的信息指出,"教师培训内容'高大上',理论知识偏多,'接地气'的适合农村小学教学实际的培训偏少,许多教师培训结束后,面对农村教学实际,感觉到无从下手,感觉到培训效果不理想。"培训的有效性和针对性直接制约了教师队伍建设的成效。与此同时,教育行政部门组织开展的骨干教师评选,让一批青年教师脱颖而出。十二五期间,L县通过教师队伍建设工程,产生市县级名优校长52人,省市县骨干教师644人,校级骨干教师1031人。其建设成效是显著的,但其负面的作用也非常明显。通过各类工程而造就的骨干教师在现有的人事管理制度背景下,则成为城镇学校抽调的对象。乡村学校承担起了为城镇学校教师培养教师的基地职责。例如,L县陈集中心校位于安徽与河南交界的一所农村中心校。近年来,有10名获得市县级教学奖项,包括教学大奖赛一、二等奖。这些教师都是学校的教学骨干,也是学校通过队伍建设而着力培养的年轻教师。但是由于待遇低下以及学校地处偏远的农村,已有7名获奖教师选择离开。而这种离开都是通过市、县公开的教师招聘实现的。面对这样的情形,校长也无能为力。随着学校骨干教师的流失,学校的教学质量也受到不同程度的影响。而这又进一步加剧了生源的流失。

(三)中小学教师编制城乡调控面临的困境

现代社会组织为达成其组织目标,必须要建构一系列的制度。"制度的主要作用就是以规则约束下的行为替代个人自发的行为。"组织系统内部的制度之所以具有个体行为的作用,根本的原因在于,制度"反映了集体和个体的特性、利益、价值和观念,并因此影响到关注度、价值标准、优先度、观察视角和资源等的配置"[①]。社会组织是由一系列的制度规范来保证其正常运行的。由于制度同时也反映了组织的价值和观念,因而不同的制度规范便会反映不同的价值和观念,从而使得制度在约束个体行为的同时,也会因为价值和观念的冲突,而造成制度困境。这里所谓的"制度困境"所要表达的是这样一个事实,即随着某一制度的实施,其他制度所欲实现的价值和观念就可能会因此而

---

① [美]马奇、[挪威]奥尔森:《重新发现制度:政治的组织基础》,张伟译,生活·读书·新知三联书店2011年版,第23页。

变得不可能。尽管从总体上来看,组织的价值和观念是共享的,但总体的价值和观念会因为具体化和分化而产生相应的冲突。这种冲突具体表现为制度与制度的冲突,从而最终影响到组织目标的实现。对此,罗尔斯曾有过精辟的论述。罗尔斯指出,"一个社会体系即使其各种制度单独地看都是正义的,但从总体上说它却是不正义的,这种不正义是各种制度结合成一个单独的体系时产生的结果。其中一种制度可能鼓励或辩护为另一种制度所否认或无视的愿望。"①

制度理论和正义理论所阐述的制度困境,在县域教师编制的宏观动态管理中也有非常明显的表现。就教师编制的宏观动态管理的价值取向而言,立足于教师编制的动态调整,有利于政府对办学效益的追求,也有利于政府对地方教育结构调整的总体适应。当教师编制宏观调整细化为具体的制度或教师人事用人制度时,则其他方面的价值和观念就上升为主导性的价值和观念。当我们将这个制度放在具体的情境之中,放在县域社会发展状况和制度背景下的时候,那么教师编制的宏观调整问题就具体转化为这样一个问题,即在超编的农村中小学,什么样的教师通过何种程序,通过竞争性的选拔而进入城镇学校任教? 由于进入城镇学校任教能够给教师带来各种可能的外在好处时,当进入城镇学校任教成为乡村教师竞争的对象时,选拔的公正性以及相应政策实施的政治性的要求,就会成为首要考虑的问题。在这种背景下,重要的已经不是城乡教育的均衡发展问题,而是进入城镇学校任教教师的正当性和合法性问题。宏观动态调整的基本原则便成为:把适合城镇学校任教的乡村教师通过一种选拔的程序而使特定的教师进入城镇学校。

多部门参与教师公开招聘这一事实说明,教师公开招聘问题已全然作为一个政治问题而非教育问题来处理。对于招聘主体的教育局及政府的相关部门来说,"公开、公正、公平"是教师招聘的绝对原则。每一个参与此项工作的

---

① [美]约翰·罗尔斯:《正义论》,何怀宏、何包钢、廖申白译,中国社会科学出版社 1998年版,第57页。

公职人员,在参与过程中都可能会因为违反这个原则而受到相应的纪律惩处。概言之,教师编制动态调控引发出制度困境,即无论什么样的教师被宏观调控到城镇学校,动态调控都会与其他方面的努力相矛盾与对立。一方面,优秀教师的离开会引发与均衡发展的对立,从而导致公平的教育价值观念难以落实;另一方面,立足于均衡发展,使得那些非优秀教师调离乡村学校,则会诱发教师集体不努力,从而通过表现拙劣而被调控进入城镇学校,其结果是,劣币驱逐良币,动态调控的结果则是背离教育发展的帕累托改进原理。

公开招聘优秀的乡村教师进入城镇学校任教,客观上起到了激励青年教师努力工作、不断提高自己的专业化水平的作用,但消极的后果是如此明显,以至于即便作为当事人的教师,也看得非常清楚。利己性不仅在个体上得到体现,而且在社会组织层面也得到不同程度的体现。学校也不能例外。当城镇学校因生源的扩张而向政府申请教师编制时,当政府因为财政方面的原因而难以通过向社会招聘教师时,这种申请就会成为面向学校招聘教师的最好理由,通过设置相应的招聘条件,这种申请还会使学校在未来的发展中因为师资的优异而处于有利的地位。也就是说,当政府不能够按照标准的编制配备教师时,将那些已经成熟且较为优秀的教师招聘进来,便成为城镇学校的最优选择。对于城镇学校来说的最优选择,对于乡村学校来说无异于釜底抽薪。精心培养的青年教师,成为城镇学校的后备力量。这在不同程度上打击了乡村学校教师队伍建设的积极性。

L县在城镇学校招聘教师时,也不能逃脱以上所提出的"制度困境"。人事科提供的数据表明,"十二五"期间,教育局宏观调控编制692人。但是必须要注意到,这个调控的编制主要是用于城区新建学校增加编制。对于692名宏观调控的编制,其来源和构成,我们没有更多的信息。但是,既然是宏观调控,那么它显然就不是新增编制,而是教育行政部门对已有编制的调配。这意味着,它基本上是将超编学校的教师调控到新建学校。而能够进入新建学校的,也绝非那些平庸的或碌碌无为的教师。

L县教师编制宏观调控所面临的制度困境,也并非政府有意而为之。不如说,当政府试图在城乡学校的超编和缺编之间作出相应的调整时,这种调整本身便决定了它所面临的两难抉择。编制通常是指组织机构的设置及其人员数量的定额和职务的分配。就县级政府部门而言,学校教师编制的依据是在籍的学生数及班级数。当在籍的学生数随着社会的变迁而发生变化时,对编制的调整便成为编制管理中的一项重要内容。但是,城乡之间的差别,以及由此差别而带来的教育发展的不均衡,使得教师编制的宏观调控不得不受到不同的价值和观念的制约,从而形成具体调控制度的实践困境。这种困境则随着新入职教师进入乡村学校任教而变得更加严重。在这种情况下,即便L县也开始实施教师的无校籍管理,但由于教师流动在城镇和乡村的分割,这种所谓的无校籍管理则演变成极少数教师在不同学校任教的暂时性的调换。通过L县的考察我们可以说,由于受到多种因素的制约,教师的无校籍管理还无法真正实现教师在城镇学校和乡村学校之间的有比例地流动。

(四)中小学教师编制城乡动态调控引发的思考

教师编制宏观调控的制度困境并非一种不可避免的逻辑悖论,而是教师人事管理因循传统的结果。一方面是变化了的社会和教育环境,另一方面则是在学生校际流动并不明显因而教师编制能够相对稳定环境下所形成的人事管理制度——一种仅仅立足于某一方面教育政策价值考量的选择。这使得现行的人事管理制度面临两个方面的不适应:一是制度对于变化了的环境的不适应,二是现行的人事管理制度对教育系统内部其他制度的不适应。

从某种意义上来说,县域城乡学生的人口统计学上的变化,既是教师编制宏观调控的现实基础,同时也为教师人事管理制度创新提供了条件。也就是说,在一个相对静态的教育环境中,区域内不同学校在校学生数相对稳定的背景下,已经形成的人事管理制度的自然延续应该是教育行政管理的最优选择。但是在学校教师编制依据不断变化的条件下,亦即当"动态"成为常态的人事管理环境下,如何动态地宏观调控教师编制,就应该成为县教育局教师人事管理的重大课题。完成这样一个重大课题,必须要考虑处理好以下几个矛盾关系。

一是处理好单方面制度创新与教育发展全局需要的关系。新的历史环境下的教师人事管理制度创新,需要摒弃传统的线性思维和静态思维,用科学的思维和系统的思维来保证人事管理制度创新适应持续发生的教育变革。必须要系统而整体地思考教师人事管理制度的价值目标与县域教育发展的战略目标之间的关系,并使创新的人事管理制度服务于县域教育发展的总体战略目标。因此,教师人事管理制度创新,就不仅仅是单一的与制度创新有关的技术性问题,而是使局部的人事管理服从于教育发展全局需要的根本性问题。

二是处理好教育城镇化与教育均衡化的关系。现有的管理体制以及人事管理制度,总体上来看是城镇中心化的取向,并且以牺牲乡村教育来发展城镇教育为导向。教育的城镇化,学龄儿童向城镇学校的聚集,以及由此而带来的教师由乡村向城镇的聚集,凸显出教育发展城镇导向的人为色彩。但是,制度设计并没有因此而形成相应的约束性规范,从而加剧了城镇化的自发表现。根本的问题在于在城镇化与均衡化之间已经形成了难以破解的矛盾关系。教育的城镇化是实然,是表现出来的事实;教育的均衡化是应然,是人们对于乡村教育发展的期待与希望。教师人事动态宏观调控与管理,必须要在教育的城镇化和教育的均衡化之间找到一个平衡点,使得教师的人事管理既不悖离教育的城镇化趋势,同时也能够促进乡村教育的均衡发展。

三是处理好使用和培养的关系。总体上来看,县域范围内的教师人事管理存在使用和培养的脱节问题。培养在不同程度上服从于使用,结果造成培养教师的不能使用教师,而使用教师的并不在意对教师的培养。乡村优秀教师流入城镇学校,便是这种脱节的表征。因此,教师人事动态调控与管理,需要建立一种城镇教育反哺乡村的机制。例如,新入职的青年教师不是直接分到乡村学校任教,而是先在城镇学校接受两到三年的教学基本功训练,再到乡村学校任教一段时间,其表现优异者再通过选拔性的或奖励性的机制进入城镇学校。这种城镇学校反哺乡村学校的机制,将能够使得乡村学校始终有新鲜的血液注入,有新的教育观念和行为方式的输入。

四是要处理好宏观调控与无校籍管理的关系。正在推进的教师无校籍管理的教师人事制度改革,为城镇学校的均衡发展奠定了教师资源均衡配置的基础。但是,这项新的教师人事管理制度是否适合乡村学校,对于促进农村教育的均衡是否有积极的意义,还是一个有待确证和实践检验的问题。从目前已经在农村地区实行教师无校籍管理地区的情况来看,此项制度并没有实现预期的目标,其中面临的一些问题,是制度实施的低效甚至无效的问题。这意味着,教师人事管理制度创新必须要根据农村学校的具体情况,而不能盲目地照搬城镇学校的教师人事管理制度。

二、安徽省 M 市 B 区中小学教师"县管校聘" 编制管理改革的实践

城镇化所带来的生源向城镇学校的聚集与教育均衡发展强力推进,使得教师的动态调整以及师资的均衡配置成为教师编制管理面临的两难问题。在此背景下,安徽省 M 市 B 区从 2014 年开始推进教师县管校聘改革试点,试图解决教师人事管理中面临的两难问题,取得了令人可喜的成效。B 区县管校聘作为此类改革的个案,成为教师编制一体化的具体形态,也因此而具有了典型性的意义。分析并总结 B 区县管校聘改革的探索与经验,有助于人们深入认识发生在城乡兼有地区的教育发展机制及其教师人事管理的关系,以及准确把握推进教师编制一体化过程中所面临的问题,为教师编制一体化及其管理改革提供理性的认识基础。

（一）"县管校聘"改革的背景与成效

学校的生源作为办学的重要因素,其流动性特别是在城乡之间的流动性,客观上可以看作城乡教育一体化的重要表征,由此也对城乡教师编制的一体化提出了新的要求。在传统社会中,学校自身的封闭性、办学要素的静态性以及由此而来的教师编制管理的稳定性,构成了乡村社会前城镇化时期的主要特征。在这种背景下,在校学生规模的稳定性使得特定的教师编制管理,即基于编制标准而核定学校教师编制数的管理模式,成为最合理也最有效的选择。然而,一旦学校生源的稳定性被打破,一旦生源在校际的流动成为现实的趋势,那么基于编制标准的编制核定便会面临因变动不居而带来的难题——编制有,学生没了;或者学生多了,编制却没有跟上。例如,在农村地区,教师编制同时存在结构性缺编、部分学校超编及教学点教师配置困难等问题。这些问题都是城乡义务教育均衡发展中非均衡流动所带来的问题。这些问题不解决,则乡村学校的内涵发展以及素质教育发展都可能陷入困境。在总体编制不变的前提下,这些问题怎么解决,一直困扰着区县教育行政管理部门。新型城镇化加速以及由此而带来的生源流动,使得这些问题变得越来越突出。实际上,受制于多重因素的制约,诸如教育行政官员的理性选择、社会关系的相互牵扯、个体视野的生活限制等,在传统的教师人事管理的制度背景下,这些问题的解决都变得越来越棘手。如何破解农村地区学校教师编制管理存在的难题,便成为近年来区县教育行政部门的重要课题。

M市B区试行的"县管校聘",为破解农村地区学校教师编制管理难题进行了有益的尝试和探索。

B区成立于2012年9月12日,区域面积351平方公里,人口18.35万人。全区现有小学31所(其中中心学校6所、完小17所、教学点8个),中学5所(其中初中4所,完中1所),民办学校2所(其中九年一贯制、十二年一贯制学校各 1 所),幼儿园 42 所(其中公办园 17 所、民办园 25 所)。据 2012 年 9 月统计,在编教师 1044 人,在校学生 18471 人(其中小学生 10802 人、初中生 6302 人、高中生 1367 人),在园幼儿 5043 人(其中公办园幼儿 1327 人、民办园幼儿 3716 人)。

对于 B 区教育局来说,生源越来越集中于城镇学校,使得农村一般小学和初中的教师呈现超编状态,而音、体、美、技、英等学科教师又严重短缺,同时农村地区教学点,一般教师都不愿意去任教。这种格局既影响义务教育的均衡发展,同时也严重影响学校的办学效益。这是一个既涉及教育公平又涉及发展效率的双重困境。而就公平与效率的关系而言,两者之间又存在一定程度的冲突。其双重困境在于,它既要促进公平,又要能够促进发展,并使教育公平与教育发展并不因为某一方面的存在而妨碍另一方面的发展,从而使每一个儿童都享有公平而有质量的教育。如何有效地解决农村教育面临的公平与效率这个双重难题,便成为区教育局教师人事管理制度改革的核心问题。根本的问题是,如何在促进教师编制一体化过程中,既提升教育质量,又满足均衡发展的需要。

2013 年,《中共安徽省委教育工委安徽省教育厅 2013 年工作要点》提出,"出台中小学新任教师公开招聘实施意见,建立中小学教师'省考、县管、校用'体制。积极推行中小学教师'无校籍管理',加大教师交流力度,促进教师资源均衡配置。保障教师待遇,完善激励机制,加大对农村、边远山区、特教学校的教师在工资、职务(职称)等方面倾斜力度。"省教育厅关于教师无校籍管理的改革意见,为 B 区教师人事管理改革提供了政策依据和政治保障。实际上,B 区在随后的改革中,将原来省教育厅的"县管校用"改为"县管校聘",使得教师无校籍管理以及由此而实施的教师编制动态管理面临的改革阻力大大降低,并为改革的顺利推进及教师编制城乡一体化提供了保证。

2014 年 8 月,M 市 B 区正式启动教师县管校聘改革。此次县管校聘改革基本的思路和原则是:根据分类推进事业单位改革的总体部署,按照按需设岗、竞聘上岗、按岗聘用、合同管理的原则,完善以合同管理为基础的用人制度。

为保证教师人事管理制度改革顺利推进,B区政府精心组织,专门成立了改革工作领导小组和信访维稳工作领导小组。为做好教师县管校聘改革准备工作,区教育行政部门周密而细致地进行前期调研论证,分批次召开责任督学、教师代表、校长座谈会,广泛征求关于县管校聘改革的意见建议。区委、区政府主要领导、分管领导也多次深入中小学幼儿园开展调研,听取多方意见和建议。改革前期的调研为改革方案的论证以及改革的风险评估提供了充分的事实依据,同时也对改革的可行性和风险性进行了充分论证。

在实施县管校聘改革中,B区从组织机构到相关制度安排都进行了较大的调整。例如,改革原有的机构设置,市编制部门进行改革的顶层设计。为统一领导和管理县管校聘改革,增设区教师管理服务中心,并且明确区教育局、区教师管理服务中心以及中学各自的职责。区教师管理服务中心主要负责城乡教师编制管理,同时还负责教职工年度考核、师德师风建设、教师继续教育、职称评审、职务聘任和岗位内部晋级等。

M市B区推行县管校聘,取得了预期的成效。根据B区编办提供的材料,实施教师县管校聘以来,全区共交流教师109人,交流教师数占在职教师数比例为10.84%,其中支教19人、集团化办学交流19人、半脱产交流3人、学区内交流24人、校际交流26人、任职交流8人、中层干部挂职交流10人。通过全区域、多形式的教师交流,有效缓解了教师校际不均衡和结构性缺编矛盾。[1] B区的教师人事制度改革也获得了教育媒体的广泛关注。2015年9月19日,《中国教育报》以《安徽B区试点校长教师管理体制改革》为题,对B区的教师人事管理制度改革及经验进行了报道。"'通过校内竞聘,教师的紧迫感和危机感增强了,教师专业发展的内驱动力增强了,以往班主任难聘、教师

---

① 干旭:《推行教师无校籍管理　促进教育均衡发展》,见 http://www.scopsr.gov.cn/rdzt/yzx/jgbz/201502/t20150212_271698.html。

分工难的现象得到了彻底消除。'新市初级中学校长陈心宏对教师无校籍制改革感触颇深。"

（二）"县管校聘"改革的具体内容

1."县管校聘"的目标定位

任何一项制度设计都意味着实现特定的价值目标。当已有的制度不能很好地实现新确立的价值目标时,创新制度以实现新的价值目标就成为首要考虑的问题。不能不看到,传统的教师人事管理制度,已经既不能适应学校构成要素处于不断流动变化之中的发展需要,同时也不能适应义务教育均衡发展的需要。在这种情况下,就必须要根据新的教育发展价值目标,创新教师人事管理制度。

对于此次改革,B区编办认为它主要是对教师岗位管理进行创新,其目标是,"中小学教师的校籍将在编制总量内统筹管理,根据教育教学实际需要按期聘用,动态调整,合理流动,有效促进教师资源均衡配置。"编办关于教师人事管理制度改革的叙述,指出了此次人事管理制度改革的两个基本目标,即促进教育均衡发展,提高办学效益。而支撑这两个目标的基本价值,便是公平与效率。也就是说,对于政府而言,改革的精神和实质是,通过教师编制的动态统筹管理,以促进教育公平,促进农村教育进一步发展。

教师人事管理制度改革要实现的两个价值目标,一个来自现实的紧迫性,一个来自理想的期待性。借助一个制度改革,能否同时实现这两大目标,以及在现实的过程中会引发出什么样的问题,则是我们重点分析的对象。但就改革本身而言,就改革的人事管理制度与目标的关系而言,透过有关制度的具体内容设计的现象,我们可以说,支配整个改革的是经验而非逻辑。经验提供适应实践需要的政策与方案,逻辑在这里只能发挥其论证与合理化的作用。

2."县管校聘"的实施机制

B区县管校聘作为一项制度设计,包括"两轮竞聘"运行机制、教师交流制度、教师统筹管理机制以及分类补贴制度四个方面的内容。

(1)"两轮竞聘"运行机制。县管校聘以"两轮竞聘"为运行机制,即以学校为中心主体的首轮竞聘和以区教师管理服务中心为主体的次轮竞聘。在首轮竞聘中,学校根据区教师管理中心核定的编制数和岗位数,采用学校聘年级组长、年级组长聘班主任、班主任聘科任教师的竞聘程序。小规模学校则是学校直接聘班主任、班主任聘科任教师。首轮未被聘的教师,则到区教师管理服务中心报到,由区教师管理服务中心根据区内中小学空余岗位,组织相关学校进行二次竞聘。其具体操作时间进程为:8月由学校组织首轮竞聘,8月由区教师管理服务中心组织二次双向选择。二次双向选择的原则是:坚持超编学校教师向缺编学校流动和低学段资格教师不能到高学段任教的原则,同时从人本管理出发,在县管校聘改革中兼顾教师个人的意愿和选择。"两轮竞聘"激发了教师专业发展的内驱力以及教师工作的紧迫感和危机感,同时也降低了学校管理的难度和制度实施的运行成本。从教师编制管理角度来看,它通过制度创新的方式,有效地实现了教师编制的动态统筹管理,解决了一些学校超编与偏远地区教学点教师不愿意任教问题,提高了办学的效率和效益。

(2)教师交流制度。每一个制度设计都有其力所不及的边界,都有其内在的弊端与不足。制度边界外的问题以及制度本身的不足,有赖于其他制度的作用与补充。就教师编制管理一体化而言,竞聘式的县管校聘,能够充分利用学校教师资源存量提高办学效益,激活学校发展的活力,但是却难以适应义务教育均衡发展以及促进教育公平正义的宏观价值追求。因此,需要有另外的制度设计来对此加以矫正与补充。这个矫正与补充的制度,就是B区建立的教师交流制度。如果说"两轮竞聘"机制激发出教师的潜能与活力,从而能够最大限度地激活学校师资的存量资源,那么教师的校际交流为教师资源的均衡配置提供了可能,也为教师的专业成长提供了参照与参考。

B区教师县管校聘改革明确了四种教师交流方式。第一种方式为定向支教,即向需要教师的村完小、教学点等进行定向支教;支教学校每年动态调整,教师支教期限原则上为两年,最长不超过3年。第二种方式为紧缺学科教师校际交流,主要就音乐、体育、美术、信息技术、英语等学科进行校际交流。第三种方式是集团合作办学教师校际整合,通过"资源共享、师资整合、学段衔接、学区直升"的方式开展集团化合作办学,双方学校教师进行对口交流。第四种方式为其他学校与教师双向选择,主要根据个人的志愿和需要来进行交流。

四种交流方式的确立,意味着对教师个体以及学校差异性的承认。制度往往提出刚性而一般的要求,并不去考虑约束对象的个体差异性与独特性。当交流方式呈现多元特征时,学校与教师间的个体差异便在制度层面得到承认,从而使得参与交流的教师能够根据其内在的需求而选择相应的交流方式。这种承认本质上是对人的尊重,因而也将人本理念通过制度设计而落实到管理实践之中。

(3)教师统筹管理机制。从教师人事管理的角度来看,教师无校籍实质上就是基于编制而对区域内教师实行动态统筹管理。这种新的教师人事管理制度涉及教师编制部门、学校以及教师等多方面因素,涉及岗位设置、岗位调配、职务评聘、工资待遇等诸多事务。为此,就需要建立一个统筹管理的机制,以组织协调区域内所有与教师编制调配有关的事务。为此,B区教育局专门设立了区教师管理服务中心,负责全区教师人员统筹管理、岗位统筹调配、专业技术岗位结构统筹设置、专业技术职务评聘和晋升统筹安排、工资待遇统筹发放五项统筹管理。这些事务都是人事部门的工作。与以前的人事部门所承担的职责不同,区教师管理服务中心的中心工作是统筹,而不是非统筹地完成相应的工作。统筹管理机制的建立,使得原本属于学校管理职责的工作,划归区教师管理服务中心,从而使得教师无校籍有了一个坚实的行政基础,形成了以区为实质单元的教师编制一体统筹管理机制,为教师的"两轮竞聘"和"教师交流"提供了信息对称保障,实现了区教育局对教师编制的宏观调控。

(4)分类补贴制度。无论行政管理部门是否承认,教师无校籍都被镶嵌在特定的自然与社会生活的场景之中。区域内的自然与社会生活的差异创造了一个不平等的社会生活环境。这种不平等的社会生活环境直接影响到教师在区域内的流动,并且也在一定程度上间接地影响到教师的工作动机和工作态度。因此,教师县管校聘便不能不考虑因社会生活的差异而给流动的教师带来的负面影响。采取简单的约束策略来限制教师的走向,虽然能够带来教师的流动,却不能从根本上激发教师的工作动机。因此,需要有一种激励机制,以抵消约束性的制度设计带来的负面影响。

B区教育局根据教育主管部门规定的乡村教师待遇补偿政策,建立相应的分类补贴机制。管理根据地理位置、办学条件等差异度,教育局将区属中小学(含附属幼儿园)划分为一、二、三类地区,给予一、二、三类地区教师每人每月生活补贴分别为90元、290元和390元,同时还给予支教、交流教师一定金额的交通补贴。这种分类补贴的激励性机制,至少让那些偏远地区工作的乡村教师有了心理上的安慰。

(三)B区中小学教师"县管校聘"探索的经验与启示

1. 在制度目标追求上,兼顾公平与效率、均衡与发展两个价值目标

义务教育均衡发展涉及均衡与发展两个目标。均衡立足于实现教育公平,而发展立足于实现教育效率。然而,公平与效率总是在一定程度上面临着冲突与不相容。效率坚持能者为先、优者为先的原则,一般以竞争为其运行机制;而公平则强调向弱者倾斜,一般以政府调配为其运行机制。改革开放以来,我国教育基于"效率优先,兼顾公平"的理念,引入竞争机制。在这种宏观

机制作用下,我国的各级各类教育在很短的时间内得到了快速的发展。然而,伴随着教育的快速发展,我国各级各类教育不公平问题也日益凸显。义务教育均衡发展,就是在这样的语境下形成的,其目标在于通过均衡发展促进教育公平。然而,如何兼顾公平与效率,却是教育改革所面对的难题。换言之,如何使乡村学校以及城镇地区的薄弱学校,能够得到较好的发展,使得乡村学校不仅能够与城镇学校和优质学校形成一种办学条件和设施上的均衡,而且获得一种教育教学质量上的均衡,已经成为教育均衡发展语境中的核心问题。

10多年来,资源均衡配置作为教育政策的基本价值,已经成为教育均衡发展的支配性话语,而促进教育公平则成为衡量与评判教育发展的基本准则。在这种情况下,无论是城镇学校还是乡村学校,在学校管理实践层面,相应地便出现绩效问题以及教师积极性的激发问题。这意味着,一种立足于教育公平的教师人事管理政策,在一定程度上给教育发展的效率带来的负面冲击。换言之,当下我国的教育改革,无论取怎样的立场,必须既能够促进教育公平,又能够促进教育的快速发展。单纯的均衡导向或者单纯的发展导向,在当代社会语境中都难以行得通。

如何做到公平与效率兼顾? B 区教育局所探索的"两轮竞聘"运行机制和教师交流制度,立足于均衡和发展两个价值维度,并且能够在均衡和发展之间实现一定程度的平衡。"两轮竞聘"的运行机制,使得每个教师都有平等的机会获得他期望获得的岗位。从这个意义上来说,"两轮竞聘"对于每一位教师来说是公平的。由于是通过一种竞争性的方式来获取,竞争性获得岗位的形式使得每个教师都倾向于更加努力地工作,从而实现促进学校发展的效率目标。从这个意义上来说,它又是有效率的。同时,教师交流制度则通过有针对性的支教方式,来实现对特殊学校(如教学点或薄弱学校)的师资补偿,从而有助于从教师编制管理上来促进均衡发展。公平环境下的"两轮竞聘"制度与行政环境下的教师交流,其实质是分别采取竞争性的配置师资与行政性的配置师资两种方式,来实现城乡一体化背景下城乡教育的均衡发展。通过两种方式的巧妙安排,生源动态变化所带来的编制动态调整与均衡要求语境下的均衡发展,能够实现城乡师资的恰当平衡。

2.在制度安排上,出台相关配套政策以实现激励与制约相容共振

个体的生活镶嵌在社会生活的背景之中,单方面的制度安排亦镶嵌在整个的制度背景之中,并因此而受到制度背景的制约与影响。县管校聘的"两轮竞聘"与教师交流无疑也要受到相关的制度背景的制约。也就是说,在相关制度背景不变的情况下,"两轮竞聘"与教师交流是否能够产生预期的作用和效果,还有待实践的检验。近年来一些地方推行县管校聘,然而在制度安排上往往孤立地设计县管校聘制度,而不是从教师编制管理及人事管理的整体出发进行制度设计。将编制管理与人事管理分割开来,其突出的弊端在于,难以处理好师资流动的动态与学校发展所要求的师资静态之间的关系,也难以兼顾学校发展利益与教师个人利益,其结果是,单方面设计的县管校聘制度在实践中往往会遇到各种阻力和障碍,从而使县管校聘制度难以落到实处。

为了充分实现制度的正向激励功能,B区教育局先后出台了一系列相关配套政策,包括:《B区试行教师无校籍管理改革的实施意见》《B区教师专业技术职务评聘、岗位内部等级晋升实施办法(试行)》《B区边远薄弱学校教职工生活、交通补贴实施办法》《B区属学校教师赴边远和薄弱学校支教工作安排》《B区属学校高级教师职务评聘和岗位内部等级晋升推荐参评指标分配方案》等,对教师支教、补贴发放、职评和岗位晋升等工作予以明确。B区出台的系列管理配套政策,实现了教师无校籍管理在若干方面的统筹与结合。

首先,把国家的教育利益与教师个体利益有机地结合起来。上述配套政策的出台表明,教育局在进行无校籍管理时,首先考虑到县管校聘后教师的潜

在之忧,这些潜在之忧包括职称评定、交通、生活待遇等方面可能遇到的问题。把教师的利益诉求与教育行政部门的改革目标以及学生的健康发展联系起来考虑,并使教师的利益与学校的利益、学生的利益形成有机的关联,符合激励理论的激励相容原则。任何一项制度设计,如果只是强制性地自上而下推进,而不考虑教师的得失与需要,则这种强制性的制度变迁便不可能取得实效。应该说,相关配套政策的出台,特别是多方利益的平衡与照顾,为改革的平稳推进奠定了扎实的基础。

其次,B区县管校聘改革实现了教师编制动态管理与人事管理的有机结合。传统的人事管理思维,习惯于将编制管理与人事管理分割开来。定期对编制的审定及由此而带来的学校编制的相对稳定性,使得人事管理往往依附于编制管理。而在试行无校籍管理的一些地方,则又往往使编制管理与人事管理完全割裂开来,从而造成无校籍管理难以发挥编制调控与教师动力激发的作用。B区县管校聘则使编制管理与教师的人事管理紧密地结合在一起,有机地融合在一起,实现了编制动态管理与人事管理的整合与统筹。

再次,B区县管校聘还理顺了教育局和学校在无校籍管理上的相互关系。在实施无校籍管理时,教育局承担的职责是什么,学校的职责是什么? 如何恰当地分配教师管理的权限,从而既实现统筹动态管理,又实现学校对教师教育教学的自主管理? 由于片面地强调一方或另一方的职责,往往造成教育局或学校在教师管理上的权责不清现象。"两轮竞聘"则使教育局和学校在教师管理上各自职责分明,权限明确。这种制度设计既能够发挥教育局在教师编制管理和人事管理上的动态调控作用,又能够发挥学校在教师管理上的办学自主权。

3. 在制度设计理念上,实现教育资源增量配置与存量盘活并举

自政府提出均衡发展以来,资源的均衡配置成为全社会关注的焦点。对资源均衡配置的关注,意味着人们更倾向于通过增量资源来实现均衡发展目

标。通过向乡村学校进行资源的倾斜配置,以达到城乡学校在办学条件和教育教学设施上的均衡状态,当然是教育均衡发展的重要内容。但是,仅仅局限于资源的增量部分而忽略资源的存量部分,显然有着极大的局限。无论资源的增量部分如何重要,但就影响教育教学质量的至关重要的因素——师资而言,就很难在短时间内实现城乡学校的均衡。因此,在注重有形资源的增量投入的同时,必须要关注无形资源的存量盘活。如果说学校办学资源的增量部分主要依赖政府的投入,那么其教育资源的存量盘活则需要教育行政部门以及中小学共同努力,以激发教师的潜能与活力。

B区县管校聘,其"两轮竞聘"实际上包含着双重的目标指向,即一方面实现对教师编制的动态调控与管理,另一方面则在竞争性的聘用中实现教师潜在能力的激发,从而最大限度地盘活学校已有的存量资源。城镇学校中小学教师公开招考,是对农村中小学优质存量资源的抽离;如果说城镇学校教师向农村偏远地区支教流动及教师刚性地向其他学校轮岗制度主要是一种基于行政权力的资源均衡,且这种均衡是否能够达到预期亦尚未可知;那么校内的竞聘机制以及两轮的双向选择机制则能够极大地调动教师工作积极性,也能够调动教师专业自主发展的积极性。这是一种典型的制度激励,即通过科学的制度安排来整体提高乡村学校的教育教学质量,提高乡村学校的师资水平和质量。

三、安徽省 W 市 Y 区 "无校籍管理" 的中小学 教师编制城乡一体化改革

当区域内部呈现出较大的差异时,如何实现中小学教师编制城乡一体化就成为教师编制管理中的一个现实的问题。在县域,教师交流可以在中心小学(学区)的范围内实现一体化管理;但在设区的城市,区范围内城区以及乡村并存,城区家长与乡村家长对待学校及教育的不同态度和期望,使得教师编

制一体化呈现出较为复杂的情况。W 市 Y 区是这类区域教师编制一体化试验的典型。其中所取得的经验和折射出来的问题值得深思。

（一）Y 区中小学教师编制城乡一体化的政策取向

Y 区在地理位置上由北向南呈现城区和城郊的板块结构,但总体体量较小。开始推行"无校籍管理"的 2014 年,Y 区有初级中学 8 所,小学 10 所(不含村小 8 所),九年制学校 1 所,公办幼儿园 4 所。全区现有中小学教职工1186 人,其中小学 756 人(城郊小学教师 217 人),中学 430 人(城郊中学教师127 人)。城区和乡村呈现出对立格局。区域教育的典型特征是,城区学校教育质量普遍好于乡村学校,乡村学校的教师交流到城区学校,即便学校默认事实,但也会遭到家长的抵制;城区学校的教师交流到乡村学校,虽然能够为农村家长所接受和认可,但会面临城区家长和教师本人的抵制并引来诸多不满。在基础教育改革的过程中,家长已经成为影响和制约改革的一个重要因素,教育改革的决策者和管理者不能不对此予以足够的关注。

2013 年 11 月,安徽省教育厅决定在 Y 区开展中小学教师"无校籍管理"省级改革试点。2014 年 4 月,Y 区委区政府颁发了《Y 区关于教师"无校籍管理"的实施意见》,Y 区教育局推出了《Y 区教师交流办法》。2015 年和 2016年,Y 区教育局又分别发出通知,对原办法进行了补充、修改和细化。从所发布的文件名称来看,"无校籍管理"落实到现实的层面则成了"教师交流"。这个关键概念的变化,反映出相关政策在价值取向上的漂移和不确定性。

Y 区教师"无校籍管理"有着明确的工作目标。其总体目标是:以促进义务教育均衡发展为导向,使教师由"学校人"转变为"系统人",实现教师"区管校用";使教师管理由"身份管理"转变为"岗位管理",以岗位管理为核心建立起合同聘用、评先评优、职称评定、教师交流、绩效工资分配等工作机制,推动教师动态调整、合理流动、科学配置。具体目标是,实施"无校籍管理"的第一年,即 2014 年,各中小学教师交流比例和区市级以上骨干教师交流比例分别不低于符合交流条件教师和骨干教师总数的10%。两个交流比例力争达到15%。

通过"无校籍管理",Y区教育局的预期效果有以下两点。

一是推动义务教育师资均衡配置。自实施城乡义务教育均衡发展以来,城区学校和乡村学校之间在办学条件、基础设施等方面差距已经不大,甚至在某些方面已经基本实现均衡。然而,随着均衡发展的不断推进,通过投入来缩小城乡教育差距的红利已经用完。在这种情况下,师资水平与学校的办学和管理水平就成为制约乡村教育发展的根本性因素。然而,在之前实行的教师交流轮岗机制下,优质学校对优秀教师有保护性措施,一些学校不愿意让优秀教师人才流失,薄弱学校也不愿意接收教学水平不高的教师。教师交流轮岗,优秀教师往往只是蜻蜓点水。无校籍管理为教师流动提供了一个"制度支点"。[1] 一直以来,教师的人事关系都在县区教育局,但是在管理的权限上,师资的配置主要还是以校为单位,并且受传统观念的影响,师资一经配备到学校,再做适当的调整就会面临种种困难。作为无校籍管理的制度设计,其突出的一点就是将师资的配置权完全回收到区教育局,由此,所有教师都由教育局统一支配。如果将区域内的师资作为一个整体看待,那么将优秀教师配置到薄弱学校的,显然有利于缩小学校和学校之间办学水平和教育质量的差距。

二是盘活教师编制存量资源。此次改革的亮点之一是创新岗位管理,区级教育行政部门在编制内统筹管理中小学教师,学校根据实际需要按期聘用。这样的岗位管理办法能使教师资源配置逐步均衡;亮点之二是积极探索编制管理,教育局会同编制管理部门对中小学教职工实施编制的余缺调剂。总之,区教育局通过建立编制动态管理机制,盘活了教师编制存量资源。

---

① 转引自张卫强、吴涛:《教师无校籍管理改革进程和问题——基于民革芜湖市委会调研的分析》,《团结》2014年第3期。

（二）Y区"无校籍管理"的中小学教师编制城乡一体化政策举措

1. 对象及范围界定

冠之以"无校籍管理"的这场改革,本质上是中小学教师编制城乡一体化管理的探索。Y区改革立足于城乡义务教育均衡发展,特别是立足于促进城乡师资的均衡配置。这种立足于均衡发展的改革,在教师交流的对象上就充分表现出来。《Y区关于教师"无校籍管理"的实施意见》以及区教育局关于《Y区教师交流办法》明确规定,凡在同一所学校任教满6年,且距法定退休年龄5年以上的教师,都是交流对象。但是有四种情况的教师则不在交流的对象范围内。一是自愿申请由城区到城郊学校交流的教师不受教龄、年龄限制;二是结对学校交流教师不受教龄、年龄限制;三是凡处在怀孕、产假、哺乳期的教师,在产孕、哺乳期间暂不安排交流;四是残疾及长病教师,非个人申请不安排交流。框架确定的交流对象,预设了交流的政策意图以及要现实的目标,即通过交流来达成校际师资的均衡。

2. 交流方式

要从传统的师资编制管理模式迈向一个全新的教师编制管理模式,即一体化的模式,所面临的问题是多方面的,所面临的障碍也是多重的。这里既有学校层面的障碍,也有教师层面的阻力,还有来自家长的抵制。为了减少改革的阻力,以使无校籍管理真正推行,Y区形成了不同于B区的教师交流方式。

首先,城区与城际校之间的教师交流并不在全区内展开,而是根据城乡不同的情况,将全区划分为城区和城郊两个学区。上述"同一所学校任教满6年的,距离法定退休年龄5年以上的教师,都是交流对象",主要是指在同一学区内的交流。同时,建立起同学区校际教师自愿交流制度,但这种自愿交流须经双方学校同意,并报区教育局备案。这意味着同一学区内的校际交流,可以分为强制性的交流和自愿性的交流两种类型。对于教育行政部门和学校来说，自愿性的教师交流能够使得交流的制度成本降到最低，并且这种交流所引发出来的问题也是最少；相反，强制性的教师交流，在不同程度上都会面临制度成本问题。

其次，学区之间教师校际交流。根据 Y 教育局的规定，城区学校教师个人自愿交流到城郊学校任教，经学校同意后由区教育局统筹安排。鼓励城区教师到乡村学校任教，一直是国家均衡发展政策的重要导向。由于不同的生活境遇以及所存在的教育水平上的差异，总体上乡村学校的师资弱于城区学校，是不争的事实。倘若城区教师自愿选择到乡村学校任教，这是教育行政部门最期望的事情。但从事实的情况来看，这种期望由于缺乏相应的激励机制，也往往成为教育行政部门的一厢情愿。于是，人们在这里也看到一种强制性的城乡单向度的交流制度设计，即城区教师职称晋升及发展，必须要有到乡村学校任教的经历。这种强制性制度安排尽管起到了促进交流的作用，但其中亦存在诸多问题。

再次，校际竞岗交流。通过标准测算，Y 区在存在"一岗多员"情况的学校与缺少老师的学校之间，通过公开竞岗的方式开展教师交流。选拔交流由各缺员学校自行组织。富余学科的教师经原校同意必须全部参加竞岗选拔，每人限报 1 个岗位。竞岗交流，主要是用来解决城乡学校教师编制不合标准的问题。城乡生源的流动，使得一些原本符合教师编制标准的学校成为超编或缺编的学校。在师资数量不变的情况下，一校之超编和另一校之缺编，都成为制约教育事业发展的障碍因素。通过动态调整，使得非标准环境下的学校办学在师资配备上形成动态适应性。校际竞岗交流，确实能够解决学校办学因生源流动带来的教师编制的动态适应性问题。

除上述三种交流外，Y 区教育局还就教育集团内部交流、结对协作交流、学校管理干部挂职和轮岗交流等做出具体的规定。关于学校之间的结对协作交流，Y 区鼓励城区学校与乡村学校通过结对置换的方式开展教师交流。结对协作交流以团队置换交流的形式进行。由各校拟定交流人选,报区教育局审批,原则上交流团队由 3 名教师组成,也可以增加交流教师数。城区学校须含 1 名区级以上骨干教师和 1 名 40 岁以下教师,乡村学校须含 1 名 40 岁以下教师。结对协作交流时间小学为 2 学年,中学根据学科需要为 2—3 学年。对口交流期满,原则上须返回原学校。这种交流方式面临的问题是,乡村学校教师来城区学校交流,往往会遇到来自学生家长的抵制;相反,则不存在这种情况。关于教育集团内部交流,主要是指那些教育质量较高且办有分校的学校的教师交流以及乡村中心学校本部与村小、村小与村小之间的人员交流。集团化内部交流由学校自行组织,每校教师交流团队不少于 3 人。村级小学之间交流不受人数限制。关于学校管理干部挂职和轮岗交流。校级管理干部挂职交流由区教育局统一组织,轮岗交流按组织管理权限直接任命。

3. 组织保障

Y 区委区政府从发展均衡教育、公平教育和建设教育强区出发,对实施全区教师无校籍管理改革给予大力支持,包括政策、人事、财力的方方面面。区政府成立以分管教育的副区长为组长,区教育局、区编办、区人社局、区财政局等部门主要负责人为成员的教师无校籍化管理工作领导小组,统筹领导与协调教师无校籍化工作的改革试点。区政府拨付专项资金,用于无校籍管理教师交流、激励等方面,加大对农村学校、薄弱学校的政策倾斜。

区教育局成立 Y 区教师管理服务中心,该中心专门负责教师的岗位设置、聘用合同管理、职称评定、组织培训、人员调配等工作。各校负责在岗教师在校期间的日常管理,包括教育教学行为管理、绩效考评、职称申报、评优评先等。编制部门负责核定全区中小学教师编制总数。

Y 区教育局出台《Y 区关于优化中小学课程管理和教学岗位设置的指导意见》,确定了以岗位数为核心的教师管理机制。在开齐开足课程的基础上,结合省颁师生比核定每个学校岗位数,科学设置教学岗位,核定岗位工作量,制定教师满工作量标准和行政管理岗位满课时标准,并以岗位数作为核拨绩效工资、确定职称指标分配和招录教师的依据。

4.激励措施

自 2016 年起,Y 区城区学校教师申报高一级职称须有到城郊学校 2 年任教经历,凡评选区级以上骨干教师、学科带头人、市级以上综合荣誉、校级行政管理干部提任者,原则上应有两年以上交流经历。

教师无校籍管理改革实施后,原在编、在岗教师自然过渡为无校籍教师,新录用教师与区教育局签订聘用合同。学校按照要求科学合理确定岗位数,采取全员竞争、双向选择的方式确定上岗教师。上岗教师与所在学校签订岗位聘用协议,聘用协议一学年一签。

城区学校交流到城郊学校的教师,享受与现任城郊学校教师同样的补贴待遇。交流教师参加职称评选时,其工作年限按在 Y 区任教年限合并计算。交流期满,个人自愿、学校同意的城区教师,可继续申请在城郊学校留任,从第 3 年起由区教育局下达专项指标择优推荐参加职称评选工作。

学校竞争上岗落聘的人员,由区教育局统筹安排相应岗位,如不服从安排,视为待岗人员,在原校参加提升培训或参加区教育局组织的岗位培训,培训合格后再参加全区的调剂交流。待岗期限最长不超过一学期,待岗期间,工资按学校奖励性绩效工资分配方案执行,其日常管理由原校负责。待岗期满后,仍不能上岗的,按事业单位人事管理相关规定处理。

(三)Y 区"无校籍管理"的中小学教师编制城乡一体化实践反思

目前,Y 区的教师交流已经横跨了七个学年。七年来,Y 区区委、区政府和教育局先后出台了相关文件,推动教师交流向纵深发展。Y 区推行教师无校籍管理七年所表现出来的问题,值得反思。

1.城乡教育发展差距:教师是因还是果?

城郊差异是多方位的,既是就业和收入上的差异,也是教育投入上的差异。近年来,农村学校生源逐年减少,城市学校生源逐年增加。生源不均衡造成教育不均衡已大于不同素养的教师布局的不均衡。一个令人难以相信的现实情况往往是,同样一位教师,从城郊学校走进城市学校,能迅速地从普通教师成长为骨干教师;而逆向流动却往往能让一位骨干教师慢慢变成普通教师。这是因为,城区学校往往有着更好的人气和士气,任何一位普通教师的加入,都能迅速被同化;而一位骨干教师进入城郊学校,个人力量和意愿却往往无法改变部分城郊学校长期养成的士气,无法及时逆转其他因素带来的人气低迷。

Y区党委和政府花大力气推动教师流动,使其成为推动教育均衡发展的主要甚至唯一抓手,这一点一直是很清晰和坚决的。然而,在整个教育大棋盘中,教师如同一颗棋子,虽然部分卒子过河就能当车使,但大多数卒子本能地在棋盘中扮演被驱使者角色。通过教师流动政策来阻止部分教师由乡村学校往城区流动的意图,并以此来平衡城乡教育质量,显然有些想当然的成分。当然,我们也不能过于放大城区教师与乡村教师素养的差距。在部分农村学校稍微弱一点的是家长的教育期待和学校硬件设施,教师整体士气并不差,城区教师交流进驻后,能及时融入并担任校长助理、班主任或者学科教研组组长等角色;而一些士气低迷的学校甚至城区学校,外校教师交流进驻后,往往成了两不管身份,既没有相应的工作安排,也缺少团队融入。

目前可以确定的是,生源由乡下往中心城镇集中,中心城镇往城市中心集中,这种群众性运动不可阻挡。乡村教师进城不仅是部分农村教师的个人意愿,也是适应教育城镇化的必然举措。农村学校需要的,不仅是流走的最优秀的教师,更需要的是乡村教师地位的整体改善和提升,需要农村学校人心的收拾与重整。Y区政府在中小学教师编制城乡一体化上做出了巨大的努力,比如《Y区关于加快建设高素质教师队伍的实施意见》中规定:按一个班"两教一保"配齐幼儿园教职工,初中教职工按师生比 1:13.5 配备,小学在校生 200人以上的学校按师生比 1:19 配备教职工;200 人以下的村小按班师比 1:2 配备,班级学生数少于 20 人的按照 1:1.7 配备。但从目前的种种政策举措来看,地方政府主要是试图通过教师个人素养改善来改变城郊教育的差距,这与城郊教育差距的因果关系判断存在偏差。

2. 无校籍管理的价值追求:促进均衡发展还是促进教师专业发展?

Y 区的教师交流从一开始就旗帜鲜明地指向教育均衡发展。从政策源头上来看,2012 年 5 月,安徽省率先提出在义务教育阶段探索试行"无校籍管理";2013 年 11 月,安徽省教育厅批复在 Y 区开展中小学教师"无校籍管理"的改革试点。目前,可以见到的关于 W 市 Y 区教师无校籍化管理改革报道始于 2014 年《半月谈》上的《安徽:"无校籍管理"稳步推进》。该文引用 Y 区副区长的话说:"Y 区试点将按照'统筹兼顾、有序流动、促进发展'三个原则展开,把学校岗位设置与人员结构、学校特色发展与优质均衡、教学需求和个人意愿相结合。按地理位置将全区划分为三片,首先在区域内进行教师交流,对骨干教师和普通教师按各百分之十的比例分步骤交流。通过交流进一步优化教师性别、岗位、学科和梯队结构,促进学校、教师、学生共同发展。"[①]同时,该文还引用了时任安徽省省长王学军有关统筹城乡义务教育资源均衡配置的讲话内容,为该区教师管理体制改革做了推动教育均衡发展的强有力注脚。

然而,细观七年教师交流的相关举措,Y 区政府的努力更有利于推动的是部分教师的发展而非教育的均衡发展。七年来,Y 区教育局在摸清四个基数的基础上(即摸清符合交流条件的教师数,不能适应教师岗位要求的教师数,骨干教师、学科带头人及教坛新星的教师数,各校教师初级、中级、高级教师职称的教师数),组织并推进五种形式的交流:城区学校自愿交流、竞岗交流、集

---

① 刘美子、方小凡:《安徽:"无校籍管理"稳步推进》,《半月谈》2014 年第 4 期。

团内互换交流、团队置换交流和组织挂职交流。自 2014 年至 2020 年教师交流工作开展以来,共交流教师 221 人,其中校长 18 人。这对于 1000 多位教师的总量而言,平均一年不到 3% 的教师流动是无助于教师资源均衡配置和教育均衡发展的。

值得关注的是,Y 区教育局在《关于 Y 区教育局实施无校籍化管理情况的汇报》中除列举了推进城乡教师交流的情况外,还详细地报告了另外三个方面促进教育发展的举措。每年还组织了共有 144 位各学科教师参加的"Y 杯"中青年教师大奖赛,形成最终有 3 名人员主动提出辞职,1 名人员调离我区,2 名人员予以辞退的教师退出机制,还开展了多层次全方位累计达 6000 余人次的专业培训。这些举措为教师创造了更多走出去、请进来的学习交流机会,扩大了教师接受教育的接触面,为优秀教师专业成长量身定做发展计划,帮助更多教师展示才华、组建团队、提升素养。但我们也不难发现,这些赛和训都是在区级层面着眼于单个教师的,无论是参赛的还是参训的,积极性和前期素养直接决定着活动效果,该区尚不能以基层学校为基本单位,通过本校教师的整体发展来推动全区的教育均衡发展。

3. 政策内容:"无校籍化管理"还是教师流动?

Y 区乃至全国推动教育均衡发展的最为显著的宣传标识就是"无校籍化管理"。例如,2014 年《安徽日报》的报道标题即为《W Y 区实施教师无校籍管理》,在随后的 W 市《大江晚报》深度报道中,引用 Y 区教育局领导班子的说法认为:此次 Y 区在全省率先实行教师无校籍管理改革,就是以促进义务教育均衡发展为导向,深化教师岗位管理制度改革,推进教师"区管校用",加快教师由"学校人"向"系统人"的转变,教师管理由"编制管理"向"岗位管理"转变,推动教师动态调整、合理流动、科学配置。Y 区教育局在 2016 年的总结汇报材料中也是将相关举措表述为"为赢得学校、教师、学生家长等社会各界的理解、支持,营造正能量的无校籍管理试点工作舆论氛围,我区积极强化宣传引导,通过市级纸质新闻媒体宣传,争取相关部门支持,在校长会、教导主任会议上宣传,让校长和广大教师对无校籍管理给予更多的理解。"

无校籍,即教师只有区籍,属于"区管校用"。实施过程和效果如何呢?相关数据显示,6种交流方式中,同一学区学校交流基本上不存在,个人自愿交流到目前为止也是零纪录。校际竞岗交流实质是农村学校教师进城的流动而非交流,教学集团内部交流实质是同一学校的不同校区之间交流,且之前一直存在。校级管理干部挂职交流和结对协作交流期满后须返回原学校,也就意味着并没有改变原有的学校身份属性。校级管理干部轮岗交流除两位马上要退休的校领导外,剩余18位校领导均按组织管理权限直接任命实现了轮岗。可在长期的组织行为和思想观念中,从来就没有觉得校领导的身份必须归属于哪所学校,但一直认为教师一定是某所学校的教师。可见,无论是最初的政策设计,还是实际实施效果,只是实现了教师交流的目的,或者说实现了教师编制一体化管理的目的,然而要实现城乡师资均衡,恐怕还有一段很长的路要走。

值得关注的是,《关于Y区教育局实施无校籍化管理情况的汇报》认为,"教师无校籍管理改革的实质,除在政府层面,进一步厘清教师'区管校用'的管理机制外,在教育系统层面,则是要建立正常的促进教师有序交流的制度。"如果说上述说法不过是将同一个问题做了两个层面的解读,那该报告在下一步工作打算时强调,"同时采用集团式、结对式等多种方式,促进教师深度交流、驻点交流"。这些以学校为基本单位的做法显然淡化了"无校籍化"的概念,重申了"教师交流"的意向。自2017年以来,该区持续推进集团化和九年一贯制办学。截至2021年8月,该区义务教育阶段城区小学(集团)三所,初中三所;乡村小学(中心校)一所,初中两所;城区九年一贯制学校(集团)两所,乡村九年一贯制学校(集团)两所。

4. 政策对象:应该让哪些教师流动起来?

在 Y 区教育局的政策文本中,凡在同一所学校任教满 6 年的,距离法定退休年龄 5 年以上的教师,除非因个人身体原因,否则都是交流对象。但交流教师并非政策目的,而是希望通过交流教师达到其他目的。从目前的操作实际来看,与之前的教师管理相比,区教育管理部门流动了下列教师:(1)首当其冲的就是学校管理者。三年来,大多数校领导都轮岗了。据了解,一方面是因为组织权限所在,另一方面也有了细致的思想工作,这方面的阻力基本化解了;(2)其次是结对协作交流。据了解,刚开始城区学校教师抵触情绪比较大,因为担心回不来。但最近两年积极性很高,尤其是小学阶段希望申报高一级职称者。这些教师年龄大都集中在 35 岁以下。可见,要么是行政权限,要么是利益影响,Y 区的部分教师的确如政策所愿,实现了交流。

但我们也不难发现,无论是城区还是乡村,35 岁到 55 岁之间,横跨 20 年教龄的教师,却不怎么想流动。用某位采访对象的话来说,主要有几个方面的原因:一是觉得职称上不去,个人没动力;二是已经在学校附近安家,不想舍近求远;三是农村乡校管理松,家长要求低,在乡村学校更自在;四是到乡村学校有补贴,到城区学校无补贴。据了解,2017 年 Y 区某小学就有几位年轻教师试图通过结对协作交流的方式到乡村学校,却因结对的学校无教师愿意进城交流而作罢。教育管理部门的政策意图显然想流动那些不想流动的教师,用《大江晚报》所报道的某教育局领导的话来说,"许多教师长期'驻扎'在一所学校不动,职业倦怠难免产生,消极的情绪可能相互传染……这给均衡教育和公平教育的深入发展带来'阻力。'可事情进展到现在,教师交流的相关政策在这一点上显然没达到预期目标。"

七年来,Y 区教师交流的实施效果是显而易见的,它建立了教师有序流动机制,助推了教师专业化发展,形成了按岗聘用意识和按业绩定酬的分配方式,营造了积极向上的改革氛围。但我们也要看到,教师自身不仅有着城市与城郊的差别,还有年龄、心态、学段等多方面的差异。教师交流的最直接目的无非是让优秀的教师去弱势学校带动一群人,让倦怠的教师去更好的环境改变自身,目前采用的方式都是外部强制或诱导,这对于大部分教师是管用的,对于教育均衡发展的推动作用显而易见。问题是,总有一部分教师软硬不吃、"无欲则刚"。调动这部分教师的工作积极性,不是仅凭教师交流政策就能实现的。

四、安徽省 F 县促进县域内合理流动的中小学教师编制城乡一体化改革实践

为进一步促进我国义务教育均衡发展,2013 年国家出台的《中共中央关于全面深化改革若干重大问题的决定》明确提出,"统筹城乡义务教育资源均衡配置,实行公办学校标准化建设和校长教师交流轮岗"。教育部出台各项制度和政策来促进教师流动,是在借鉴日韩两国的成功经验的基础上,对教师人事管理制度的创新改革。同年,教育部出台文件进一步明确了县域内教师校长交流常态化、制度化的时间表,即3—5 年时间实现。本研究拟以安徽省F 县为个案,探讨县域内教师流动制度的实践情况,反思实践过程中存在的问题,找寻促进县域内合理流动的中小学教师编制城乡一体化改革实践中存在的问题及解决对策。

(一) F 县中小学教师交流制度的实践情况

为进一步深化中小学教师队伍管理体制改革,优化优质教育资源配置,促进 F 县教育事业科学发展,依据《安徽省人民政府关于加强教师队伍建设的意见》《安徽省人民政府办公厅关于实施乡村教师支持计划(2015—2020 年)的通知》等文件要求,F 县人民政府本着坚持统筹兼顾、资源共享及竞争上岗的原则精神,研制并实施了县域内中小学教师交流制度。主要包括无校籍管

理制度、建立编制动态管理机制、建立教师竞争上岗机制以及教师、校长交流轮岗机制等方面。

1. 推行教师"无校籍管理"制度

推进无校籍管理,实行"县管校聘"是 F 县加强教师流动的重要举措。其一,实行小学学区管理。积极推进学区管理委员会试点,统筹学区内岗位设置与调配、统筹考核评价、统筹安排教科研活动,统筹调配学区教育资源,实行学区统一管理,双向流动。在学区内实行教师交流轮岗,在一定程度上促进学区内师资的均衡配置,推动学区内学校间的均衡发展,从而整体提高学区内教育发展的水平。

其二,建立初中校际联盟。F 县在改革实践中,根据学校分布和城乡差异,划片建立校际联盟,在一定区域内对教师进行定期交流,通过跨校竞聘,结对帮扶和跑教、支教等方式,引导教师合理流动,促进教师资源均衡配置。通过构建校际联盟教育共同体,有力推进县域内义务教育均衡发展。

其三,尝试"系统人管理"。自 2016 年起,新录用人员实行"系统人管理",新录用教师的编制由县编办会同县教育局统筹管理,在编制、岗位总量内,由县教育局具体负责教师的交流、配置工作。根据新录用教师的人数,统一设置专业技术岗位、制定考核评价方案、共同竞争专业技术岗位,逐步实现教师由"学校人"向"系统人"转变,由"编制管理"向"岗位管理"转变。各学校根据岗位需求,向县教育局申请教师名额,经县教育局批准,将新教师安排到具体学校岗位,学校与新录用教师签订"岗位聘任合同",合同期满,双方协商一致,可以按照规定的程序续签岗位聘任合同。

2. 建立编制动态管理机制

教育部、中央编办等六部委在 2020 年 7 月颁发的《关于加强新时代乡村教师队伍建设的意见》明确提出:"加大教职工编制统筹配置和跨市县调整力度,原则上以省为单位,每2—3年调整一次,市县根据生源变化情况可随时调整。"可见,中小学教师编制的核算、配置是个不间断的过程,建立健全编制动态管理机制是编制科学合理运行的有效保证。

第一,秉承政府所倡导的建立以"控制总量、盘活存量、优化结构、有增有减"为主要内容的机构编制动态管理机制思路,坚持教师编制精简、统一、规范、高效的原则,以保证数量、提高质量、优化结构、提高效益为前提,实行总量控制,动态管理,确保专任教师足额配备。编制动态管理机制有助于提高学校编制资源的使用效益,利于解决编制不足和结构过剩的矛盾,同时,也进一步提高政府和学校工作效能。

第二,编制动态管理机制的另一个重要动态举措是根据学校规模、生源变化,实施编制一年一核编,实时调整学校编制数。随着城镇化的快速推进及私立学校的盛行,公立中小学的学生数在不断发生变化,这种情况下就要求各级各类学校严格执行国家有关核编标准规定,对班级人数较少的村小和教学点实行生师比和班师比相结合的方式核定教职工编制数,编制的动态调整保证了县域内中小学校教育教学的健康、可持续发展。

第三,严格规范编制管理过程。县教育局根据不同学校的生源和班额等情况差异,在核定的编制总盘中统筹分配教职工编制,并报县编办和县财政部门备案。坚决杜绝任何学校或部门占用中小学教职工编制,或在编制上弄虚作假的现象;严禁教师在编不在岗,定期开展离岗教职工清理工作。

3.建立教师竞争上岗机制

建立教师竞争上岗机制是进一步优化中小学师资队伍结构、形成良性用人机制的重要举措。F县教育局结合本县实际情况,务实推行教师竞争上岗制度。

其一,根据学校核定编制数,制订岗位聘任方案,确定岗位和岗位数,由学校先聘年级组长或班主任,班主任聘任科任教师,实行竞争上岗,双向选择,合同管理。各学校竞争上岗后,空余岗位由县教育局再组织相关学校进行二次双向选择。

其二,对落聘人员实行待岗培训或转岗,待岗培训期间不再聘用,只发放基本工资。连续两年落聘且年度考核不合格人员,一律转为"系统人",推荐到其他学校工作;不服从安排的,按照《事业单位人员管理条例》有关规定解除聘用合同,终止人事关系。

其三,岗位设置由教育主管部门统一管理,对城镇中小学教师的职称评定、交流轮岗时间及岗位要求等做了详细规定。要求城镇教师晋升高级职称时,必须要到城镇薄弱学校或乡村学校任教两年;教师交流轮岗后的职务及岗位等级按原来所在单位的标准执行。此外,对长期扎根乡村学校任教的一线教师,在职称晋升上提供政策性倾斜,规定凡在乡村学校任教累计25年且目前依然在职的教师,其职称申报不受学校岗位职数限制。对于岗位数超出的学校,在评聘职称岗位时按照"退二聘一"的办法操作。

以2016年F县义务教育学校初中为例,该年各学校核定岗位数如表4-1所示。在编制的核算上,通常遵循以下几个要求:即按生师比13.5:1测算;班制健全的并列一个班的学校,按18个编制核定;班制健全的并列二个班的学校,按24个编制核定;班制健全的并列三个班的学校,按33个编制核定,另加10个行政管理人员。

表4-1　2016年F县初中学校核定岗位数

学校	专任教师数(人)	学生数(人)	建议岗位数(个)	备注
HG职高	34	74	28	初中部
GT中学	57	322	43	
SN中学	42	228	28	初中部
SH中学	54	583	28	
FL中学	31	64	28	
JQ职高	21	729	17	未聘人员

续表

学校	专任教师数（人）	学生数（人）	建议岗位数（个）	备注
SP 初中	240	2841	221	
QP 初中	38	225	34	
TH 初中	45	464	43	
SG 初中	28	99	28	
DG 初中	41	197	34	
SJ 初中	29	68	28	
YD 初中	35	199	34	
LH 初中	34	241	34	
MC 初中	37	150	34	
GD 初中	24	68	24	
CZ 初中	35	256	34	

此外,根据义务教育学校初中和小学的生师比及岗位数情况,打通初中和小学教师岗位的界限,实现初中和小学、小学和小学岗位的"共享"。以2016年为例,该县中学到小学以及小学到小学竞聘岗位数情况如表4-2和表4-3所示。

表4-2　2016年中学到小学教师竞聘岗位数　　（单位:个）

学校	语文	数学	英语	小计
SP 中心校	4	2	1	7
NX 分校	2	2	1	5
FG 小学	1	2		3
TH 中心校	3	2		5
TY 学校	4	2		6
BY 中心校	4			4
合计	18	10	2	30

表4-3　2016年小学到小学竞聘岗位数　　　　(单位:个)

学校	语文	数学	英语	音乐	美术	体育	信息	小计
SP 中心校	10	10	1	1	1	1		24
NX 分校	10	3	1				1	15
FG 小学	2	1						3
TH 中心校	7	5					1	13
TY 学校	5	2	1	1	1			10
ZP 中心校	3	1						4
DG 中心校	2	2						4
BY 中心校	1						1	2
合计	40	24	3	2	2	2	2	75

从上述两个表中呈现的数据可见:在学科分布上,竞聘岗位以语文、数学两门主干学科为主,音体美教师岗位相对缺乏;在岗位数上,中学到小学竞聘岗位数明显少于小学到小学竞聘岗位数,究其原因,除小学之间教师流动无缝对接的便利外,还有可能是初中教师不愿意委屈"下嫁"到小学去任教。

4. 完善教师校长交流轮岗机制

根据《安徽省人民政府关于加强教师队伍建设的意见》《F县教师队伍建设五年规划》的文件精神要求,按照打破界限、学科对口、保持稳定、有利教学的原则,综合考虑学科结构、生师比、班师比等因素,采取初中交流到城关地区小学、小学交流到小学以及高中交流到高中的方式,逐步有计划、有步骤地对全县教师进行优化交流组合。

交流范围。交流范围在本乡镇(园区)内公办学校或周边学校校际进行。各校参加交流的教师比例不低于总人数的10%。原则上,中小学正副校长在同一所学校两届(每届3—5年)任职期满后要进行交流轮岗,避免在同一所学校任职过久。建立健全县域内中心校与村小、教学点教师校长从单向交流到双向流动的长效交流轮岗机制。加快城乡教育统筹发展步伐,一方面,采取切实措施推进乡村学校教师校长到城镇学校挂职锻炼;另一方面,作为城镇学校的新任校长,其任职的必备条件之一是必须要有 2 年以上任职或挂职城镇薄弱学校或县域内乡村学校的经历。

交流方式。积极推进教师交流、挂职锻炼制度,城乡间、学校间可以采取调任、支教、挂职、跑教等多种形式开展分层分类交流轮岗。鼓励城区学校教师向乡村学校、优质学校教师向薄弱学校、超编学校教师向缺编学校流动。乡村教师到城区交流采取按需设岗、竞聘选调的办法,由县教育局统一组织实施。城关及周边学校任教的教师,在晋升高一级职称前,必须有两年农村偏远地区任教经历,且在任教学校考核合格。城镇学校新任教师 1 年试用期满原则上先到乡村学校任教两年以上。

交流待遇。根据全县Ⅰ、Ⅱ、Ⅲ、Ⅳ学校类型的划分(见表4-4),推行不同类型学校享受不同优惠政策,积极倡导正向流动,切实促进农村教育的发展。对从中学交流到小学的教师,其工作关系转移到新学校;对从外地交流到乡村小学的教师,根据 F 县财政政策,可申请当地教师公租房,领取农村地区学校任教补贴。视流动类型不同,教师享受待遇情况如下:(1)逆向流动,即从Ⅳ类型学校向Ⅰ类型学校流动的,可保留其原有职称待遇;(2)平行流动,即在同等级地区从初中流向小学,除享受上述第一条待遇外,在新学校工作业绩突出,其岗位内等级可自然提升;(3)正向流动,即从Ⅰ类型学校向Ⅳ类型学校流动的,除享受前两项优惠政策外,对先评后聘(但实际没有被聘)已经取得高一级职称的教师,在流入地学校予以直接聘任,享受高一级职称相应待遇。

表4-4 F县学校地区分类情况一览表

类别	学　　校
Ⅰ	F师范、F中学、F二中、F三中、SP初中、TH初中、TH工业园本部、TH工业园二十埠小学、SP中心校、TH中心校、BY科技园、县直幼儿园、FG小学、特殊教育学校、青少年活动中心、NX小学SP分校
Ⅱ	BZ中心校、DG中心校本部、ZP中心校本部、LG学校本部、SH中心校本部、SH二小、SH三小、JQ职高北张部、NX中学、SH中学、DG中学、SM学校、YD中心校本部、HG中心校本部、HG职高、YD中学、TH工业园凉亭小学
Ⅲ	SH岗中心校本部、QP小学、FL中心校本部、SH合学校本部、SN中心校本部、SN二小、GT中心校本部、HG叶岗小学、HG杨湾小学、HG粉坊小学、HG孙集小学、YD文化小学、YD郑岗小学、YD苏小小学、YD塘南小学、YD刘河小学、SH岗中学、QP中学、FL中学、SN中学、JQ职高、GT中学、SJ集中学、XC学校、LH中学、RD学校
Ⅳ	JQ中心校、MC传中心校、GD中心校、HQ学校、JN学校、MC中学、GD中学、JH学校、WJ学校、CZ中学、BH学校、FH学校、JP学校、SH九联小学、SH木兰小学、SH永和小学、HG张店小学、HG沿河小学、HG东湾小学、HG吴岗小学、HG天堰小学、HG孙岗小学、YD罗竹小学、YD望湖小学

说明：1. Ⅱ学区中心校、九年一贯制学校的其他小学划分为Ⅲ学校；

2. Ⅲ学区中心校、九年一贯制学校的其他小学划分为Ⅳ学校。

表4-4有关学校类别的划分，有助于不同类别学校间教师流动时的区别对待，一定意义上体现了当地教育主管部门的公平举措，便于切实推动县域内教师流动政策的有效运行。

表4-5 F县（2014—2016年）教师交流情况统计

办法	交流出		交流到	
	学段	人数（人）	学段	人数（人）
竞争上岗	小学	305	小学	305
	初中	124	初中	124
	高中	16	高中	16
平行交流	按照省、市有关教师交流的要求，校际、学区内校长、教师根据编制许可、学科需求的原则进行交流，交流数占教师总数的10%			
支教	鼓励城区教师到农村支教			

由表4-5可以看出,F县2014—2016年三年间中小学教师流动频繁,校际竞争上岗教师数累计达445人;平行交流的教师数占到了教师总数的10%;此外,还有城区教师响应号召,赴农村或边远地区支教。从教师流动结构上来看,中小学教师交流中尤以小学学段居多,初中其次,最少的是高中学段,这较为符合当前不同学段教师流动的实际情况。平行交流轮岗是该县正在积极探索的一种教师流动方式,旨在追求校际师资力量的相对均衡,进而推进县域内基础教育均衡发展。支教则是单向交流方式,上述统计表中没有呈现具体数据或比例,表明这种形式的交流尚处于粗放期,变"单向流动"为"双向交流"是未来努力的方向。

5.其他

完善教师驻点支教制度。根据县委、县政府《关于进一步加强全县教师队伍建设的意见》精神,继续安排富余教师驻点支教,经县教育局研究同意到有需求的小学或初中驻点支教1年以上的,支教期间的行政、工资关系不变,服从受援学校日常管理、绩效考核。支教期间考核合格的,每人每学期补助生活费3000元。申请在乡村学校之间平行流动的教职工,属夫妻分居或父母身边无子女,且在编在岗、服务期满5学年的,按有关程序和相关规定,根据供需单位意见,经县教育局研究同意后可调往有编有岗的学校。

完善合作办学制度。按照《关于教育振兴五年行动的实施意见》(F发〔2014〕6号),采取名校办分校、集团办学、校际联盟等方式合作办学。合作学校教师可定向双向交流,公民办之间经批准方可实施。

(二)F县促进县域内教师合理交流的实践反思

1.制度实施的范围和结构问题

从交流的范围来看,目前的中小学教师交流多限于义务教育阶段的初中和小学,尽管制度设计要求高中与高中学校之间的教师也要加强交流,但从制度实施的实际情况来看,高中阶段教师的交流还是微乎其微的,力度也相对小了很多。分析其中的原因,很大程度上归结为高考因素的存在。在当前文凭社会和高考依然追求升学率、分数及名牌大学的现实境遇下,高中学校之间出于各自利益的考量,一般不太愿意"轻举妄动",从 F 县近 3 年来的教师交流指标和名额的数据可见一斑,尤其对优质学校来说,高考"成败"事关学校的"生死存亡"及教师个人的利益得失。于是,为了稳妥起见,各校之间不约而同地形成攻守同盟,对上级教育主管部门的要求多出于应付,充当政府政策文件上交流学校"类型"和"结构"一种形式彰显锦上添花之功效。

在交流学科上,不管是小学还是中学,交流的学科主要是语文、数学、英语、理化和政史地等"主科",音乐、体育、美术学科教师交流严重不足,而相对于城市而言,农村地区最缺乏的恰恰是音、体、美学科教师。学科结构失衡客观反映出一个突出的问题,即县域内教师交流制度在"供给"和"需求"上存在脱节。

2. 多元主体利益诉求的协调机制问题

县域内教师交流活动中涉及不同的利益主体,而不同利益主体出于各自利益的考量,在交流抑或是不交流,真交流抑或是虚假交流之间呈现出持续的博弈。教师交流制度的利益相关者主要包括教育主管部门、学校、校长和教师等几类。从县域内教师交流制度运行的实际情况来研判,这些利益相关者对交流制度的认识尚停留于配合国家和省一级的"政治任务"要求,"完成任务"是目前的真实写照,还没有真正深刻认识到教师交流制度对整个县域教育均衡发展的推动作用。教育主管部门往往只专注于制度的设计(看似代表"公益"),具体操作交由学校和校长去执行,"得罪人的事咱不干"。而学校和校长则显然代表"私益",在"安排谁去交流"问题上定会有所考虑,即交流出去的教师既不影响本校教育教学质量,又能冠冕堂皇地完成交流任务。如此

"深思熟虑"的结果便是安排非业务骨干去交流,从而完成"政治任务"。而教师本人这个"私益"主体也会考虑到工作环境、家庭照顾、面子等一系列因素,理性地选择规避。这样真正被交流出去的教师往往是年龄偏大或业务能力不突出的人员,违背了县域内教师交流制度的初衷。而目前,在如何协调多元主体的利益诉求上缺少有效的机制,尽管作为第三方的政府给予被交流教师适当的经济补助,教育主管部门也做出一些"优惠"的承诺,但未能从根本上解决好这个问题。

3.非对称性交流阻隔问题

县域内教师交流主要包括城市—乡村、乡村—乡村、乡村—城市几种形式,目前实际推行的是乡村—城市—乡村和城市—乡村—城市的流动模式。乡村—城市—乡村流动模式是指乡村教师流动到城区学校去学习一定时间后返回乡村学校,通过交流来提高乡村教师的专业素养。但在这种流动过程中,农村学校领导担心教师的流动因此变成流失,农村学校教师存在自感低人一等的自卑心理,城区学校的非全心全意的接纳等多种因素交织,使得乡村—城市—乡村交流模式实施受到阻隔,教师交流异化为乡村—城市的单向流动,而这种流动是乡村教师出于"人往高处走"的现实需求而穷其所能向城市考调,有违县域内教师交流制度的初衷。同样,城市—乡村—城市交流模式也因诸多现实的因素受到阻隔,导致原本设想的城乡之间良性流动的景象并未真正浮现,非对称性交流阻隔了完整教师交流制度的有效实施。

4.评价机制问题

目前的教师交流制度设计中,为解决交流教师的"后顾之忧",被交流教师的人事档案关系基本保留在原单位不动。这种制度设计在保障参加交流教师利益的同时也带来一个难以回避的问题,即参加交流的教师未必全身心投入实际工作中去的尴尬局面。缺少完善的评价制度跟进,部分参加交流的教师心理上容易产生惰性和无所谓的态度,"反正你又不能把我怎么样""应付一下差事,交流时间一到就打道回府"……如此,原本从优质学校交流到薄弱学校的教师事实上没有真正发挥专业引领的作用,薄弱学校的教学质量或管理水平并没有因为这样的交流而获得更好的提高,师资队伍建设水平也难以得到实质性提高。同时,接收交流教师的学校在管理层面也左右为难,因为交流来的教师人事档案在城区学校,这边学校的考核好坏很难关系到他们晋升、待遇等"根本性"问题。缺少完善的评价制度使得县域内教师交流在部分地区完全流于形式,没有达成交流轮岗或支教等的初衷。

五、安徽省 D 县实行中小学教师编制城乡一体化的"学区制"改革实践

2019 年在《中共中央　国务院关于深化教育教学改革全面提高义务教育质量的意见》中明确提出:加大县域内城镇与乡村教师双向交流、定期轮岗力度,建立学区(乡镇)内教师走教制度。学区成为中小学教师编制城乡一体化和教师城乡流动的重要节点。当前,许多地方教育行政部门已经形成以学区制促进教师在城乡间动态调整的共识,以应对城乡生源不断增强的流动性而形成的师资供需矛盾,从而促进城乡之间的教育均衡。然而,这只是在县域内放开了教师的岗位设置限定,如何以更加具体的方案,实现师资在县域内和学区内有效和合理地流动与配置,实现"最后一公里"的政策效应,以及教师在核定编制内的微循环,仍然是一个有待回答的问题。D 县教师编制"学区制"正是在上述背景下为突破教师编制流动与配置的困境而开拓的改革探索之路。

学区,是依据中小学的分布情况、学校的招生能力以及相应年龄段学生的人口分布情况,根据生源居住地所划分的管理区域,学生在所属学区规定的学

校进行就读。① 在此,学区是基于人口分布、居住地等要素的地理概念而形成的空间概念,学区的空间领域必然涵盖了居住地人口规模及生源规模、中小学校规模与教师规模等。鉴于教育公平的原则,学区自身要求区域内的生源规模与教育资源规模要有一定的匹配性、流动性与共享性。因此,学区制的核心是打破校际资源壁垒,实现优质教育资源共享,促进区域教育均衡发展。② D县的"学区制"是依据乡镇行政区域划分的学区而建立起来的教师编制调整机制与规则,分析和反思D县建立在学区制基础上的改革探索经验和教训,有助于人们理解乡村空间区域的教师编制与城区一体化的具体表现。

(一)D县教师编制管理改革的背景

D县教师编制管理的"学区制"改革,是基于D县本地的县情而实施的,本着实事求是的改革思想,力求教育管理改革为广大城区和乡村的家庭服务,使改革措施落地,有实效。因此,该县的改革,立足于本县基础教育的现实背景而展开。一方面基于D县人口、行政、经济、地理等状况的教育基础,另一方面基于D县由于历史原因所积累下来的教育困难和问题。

1.D县及其教育的基本情况

D县全县辖13个镇、1个经济开发区、1个高铁新区和薛楼板材加工园。总面积1193平方千米,总人口96万人,但是实际人口接近100万人。D县地处平原地区,不论从行政区划上来看,还是从地理意义空间分布来看,乡镇、村落及其人口的分布比较均衡,如表4-6所示。因此,交通比较方便,不存在极端偏远和艰苦地区的情况。这种地理和人口特征,成为"学区制"具体规章的

---

① 任小燕、胡金平:《就近入学政策下学区意识的影响及对策》,《教育与职业》2010年第3期,第24—26页。

② 肖其勇:《教育均衡诉求学区制》,《中国教育学刊》2014年第5期,第103页。

制定依据,也是教师编制问题与师生学校生活问题相互关联的前提和依据。而且,D县历来为农业县,又地处苏鲁豫皖四省七县结合部,经济一直处于中部省份"锅底"状态。这成为D县城乡教育状况的决定性因素,制约着城乡教师及其编制的发展与改进。

在教师编制人员结构方面(如表4—6所示),存在当地所特有的一些情况。D县现有在编教职工远远低于核定教职工总编制,说明教师的编制人数远远没有达到要求。在教师学历方面,不同教育阶段的教师学历基本合格,但高中阶段高于规定学历的教师却寥寥无几。在城乡之间的教师职称方面,高级职称农村略少于城市,但是中级职称农村远远高于城市。从表中的数据可以看出,D县教师队伍的整体素质不存在严重问题,但是教师队伍的结构急需进行调整。

2. D县中小学教师编制管理面临的突出问题

除了上述基本情况理应作为改革的根据外,实际上还有很多现实的、具体的历史遗留问题和困难需要面对,这也是学区制改革真正要解决的问题。经过长期的工作经验积累,D县教育行政部门对这些困难和问题,有比较具体而系统的认识,现总结如下:

(1)教师编制的人员结构复杂

教师总量虽已满足当前需要,但学科结构性缺编严重,特别是音乐、体育、美术、信息技术等学科教师奇缺;教师中补偿学历居多,学教不一致现象突出;教师年龄结构偏老年化;教师来源复杂,水平参差不齐,整体素养不高。"三权"下放时期,乡镇自聘的教师、"七站八所"分流到教育系统的一部分人员、D县师范招收的几届"高价生""艺术生"等,占据了教师总量的10%以上。教育人才的引进、补充,一直困扰着D县的教育,高学历人才流入比较少,研究生学历、"985""211"工程大学毕业生几乎招不到。总体而言,教师队伍水平急需提高。

（2）教师编制的人员流动性弱

从编制上来看,教师编制主要分为城区和乡村两部分,这两部分是互不相通、各自一体的,城乡教师无法达到实质性交流。城乡教师编制截然分开,这是二元经济结构的产物,已不合时宜。自2001年起,事业单位工资统一由县级财政供给,城乡教师待遇在本质上已不存在任何差别了。从学区上来看,以学区为单位,将初中、小学区别开来,人社部门按教师职称结构比例核定教师职务和岗位数额。学区小,控制紧,学区间教师很难交流。D县中小学教师编制相互独立,彼此之间没有衔接,我们在大的范围内缺乏有效控制,而在小范围内又将资源"捆死",形成了相互之间的"资源壁垒"。① 从岗位上来看,小学岗位和初中岗位的同档不能互换,严重制约了初中、小学之间教师的交流。把教师"捆死"在一个学区内,甚至在一个学校内,失去了交流,自然也就失去了活力。

（3）农村教师老龄化及工作生活条件艰苦

农村教师多数由"民转公"教师构成,现已到退休高峰,D县近十年招录的教师远没有自然退休的人数多,一些小学因教师退休得不到及时补充,处于严重缺岗状态。学前教育专业教师奇缺,目前仅有68人,转岗培训100人左右,事实上,根据发展需要1000人左右,缺口非常大。乡村教师工作生活条件艰苦,一是文化娱乐等生活环境差,二是得不到社会的重视和支持。

根据上述D县基本情况及其教育困境,可以发现教师编制管理机制存在许多问题。乡村与城镇之间的二元经济结构,以及一定程度上导致的教育二元化比较严重,尤其是教师在城乡之间的流动与调配比较困难。不但教师编制在人员结构上较复杂,教师资质水平不高,而且教师编制配备在城乡之间、学科之间存在结构上的不平衡。D县义务教育教师编制管理的难点,集中在

---

① 郭丹丹:《学区化办学中资源整合的风险与路径》,《人民教育》2015年第15期。

农村地区的师资配置错位或不合理。学区制改革促进教育质量均衡的关键途径是实现优质教育资源学区内共享。[①] 为实现农村教育均衡发展的目标,需要将县域内的师资力量进行均衡配置。师资均衡是缩小校际差异的关键,学区在校际资源配置中应以师资均衡为核心,多渠道、多层面推进优秀师资的流动与共享。[②] 然而师资的配置一方面要与学生的方便就学密切相关,另一方面要与教师的工作生活方便密切相关,以保障教师教育工作的积极性。在教师编制总额不变、教育质量有待提高、学科结构缺编严重的困境下,如何将现有教师人力资源的工作效益最大化,并实现教育均衡化,是困扰教育行政部门的难题。

表 4-6　D 县教师编制的基本状况

核定教职工总编制		高中	994 人
		初中	2844 人
		小学	4073 人
现有在编教职工		高中	782 人
		职高	138 人
		初中	2344 人
		小学	3620 人
		幼儿园	144 人
学历		学历合格率(%)	高于规定学历(%)
	高中	100	3
	初中	100	66
	小学	100	80

① 赵新亮、张彦通:《学区制推动区域教育优质均衡发展的理论与机制》,《教育理论与实践》2015 年第 28 期。

② 赵新亮、张彦通:《学区一体化管理特征与路径——基于组织变革的视角》,《中国教育学刊》2015 年第 6 期。

续表

			人数	占全县高级教师比重(%)
职称	高级	城市	361	50.71
		农村	351	49.29
	中级		人数	占全县中级教师比重(%)
		城市	879	25.6
		农村	2556	74.4

(二)D县教师中小学教师编制城乡一体化的"学区制"探索实践

1. 由访谈而获得的初步认识

为了弄清楚D县教师编制问题的深层次原因,研究者对县教育体育局的领导及相关职能部门的同志进行了较为深入的访谈。访谈主要围绕三个问题展开,即:(1)D县教育"学区制"的运行情况怎么样? (2)D县教师编制管理的基本情况是什么? (3)D县教师编制管理的最大困难是什么? 通过访谈,我们对D县教师编制管理情况有了一定的认识。

访谈的回答内容如下:

九年制义务教育体制下的中小学是一个学区。一般而言一个学区一个初中,七八个小学,多的十多个小学或教学点。一个村子小学,大点的行政村两三个小学。在地理上来说,初中在学区的中间位置,方便交通,最远的就学距离有三、四公里,一个小时的步行时间。D县是平原地区,交通比较方便,不存在偏远或交通不便的情况。

县政府人事部门将教师分别分配到学校,中小学分别给予一定的编制。以政府行政分配的方式,确定岗位职数、职称比例。目前教师的流动主要在学区之间、农村学校之间和城乡学校之间流动。其中学区之间的流动、农村学校之间的流动由县教育局具体调整,教师由农村学校调到城区学校由县政府人事部门签字同意,还要报县编制办公室、县财政局,教师的校籍仍然保留,即在人事部门和财政部门保留档案。从而形成校籍档案不变,教师岗位动态调整的模式。总体而言,农村教师与城区教师在编制上仍然存在壁垒,虽然城乡教师在工资薪酬上由县财政统一发放,几乎没有什么差别,但在城乡身份认同上,仍然存在文化上的隔阂或壁垒。

由于市政府将城乡教师交流推进工作作为县党政领导考核的重要内容之一,并实施有效监督,促使县政府积极推动城乡之间的教师流动。D 县中小学教师在城乡之间的交流人数占整体教师队伍的比例按政策要求不低于10%,而实际上去年已经达到 11.2%,有 300 多名农村教师到城区学校任教,100 多名城区教师到农村学校任教,农村学校实际交流的教师达到 700余名。由于城区学校学生多,教师少,通过农村学校教师到城区学校的交流,弥补了城区学校师资不足的问题,但是教师的编制依然保留原来的城乡差异。

实际上,乡村学校的教师享受每月 200 元—300 元的生活补助,城区教师到乡村学校进行两年以上的工作交流,只要在乡村工作交流满一年以上才会有生活补贴,而乡村教师到城区学校任教不享受生活补助。实际上,城乡之间的教师交流以一个学期为时间单位,可以根据需要和意愿进行增加。

D 县教师编制的最大问题是中小学的编制互相独立,之间没有衔接;很多乡村小学将生源输送到民办中学,生源外流严重,教师编制在城乡之间的分布越来越失衡。具体来说,教师的调配管理不能突破编制限制,带来管理上的僵化和不便。目前 D 县有教师 7911 人,实际上不需要这么多的教师,而已有的编制标准限制了教育局和学校按照实际工作需要增减人员数额,学校对教师的需求有多有少,却不能根据生源数量的变化相应地进行增减。而且,在岗位设置、职称结构上编制标准限定得比较死,工资薪酬与档案属性、职称级别、岗位级别等紧密挂钩,除非是平行级别的调动,否则没有教师愿意到低级别岗位、低职称级别的学校去交流工作。往往因为实际需要的人员调动较难实现完全的平行级别的调动,很多时候导致人员调配很难匹配的情况,一定程度上造成教师们不愿意交流。目前的实际情况是,中小学之间的教师调动因为职称级别互认已经打通交流的畅通渠道,弥补了中小学之间的教师流动性缺口。然而,在城乡学校之间虽然教师的待遇几乎一样,但存在城乡身份或档案身份上的差异,而且这是人为设置的编制差异。此外,乡村学校在经济文化上比较落后,这是教师倾向到城区学校工作的重要原因。

通过教育主管负责人的谈话内容,可以发现 D 县的教师编制管理存在其他地区普遍存在的共性问题,即随着城市化进程的加快,人口向城区的单向流动加快,尤其生源向城区流动的速度更快,这造成原有的师资力量在城乡之间,学校之间的分配格局遇到了挑战。城区学校学生不断增多却师资不足,农村学校的学生越来越少,师资力量渐渐富足或冗余,这种由于生源流动造成师生比上的结构性矛盾比较突出,已经成为较为普遍性的问题,亟须师资配置方式和教师编制管理模式的变革。虽然 D 县政府通过教师交流工作的方式一定程度上解决了师生比的不平衡问题,但是,无法解决由于原有编制的配备标准和城乡编制隔阂所造成的学科结构、职称结构、岗位结构等微观层面的调配困难。进一步而言,由于编制标准的不灵活和教师编制的城乡隔阂,某种程度上造成城乡教师之间的职业素养、职业成长、职业专业化等方面的差距和隔阂,加剧了城乡之间义务教育的非均衡化趋势。

2. D 县教师编制管理改革的经验与不足

不论是教育管理部门,还是基层学校,都充分认识到教师编制结构失衡的问题,并且也认识到必须打破原有僵化的带有城乡壁垒的编制管理体制。因此,以中小学教师编制城乡一体化为目标的管理改革政策顺应需求走向前台。其中,以"无校籍管理"为核心的学区制改革,成为该县比较重视的编制管理改革措施。2016 年 2 月的《D 县教育体育局关于推进县管校聘管理改革的实施意见》出台,尝试将教师由"学校人"转变为"系统人",打破了固有的校属标签①,在推行中小学教师"无校籍管理"和"县管校聘"制度的基础上建立"学区制"并在学区内实现教师编制配置的动态性与均衡性。在县域范围内,在教师编制总量、职称岗位总量内,按照"控制总量、盘活存量、优化结构、增减平衡"的要求,采取互补余缺、有增有减的办法,及时调整学校编制配备和岗位设置,促进教师编制、职称随教师交流而流动,实现县区内城乡学校教师岗位结构比例总体平衡,切实向乡村教师倾斜。然而,改革是破旧立新的开创事业,总会遇到各种各样的困难,也会发现意外的收获;既有可圈可点的经验需要总结,也有某些不足值得反省。

(1)"学区制"探索的经验与不足之处

2016 年 5 月 10 日,《D 县教体局关于推行教师无校籍管理改革的实施意见(试行)》规定,原则上紧缺学科由学区管委会在本学区内进行调剂,报教体局备案;如果在本学区内无法调剂,教体局根据各学区交流轮岗学科教师余缺情况在学区间进行调剂。D 县采取了学区内小学之间、初中、小学之间交流的办法,有的甚至尝试把小学高年级并入初中,但遇到教师职称的问题无法解决。另外制定了城区学校教师晋升中级及其以上职称必须有在乡村任教的经历的政策,积极鼓励城区教师到缺岗乡村学校支教。

通过详细阅读文件内容,并结合访谈内容,总结这次管理改革的经验如下:

第一,D 县实行的学区制通过积极的实践探索,达成一些值得坚持的共识。如学区内部和外部的科学教师调剂,一定程度上化解了学科教师在结构上的不均衡,体现了学区制的优点之一。学区内部小学之间和中学之间的交流,比较符合集中教育资源进行共享的原则。

第二,在具体操作层面,尝试了一些能够取得良好效果的管理方法。如按

---

① 梁好:《"无校籍管理"的思考》,《教学与管理》2013 年第 8 期。

照梯度推进、双向互动的原则,采取定期交流、跨校竞聘、学区一体化管理、学校联盟、结对帮扶、乡镇学区学校教师走教等多种途径和方式,重点引导优秀校长和骨干教师向农村学校特别是村小、教学点流动。城镇学校、优质学校每学年教师交流轮岗的比例不低于符合交流条件教师总数的10%,其中骨干教师交流轮岗应不低于交流总数的20%。县域内重点推动县城学校教师到乡村学校交流轮岗,乡镇范围内重点推进学区学校教师和村小学、教学点教师的双向流动。加强城乡教育统筹,推进乡村教师校长到城镇学校挂职锻炼。新任城镇学校校长须有2年以上乡村学校任(挂)职经历。

虽然以上改革实践积累了一定的经验,但是也存在一定的不足:

第一,很多学区以一所中学所涵盖的地理范围为单位,由于规模偏小无法获得充分的均衡调整。一些小的学区,小学之间,中小学校之间的教师交流比较困难。而且,由于学区的规模较小,师资规模偏小,导致师资的各种性质的结构不平衡性更加严重,进一步削弱了本来就脆弱的农村教育质量。

第二,教师编制的城乡二元结构壁垒,仍然一定程度地存在着。全县划分为一类学区(城区)和二类学区(农村),而且教师从二类学区向一类学区流动"逢进必考",校长从二类学区向一类学区流动要报请县编委研究,这种教师资源分配或流动原则实质上依然没有打破编制上的城乡二元化壁垒,与教育资源均衡化原则相去甚远。

第三,学区内的不同学段和不同职称之间的交流轮岗仍有可能会遇到一定的匹配困难,并没有更加具体可行的制度方案加以保障。

(2)"学区制"管理面临的困难

D县教育部门将校长交流轮岗情况报编制、人力资源社会保障部分备案批准。这一个规定没有完全明晰教育部门的编制调配自主权,县域无校籍管理所要实现的教师人员在城乡之间,各学区之间,各学校之间的自由而合理的流动目标将有可能受到限制。

"城镇学校、优质学校每学年教师交流轮岗的比例不低于符合交流条件教师总数的10%,其中骨干教师交流轮岗应不低于交流总数的20%。"①这一规定的合理性值得探讨,10%和20%的指标是否能够满足城乡教育资源均衡化的目标,值得重新审视。而且,应当研究并出台教师交流轮岗比例与方向的依据和计算方法,如此才能有效地实现"控制总量、盘活存量、优化结构、增减平衡"的无校籍管理的根本目标。

(3)实施"学区制"的启示

上述D县政府推行的教师编制管理改革举措,构建了一个明晰的县域无校籍"学区制"编制管理框架。虽然存在负面,但是仍然具有积极的建设意义。首先,将教育编制标准的负面作用限制在教育系统之外,即过去的编制管理对教师城乡身份的限定和具体学校、具体岗位的限定被有效取消,使教师真正成为教育系统的人,而不是某所城区学校的人,或某所乡村学校的人,进一步消除了所谓城市教师和乡村教师的传统称谓和陈旧观念。这有利于推进教师编制城乡一体化,教育资源城乡均衡化的改革事业的推进。

整体上看,D县出台的各项改革政策,具有以下几个特征。第一,该政策重视结构上的调整,规定一些晋升、任职年限、学区范围等指标,以力图实现教育资源均衡化的根本目标,但并没有给出具有科学依据的、符合现实需求的人员流动方案。第二,重视乡村学校的教师资源倾斜,在晋升、补贴、资格等方面采取各种激励措施,但没有从根本意义上认识到乡村学校与城区学校不论是法律地位还是教育地位应当是同等重要的,乡村教师和城区教师没有高低贵贱之分,没有城乡身份、文化身份、档案身份、编制身份等的等级之分,不论在城区工作还是在乡村工作,都是应尽的义务。第三,考虑到教师在城乡之间存在文化生活、经济生活、社会地位上的差异,尤其是在乡村工作的教师处境不够理想,但没有认识到造成此局面的根本原因是城市化进程带来的人口流动与地理环境变化,长期的城乡二元化经济发展模式带来的乡村经济凋敝。

---

① 皖政办:《安徽省人民政府办公厅关于实施乡村教师支持计划(2015—2020年)的通知》,2015年11月27日。

县域无校籍"学区制"以崭新的教育管理模式成为 D 县教育改革的试金石。启示如下:一是要注意不同学段与农村人口的生活方式密切相关。比如农村小学生的就学与家庭生活,农村中学生的学校生活与家庭生活,这是农村学区设置需要考虑的重要问题。二是学区设置的规模要与地理空间的范围密切相关。比如究竟一个农村学区在 D 县这种平原地区需要覆盖多少农村人口,多少自然村,需要承载多少小学生和多少中学生,才能形成完整建制的班级和学校。三是学区的设置区域要与交通状况的方便与发达程度密切相关。学区在哪些乡镇、哪些区域建立,需要考虑学区离城区的最近距离和最远距离等因素,以方便在城区居住的教师前往乡村任教,方便在乡村居住的教师前往城区任教,这对学生和家长也是如此。

(三)学区制下教师编制管理问题破解的可能路径

1.存量视角下编制管理问题的破解

在现有基础上,现有教师的教学水平不够理想,虽然人员数量比较充足,但是在分布的结构上并不能适应生源在城乡不同区域上的分布与需求。由于义务教育系统的教师编制是按照国家相关规定,根据地方实际的财政资源、人口状况制定的师资分配标准,具有政府服务性质,属于公共产品,因此,在编制总量符合政策、数额不变的情况下,如何化解存量视角下的编制问题是当前亟须解决的首要问题。实际上,D 县存在的教师编制问题不是编制总量上的问题,而是集中在教师编制结构的不平衡上。

(1)教师城乡分配结构不平衡。生源在城乡之间分布比例的急剧变化,教师由农村学校向城区学校的流动意愿不断加强,优质师资力量在城区不断集中并形成城区化的文化身份,马太效应日益强烈,这进一步带来农村生源向城区的被动流动,这种流动的不稳定性在地理空间上给学生及其家庭的生活带来了很多不便。

（2）优秀教师城乡分配结构不平衡。由于上述师资力量的流动，伴随着城市文化资本优势的影响力，各方面的力量促使优秀教师向城区流动，从而造成优秀教师资源在城乡之间形成新的不平衡，进一步形成义务教育的非均衡化发展趋势，侵蚀了城乡之间的教育公平。

（3）学科教师城乡分配结构不平衡。一方面，由于传统应试教育模式的惯性，导致长期以来音乐、体育、美术、信息技术等学科教师得不到有效补充。随着素质教育改革的推进，不论城区学校还是农村学校，学科结构上的矛盾日益加剧。另一方面，由于城区学校的优越性，一定程度上也导致了大量稀缺的学科教师流向城区学校，而农村学校极其匮乏。

（4）教师职称结构、年龄结构、学历结构等在农村学校的不平衡。总体上，D县的教师学历结构存在低学历劣势，年龄结构上存在老龄化趋势。特别是由于优秀教师由农村向城区学校的流动性加强，农村学校的教师在学历、职称和年龄结构上渐渐处于更加劣势的处境，加之学区内的生源渐渐稀少，教师配备的编制标准逐渐降低，甚至大大低于成建制的班级标准和学校标准，进一步加剧了上述结构性失衡的严重性。

2. 增量视角下编制管理问题的破解

结构性矛盾存量视角下的可行的改革路径，是消除结构的不平衡性。然而，很多时候结构上的质变需要量变的持续变化来实现。那么，在增量视角下的教育编制结构问题，将是另一种分析问题和解决问题的模式。D县在增量条件下解决编制的结构性矛盾，可以成为教育改革的探索方向之一。

（1）在乡村学校增加教师生活补助与交通补助额度。事业编制管理下的教育财政支持，实际上意味着政府要为所有辖区内适龄学生提供同等的公共教育服务。因此，这要求公共教育资源在城乡之间的投入上，并不能以资金金额的平等代替提供公共教育服务产品的平等。为实现教育服务产品在城乡之间的相对平等，除硬件设施需要达到同等水平外，软件服务也应力争达到同等水平,尤其是在师资力量和水平上更要达到一致的水平。那么,在具体的社会生活中,由于城乡先天的经济文化资源优势的不平等,乡村往往得不到软件服务上的公平待遇,尤其体现在师资力量上。为实现公共教育服务产品城乡之间的平等性,需要以资金补助的形式均衡这种服务水平,也即相对均衡的师资水平,即因城乡之间的地理空间和文化资本差异造成的生活不便,而需要增加的生活补贴和交通补贴。补贴的力度要以实现不同水平的师资力量在城乡之间的均衡分配为根本原则,不能将补贴作为农村教师因未能到城市生活工作所造成损失的补偿,而是要力争将足够的教师,特别是将优秀教师吸引到农村学校中去,并保持应有的工作积极性和教育水平。补贴的力度要根据实施的效果相应地进行调整。

(2)在乡村学校增加优秀教师交流比例。除上述增加生活补贴和交通补贴措施外,还应当重新核定城乡之间教师岗位交流的比例。作为县财政供养的事业单位工作人员,目前暂时在城区工作的教师有义务到乡村去工作一定的时间,也就是说,县财政资源购买的公共教育服务产品,是面对全县的无城乡差别的适龄学生,由县财政支持的教师理应面向全县城乡所有适龄学生提供教育服务,只是工作的时间和地点要分阶段、分步骤、分区域地在城乡之间实现均衡化。那么一个教师的职业生涯在城乡之间应该分别服务多少年,应当根据学生在城乡之间的人数比例进行核算。因此,不能没有科学依据地制定出 10%的比例进行城乡交流,而是要根据城乡教育均衡化的要求,重新核算岗位交流比例,并根据城乡之间人口流动及生源流动的状况进行及时的调整。

(3)增加教师学科培训上的激励。由于历史原因,音乐、体育、美术、信息技术等学科教师比较奇缺。除按照教师新老交替的规律在教师招聘中逐渐调整不同学科教师之间的比例结构外,还要增加薄弱学科的教育培训力度,争取让现有编制的教师通过增加其他学科的知识和技能,以胜任薄弱学科的教育工作。而且,在职称晋升、培训资金补助上对以上学科要有所支持。尤其是在低年级学段,可以形成兼职多学科教学的教师,并相应兑现更多的绩效收入。

(4)增加乡村学区的地理空间范围,增加优质师资力量的共享范围。随着城市化进程的加快,资源集约型发展模式日益显著,乡村地区一方面不具有这方面的竞争优势,同时,乡村地区的人口分布的分散性和进一步的稀少性,也决定了其生活效率的低效性,资源共享的机制和功能微弱。那么,在农村义务教育领域也具有这种短板上的特征。因此,很多乡村学校出现的严重结构问题,与乡村本身的生产生活特性有密切的关系。D 县的一个中学及与之相联系的七八个小学,构成一个九年制义务教育体系的学区。从这个意义上来看,学区的地理空间范围,集中在一个中学,七八个自然村或行政村,多的有十一二个自然村或行政村。现有学区的地理范围,大概有方圆十公里。在此规模的范围内,中学可以形成一定的师生规模,而小学有可能由于某些村庄的人口流失而造成生源稀缺,造成小学无法形成完整的班级建制和学校建制,很容易造成一个学校只有三五个学生、一两个教师的情况。因此,由于单个学校的教师人数极端稀少,将导致教师的学科结构、职称结构、年龄结构、学历结构等形成严重的不平衡,甚至一些中学也面临这种由于生源和教师总体数量偏少而造成的结构不平衡。上述结构上的不平衡实际上进一步加剧了乡村教育水平的下滑。那么,为了消除这种由于农村地理空间的有限性,势必要求我们扩展地理空间,即扩大学区的涵盖范围,以涵盖更多的人口和适龄学生,一方面使中学能够有完整的班级建制和学校建制,以配备结构合理的师资力量。另一方面,也可以使学区的扩大涵盖多个中学,使中学之间实现教师在学科教学上的流动。岗位设置的整体化,可以增进教师岗位的流动性,以消除原有的结构不平衡。小学与教学点的合并或撤销,也尽量遵循中学的这种结构调整和岗位流动原则,在学区内形成建制性的师资结构布局。上述结构调整的原则实际上为了更大范围地共享优质教育资源,而且由于 D 县地处平原地区,交通相对发达,这种学区内的资源共享具有比较优越的条件和基础。

六、县域中小学教师编制城乡一体化
改革实践的思考

自政府提出均衡配置城乡教师资源以来,城乡教师编制管理改革便提上议事日程,以县为主的管理体制使得县(区)开始了多种形式的教师编制一体化的制度探索。上述案例所显示出来的宏观动态调整、县管校聘、无校籍管理、县域内教师交流、学区制,正是教师编制管理改革实践探索的表征。每个案例作为一种独特的制度设计,既显示出其城乡教师资源配置的优势,也暴露出其内在的局限性。这意味着乡村教育发展的多维价值诉求,无校籍管理在实践中所面临的尴尬与困境,使得教师编制城乡一体化面临诸多问题,并产生了一些非期望的负面效应。因此,对已有的教师编制一体化的相关制度安排及其存在的问题进行反思,能够让我们从中发现各种教师编制城乡一体化的约束性条件和影响因素,为中小学教师编制城乡一体化制度新形态提供经验支撑。

(一)教师编制管理改革的社会及教育背景因素

任何一项制度层面的改革,都不能无视制度最终将运行于其中的社会背景。社会背景将为制度的运行提供动力支持与现实保障。因此,当地方教育行政部门试图进行有关教师编制管理的制度创新时,就必然要认真地分析保证制度有效运行的背景因素。这种分析主要是将制度新形态要追求的价值目标与背景因素的无形力量进行比较,以确定两者之间的应有关系以及制度价值目标实现之可能性。

流动是以区域间的差别以及由此而产生的差异关系为杠杆的。无论是学生流动还是教师流动,都无不隐含着区域间的差异关系。尽管这种差异并非个体意义上的差异,而是区域的差异,亦即个体生存于其中的自然环境与社会环境的差异,但个体生存于其中的区域上的差异则会明显地表现为个体的差异。正是这种双重差异,形成了个体在区域间流动的动力。这是一种自发的力量,这种自发的力量是如此的强大,以至于任何人为的设计如果不辅之以强力,则无以抵消这种自发流动的力量。

城市和县域属于两种不同的区域。县域是一个将自然与社会结合起来,特别是将自然与人的生活结合起来的概念。就我国中西部地区而言,县域中的城镇与乡村,由于分工和传统的影响,在自然和人的生活等方面有着较大的差异。城镇的自然环境及人的生活,包括日常收入、生活的便捷、医疗、教育、未来的前景等,都对农村地区形成较大的优势。城镇生活所具有的外在优势,也使得生活于其中的个体获得一种心理上的优势乃至优越感。这种情况同样反映在教育领域。对于教师而言,执教与生活是一个不可分离的事情,执教是为了生活,而生活又体现在执教之中。因此,教师在区域内的流动,并不仅仅是执教场所的变化,更是生活方式、生活状况乃至生活质量的改变。这种改变并不必然体现为一种进步的观念。当教师由农村而进入城镇学校时,对于教师而言便意味着生活的改善;相反,在目前的处境与流动的范围内,对于教师来说,它更多可能是退步的预示。当然,对于那些年轻的乡村教师来说,流向城镇学校作为一种期待,预示着生活状况的改善。"县域"概念所显示出来的,正是无校籍管理的背景因素。在这种背景因素的作用下,由差异而产生杠杆作用,使得教师在通常的情况下,总是会选择从乡村学校流向城镇学校,由城镇学校流向城市学校。实际上,教育局人事管理部门对此情形最为清楚。在这个总体的社会背景下,教育行政部门的很多努力都会在不同程度上被这个社会背景因素抵消。"县域"背景下所显现出来的是一种由自发力量驱动的教师流动。城乡之间的差异关系,使得相当一部分教师都有流向城镇学校的冲动。在现行的制度背景下,教师由城镇学校向乡村学校流动,目前至少还是教育理论工作者和教育行政部门的一厢情愿。这种区域间的差异成为教师向城镇学校流动的第一种力量。

教师向城镇学校流动的第二种力量来自适龄儿童向城镇学校的聚集。新型城镇化建设,一方面使得农业人口居住于城镇的比率在逐年提高,这意味着学龄儿童入学的城镇化趋势加快;另一方面,支撑城镇化的工业化和市场化,使得人口在区域内以及区域间流动的速度加快。两个方面的发展趋势,都使得乡村学校办学规模缩小而城镇学校规模扩大成为一种不可逆转的大趋势。与这一发展趋势相呼应的,必然是师资在城乡之间的重新调配,即教育行政部门必须要根据在校学生数的变化而动态调控在校教师数,这便是教育行政部门常说的编制动态调控与管理。这意味着,就县域内的教师编制管理而言,编制的宏观动态调控已经成为教育行政管理的首要任务。这个任务是一项根本的带有政治性的任务,而并非仅仅是一个教育上的要求。与区域差异关系产生的自发流动不同,由城镇化带来的教师向城镇的聚集,则主要是一种组织意志的结果。它是教育行政部门凭借其行政权力,有组织、有计划地使教师流向城镇学校。

上述两种驱使流动的力量,无论承认与否,都现实地存在着,并且时时刻刻在发挥着人们无法否定的作用。其中,区域间的差异引发的教师向城镇流动,是教师理性选择的结果;而因学生向城镇聚集而引发的教师向城镇流动,则是编制管理的必然要求。这是在进行无校籍管理改革时必须要注意并且要考虑进来的背景性因素——社会背景与教育发展背景。

(二)教师编制管理改革面临的问题

教师编制问题,有基于乡村教育发展需要而产生出来的结构性的问题,如分布结构矛盾、供给结构矛盾和功能结构矛盾①,有因教育发展的价值导向而引发出来的公平与效率问题,也有因学校规模变动而引发出来的教师动态调控问题。

---

① 刘善槐:《我国农村教师编制结构优化研究》,《教育研究》2016年第4期。

从教师编制管理角度来看，主要有两个需要解决的问题。

一是与教育城镇化密切相关并由城乡学校教师缺编和超编引发出来的师资平衡配置问题。新型城镇化建设，一方面使得农业人口居住于城镇的比率逐年提高，这意味着适龄儿童入学的城镇化趋势加快；另一方面，支撑城镇化的工业化和市场化，使得人口在区域内以及区域间的流动速度加快。两个方面发展趋势的结果是，县域内的学校同时面临缺编和超编问题。城乡学校办学规模的变化对教师编制提出了动态管理的要求，即教育行政部门必须要根据在校学生数的变化而动态调控在校教师数。20世纪90年代之前的中国社会，学校办学规模相对稳定，教师人事管理的主要问题是教师编制配备标准的确定。进入新世纪，社会的人口流动加剧，与此相呼应的则是乡村儿童流动性的增强。在这种情况下，尽管城乡教师编制配备标准仍然是一个较为突出的问题，但编制的统一管理问题则显得越来越突出。换言之，生源的流动对教师编制管理提出了"建构新秩序"①的要求，即教师编制动态管理的新秩序。

二是由义务教育均衡化引发出来的师资均衡配置问题。21世纪之初，均衡发展成为城乡义务教育的基本政策，师资的均衡配置成为均衡发展的重要内容。师资均衡配置要求优秀师资从城镇学校和优质学校向乡村学校和薄弱学校流动。师资的均衡配置给教师编制管理提出了新的要求，要求管理部门既要尽快实现区域师资资源均衡配置，解决乡村教师结构性短缺、素质能力薄弱和向城镇学校流动等问题。2012年9月5日，国务院印发《关于深入推进义务教育均衡发展的意见》(国发〔2012〕48号)，明确指出"合理配置教师资源"。各地围绕合理配置教师资源纷纷开展无校籍管理的实践探索，建立起各具特色的教师交流制度，试图以无校籍管理化解教师编制管理所面临的问题。无校籍管理教师编制管理改革的要义是：根据均衡发展的要求，同时按照

---

① 鲍曼：《流动的现代性》，欧阳景根译，中国人民大学出版社2018年版，第27页。

课程方案、班额、生源以及学校布局调整等情况,调剂使用本地区中小学教职工编制和岗位,从而解决县域内、城乡间、学校间、学科间教师超缺编问题①,实现教师身份由"学校人"向"系统人"转变。②

　　上述两个问题引发出教师编制管理改革的制度困境,即教师编制管理改革如何既实现师资均衡又实现编制平衡? 在教师编制管理改革的探索过程中,一些问题也暴露出来。其中,教师编制管理改革作为教师编制管理创新的新形态,内容涉及教师入编、工资发放、职称评定、考核评优和教师培训等,涉及教育行政部门和学校在教师管理上的职权分配问题,还涉及教师调配的公平性问题,因而它并不仅仅是一个简单的教师调配问题。由此,对于县级教育行政部门来说,区域内的教师编制一体化不得不面临两个同时要解决而又难以协调的问题:教师编制动态调整和教师编制均衡配置。教师编制一体化并非具体的制度安排,而是一种教师编制管理的理念,一个由此理念支配而发展出来的诸多制度安排,其实质是教育管理部门根据均衡和平衡两个维度让教师在校际流动起来。在这种情况下,教育行政管理部门不得不面对这样的问题,即:乡村学校教师富余,究竟让什么样的教师进入城镇学校? 优秀的教师进入城镇学校,即导致持续的教育不均衡发展;劣质的教师进入城镇学校,将导致劣币驱逐良币,从而形成不当激励;维持原有的教师编制不变,将增加财政负担,降低办学效益。这是一种两难选择,其难在于:教师编制的动态调整要求乡村学校的教师流向办学规模不断扩大的城镇学校;而教育均衡发展则要求一种反向的资源配置,即城镇优秀教师到乡村学校任教或切实提高乡村学校的专业素质和水平,通过反向的流动或正向的提升,而使师资资源达到大致均衡。

---

　　①　《辽宁将推中小学教师"无校籍管理"》,见 http://edu.people.com.cn/n1/2018/0813/c1053-30225443.html。

　　②　辛治洋、朱家存:《无校籍管理:价值诉求与政策审思》,《教育科学研究》2018 年第8 期。

现有的政策语境,呈现出较为混乱的状态。一方面,从中央到省级教育行政部门,再到市、县(区)教育行政部门所发布的有关政策文本都在突出资源的均衡配置,教师编制管理改革的相关制度安排主要是立足于解决因历史、自然和社会等方面因素而带来的师资学校分布不均衡问题。这意味着教师编制管理改革政策目标在于实现教育的均衡发展,在于促进教育的公平正义。但是,另一方面,我们又可以发现,教师编制管理改革又出现在教师编制平衡的语境之中,以隐含的城乡教育因生源动态变化而引起的师资在学校间分布的不平衡状态之动态调控为导向。由此,教师编制管理改革成为教师编制宏观动态调整的策略与手段,其价值诉求是效率而非公平。两种不同的政策语境,呈现出两种不同的教师编制管理改革的政策目标——师资均衡和编制平衡。令人困惑的是,在政策文本中,平衡的目标与均衡的目标往往并存,并且貌似还未引起决策者应有的重视。但是政策实践却已经开始显现出非预期的效应:立足于均衡发展,将可能会引发教师编制动态调控上的问题;立足于编制平衡,则又会引发非均衡发展问题。前者是以竞争的逻辑为导向,后者则是以建构的逻辑为导向。当两者在实践层面相遇的时候,建构的逻辑便无法与竞争的逻辑相抗衡。

在价值诉求上,教师编制管理改革还面临满足教师公平还是学生公平的难题。这个难题是与不同制度安排的激励指向相联系的。直接与教师编制管理改革相关的制度安排包括:教师定期交流制度、教师轮岗制度、支教制度、在职教师公开招聘制度和县管校聘制度等。在职教师公开招聘制度与县管校聘制度从教师编制平衡出发,顺应人的自然本性,在自主性的驱动下,基于程序正义而让少部分教师流向较好的生活区域和学校。区别只在于,在职教师招考,优秀教师从乡村和薄弱学校流向城镇学校;县管校聘制度,则通过竞聘而使得那些不佳的教师流向农村偏远和薄弱学校。因此,教师的公平诉求就成为一个重要的价值维度。为平衡学校之间的编制而进行的在职教师公开招聘,满足教师的公平诉求出发,其结果是以牺牲学生的公平教育诉求为代价的;相反,指向某些学生教育公平诉求的制度安排,如教师定期交流制度、教师轮岗制度和支教制度等,则必然要求在特定的准则下,使得那些优秀的教师资源在校的均衡配置,确保优秀的教师能够留在乡村和薄弱学校。教师编制城乡一体化存在两类制度安排,在性质、方向和条件上都形成了鲜明的对比。

首先,从教师流动的性质上来看,相关制度如在职教师公开招聘制度所带来的是一种竞争性的流动,即县域自然与社会生活的差异格局,使得教师通过相互竞争而实现流向城镇学校的意愿。教师的这种主动选择倾向,赋予这种流动以强大的自动性力量,为此教育行政部门必须要满足教师的公平诉求。而教师编制管理改革的支教制度、定期交流制度或教师轮岗制度等,则主要通过行政力量而使教师流动起来。在这里强制性构成了制度运行的基础,这里教育行政部门主要是满足学生的公平诉求。

其次,从教师流动的方向上来看,除首次任职招聘外,公开招聘主要是面向已经在职的教师招聘,这种招聘的实质是城镇学校向乡村学校教师的招聘,因而形成一种由乡村向城镇的教师流动,我们可以称之为正向流动。由县管校聘带来的教师流动,主要是淘汰性的流动,即表现不那么好的教师因为未被聘用而流向条件和基础都不那么好的学校。这种制度安排同样能够满足教师的公平诉求,而难以满足学生的公平诉求,且这种流动往往因为会导致教师生存状态的恶化而被部分教师所抵制。虽然流动的方向是逆向的,但造成的后果却是一致的,促进教师编制平衡而恶化师资均衡配置。

再次,从教师流动所需要的条件来看,公开招聘下的教师流动,通常是以教师所获得的某些资源,如称号、职称、荣誉等为条件,至少是其流动的必要条件。表面上看来,现有的教师队伍建设的制度设计,以及与此相关的各种名号的骨干教师、名师、教坛新星、特级教师、优秀教师等,主要是服务师资队伍建设。但是,在公开招聘的背景下,这些立足于教师队伍建设的举措,则转化为专业能力的标识,从而为公开招聘教师提供了初始甄别的标志;相反,教师定期的交流、支教的轮岗制度,则更多的是教师为获得某些资源而参与流动,如职称评审所需要的农村学校或薄弱学校的教学实践。

教师编制管理改革的两类制度安排,遵循不同的流动逻辑和公平诉求。前者以竞争逻辑为依据,从经济效率出发,满足教师的公平诉求;后者基于权力逻辑,从教育公平出发,满足学生的公平诉求。

(三) 制度冲突与教师编制管理改革困境

教师编制管理改革的相关制度安排,经历了从支教、定期交流、教师轮岗再到无校籍、县管校聘的实践探索过程。无论是哪一种制度选择,都意味着县域内的教师流动,意味着教师在城镇和乡村之间、在城镇的学校之间进行交流与轮换,借此实现校际师资资源的动态平衡。教师编制管理改革的两难选择,也使得基于相关制度安排的管理陷入困境之中。

1. 制度安排与教师编制管理多重目标的冲突

教师编制城乡一体化,期求解决教育的均衡发展问题,促进教育均衡发展,同时又解决因生源变化带来的教师编制平衡问题,本身并没有什么问题。然而,如果将这种理念具体化为某种制度安排,并试图通过这种制度安排来解决两个方面的问题,实现多个目标,那么其实践层面的制度困境就会显现出来。"困难的原因不在于我们缺乏创新,而是因为机制诸特征之间有根本冲突,比如均衡的最优,规则的激励相容性,信息分散的要求。在这些方向中,至少有一个必须要做出让步。"①每一种制度安排都是利弊相伴的。一项制度只能完成某个单一的政策目标或不同的绩效标准,不同的政策目标需要通过多个制度设计来实现。单一制度安排与多种目标实现之间,必然会因此而发生冲突。"对所有的绩效标准来说,没有任何制度安排能表现得比所有其他制度安排都出色;所以,对问题的权衡永远是必要的。没有十全十美的制度存

---

① Hurwicz, Leonid, The design of mechanisms for resource allocation, American Economic Association 63, pp. 1−30.

在,但是在特定的制度背景下改变一些规则是可能的。"①然而,当人们试图用多种安排来实现多重目标时,则由这些不同的制度安排形成一个制度系统时又会出现罗尔斯的结果不正义问题,即"一个社会体系即使其各种制度单独地看都是正义的,但从总体上说它却是不正义的,这种不正义是各种制度结合成一个单独的体系时所产生的结果。其中一种制度可能鼓励或辩护为另一种制度所否定或无视的愿望。"②罗尔斯只是孤立地从各种制度结合的结果来审视正义问题,并没有分析非正义结果何以产生的原因。这种原因,恰恰是与下文要讨论的制度背景冲突问题密切相关的。

2. 制度安排与制度背景相冲突

教师编制一体化作为教师编制管理的理念,只是单纯从设定的理想状态出发,而不考虑相关的制度背景。然而,依据教师编制一体化理念而设计的相关制度,在其实施层面则必然要碰到相关制度背景的制约与影响。恰恰是这些制度背景因素,构成了制度有效实施的前提或条件。教师编制管理改革试图打破传统的教师固执于一所学校的管理模式,而使教师在不同的学校之间实行流动,以实现师资在学校间的均衡配置和平衡配置。因此,相关的制度设计有三个重要的背景条件。一是同一地区不同学校的师资水平有很大的差异;二是优秀的师资主要集中于有限的少数学校,从而使得学校之间存在教育教学质量和办学水平上的不均衡;三是教师在不同的学校之间的流动并不影响教师的生活质量和专业前景。至少,这三个假设在城市地区是成立的,并且也是符合城市学校的基本现实的。但是,分析教师编制管理改革的制度背景就会发现,这三个条件在乡村学校并不存在。第一,因为公开招聘,乡村优秀教师多半被招聘到城镇学校,从而使得乡村学校教师专业化水

---

① ［美］奥斯特罗姆等:《制度激励与可持续发展——基础设施政策透视》,毛寿龙译,上海三联书店 2000 年版,第 26 页。

② 罗尔斯:《正义论》,何怀宏等译,中国社会科学出版社 1988 年版,第 57 页。

平大体处于一种均衡的水平。第二,在这种情况下,优秀的教师主要集中于少数学校这一假设也难以成立。第三,由于乡村地区的自然条件并不同于城镇地区,乡村地区学校教师在校际的流动,不仅没有实质性的意义,而且还会因为这种流动给教师带来的生活上的问题而产生负面的作用,并因而导致教师对此项制度的消极抵制。教师编制管理改革的制度背景,使得相关的制度安排失去其应有的激励和约束作用,并使教师编制管理改革的副作用加大。

3. 教师编制管理中的学校与教育行政部门的关系矛盾

在传统的学校管理中,教师的日常管理主要由学校负责。校长代表上级教育行政部门,对教师的个人教育教学工作进行任务分配、指导监督和考核评价等管理。随着教师编制管理改革的实施,教师由学校"单位人"转身而成为教育"系统人",教师的调配主要由教育行政部门负责。在这种情况下,校长对教师的管理就会陷入难以作为的境地。此困境的出现使得地方政府在推行教师编制管理改革时,同时进行相关的制度创新,试点并进行县管校聘的制度安排,加强学校对教师的管理权限。也正因为如此,《中共中央 国务院关于全面深化新时代教师队伍建设改革的意见》特别强调,"创新编制管理,加大教职工编制统筹配置和跨区域调整力度,省级统筹、市域调剂、以县为主,动态调配。""优化义务教育教师资源配置。实行义务教育教师'县管校聘'"。县管校聘制度的实质,在于重新梳理并试图处理好"县管"与"校聘"的关系,并借此来解决动态调配、学校自主管理以及教师积极性激发等问题。为了处理好"县管"与"校聘"的关系,省级教育行政部门有关教师编制管理的文件,往往出现"无校籍管理"与"县管校聘"并提现象。这种并提现象恰恰表征了无校籍的管理困境——相关制度安排难以实现两个相互冲突的政策目标,即公平的目标(均衡发展)和效率的目标(调动教师积极性)。

（四）中小学教师编制城乡一体化的制度创新

教师编制管理改革困境源于相关的制度安排基于不同的逻辑和价值诉求，而在不同的制度安排中又缺乏一以贯之的逻辑和价值诉求。例如，县管校聘的制度安排主要基于师资平衡的逻辑和效率的价值诉求，而教师定期交流制度则主要基于师资均衡的逻辑和公平的价值诉求。由此形成这样一种教师编制管理模式，即基于时势和问题而在不同的制度安排中进行权衡，基于经验而非逻辑选择不同的制度安排。其结果是，县域城乡教师编制管理，在教师编制一体化的标识形成一个混合而成的制度安排体系，以确保日常教育秩序和社会秩序的稳定。奥斯特罗姆指出，"对存在多种相互联系的制度安排这样一种特定的形势进行分析，并伴之以对每种制度安排所提供的激励进行必要的认知，只有如此，才最有可能导致更好的制度改革方案的产生。"[1]因此，需要有一个一以贯之的理念，一种教师编制一体化管理的理念，以此来统摄教师编制管理。在此理念的统一支配下，基于实践逻辑和价值诉求，通过制度设计和制度创新，来建构城乡教师编制管理的制度安排。

1.从单维的管理主体走向多维管理主体共治

传统的教师编制管理，管理主体是编制部门，采取将核编与教师管理分离的办法，以当年在校学生数来确定相应的编制后，学校的教师编制基本保持不变，直到下一个编制核定年度。编制核编到校后，由学校对教师进行日常管理。教师编制管理改革，管理的主体是编制部门和教育行政部门，编制核定是以辖区内总的学生数加班级数由编制部门核定编制，由教育行政部门来进行教师编制管理，其结果是编制管理与教师日常管理的分离。教师编制管理改革强调教育行政部门对辖区内教师的调配权，却在无意中造成学校对教师日

---

① ［美］奥斯特罗姆等：《制度激励与可持续发展——基础设施政策透视》，毛寿龙译，上海三联书店 2000 年版，第 26—27 页。

常管理权的失落。这种单维度的管理思维在实践中日渐暴露出其弊端。因此,需要重新认识和理解教师编制管理应有之义,需要将编制管理与日常管理、教师调配与教师工作紧密地结合在一起考虑。编制管理走向一体化,在管理主体上则强调编制部门、教育行政部门和学校对教师的共管共治。编制部门核定编制、教育行政部门对区域中的编制进行动态管理,学校则通过对教师的日常管理参与编制管理。教师编制管理一体化不仅意味着县(区)教育行政部门真正拥有对教师调配的权力,同时还意味着学校对教师聘用管理的权力。在这一过程中,需要明确的是双方各自的权力边界,特别是教育管理部门的"政"与学校的"事"的边界。例如,教师的资格、职务、聘用,教育部门和学校各自的权限,教师在县域内调配时学校的职责与权力。对于教育行政部门来说,对教师的调配权,主要体现为超编学校教师向缺编学校调配、优质学校教师向薄弱学校调配和农村学校教师向城镇学校调配。在调配的过程中,教育行政部门必须要以学校的管理和考核为依据。因此,教师编制一体化管理强调教育行政部门、中心学校和教师所在学校的共治及权限的合理划分。就目前我国义务教育学段学校的运行机制而言,任何对学校管理主体地位的轻视都是不适当的。

2. 从单一的制度安排走向制度体系建设

教师编制一体化管理不是一个单一的制度安排,而是一个制度体系建设,一个由若干制度构成且相互关联的制度系统,包括教师轮岗制度、定期交流制度、支教制度、县管校聘制度、乡村教师计划,等等。教师编制一体化理念,需要进行相关的制度设计和制度创新,从单一的制度安排走向制度体系建设。相关制度设计是在现有制度安排的基础上展开的,无论是单一的制度安排,还是制度体系建设,都是建立在制度设计和制度创新的基础之上。制度设计是基于教育发展形势的制度创造,而制度创新则是在原来制度的基础上,对制度的政策目标和内容进行适当的改造以解决新出现的问题。制度体系建设可以通过两种策略来加以解决。一是现有的制度变革与完善,二是增加相关的制度安排以解决由其他制度所引发出来的问题。由于社会总是处在一个不断的发展过程中,因而人们总是倾向于选择第二种策略来解决由特定的制度安排引发出来的问题。然而,在增加相关的制度安排时,必须要从价值和逻辑两个方面出发,整体并以内在一致性的原则来进行制度安排。不断增加相关制度安排,社会组织便在某个特定的领域形成一个有机的制度体系,而不致使单一制度之间出现冲突或矛盾。它们通过影响个体和组织的行为选择,来发挥相互补充并相互抵消各自消极影响的作用。其中,制度体系内部各种制度之间的内部张力,则构成了社会秩序稳定和发展的基础。为此,中小学教师编制城乡一体化管理的制度体系建设需要摒弃因果秩序观念而代之以"暂态秩序"观念,即始终把问题看作发展中的问题,从而使得不断地变革成为一种秩序的常态;需要抛开制度运行的理想情境,而始终将个体行为选择(管理者和被管理者)的因素考虑进来。就教师编制管理改革所可能引发的消极或负面的后果而言,当务之急是通过弥补性的制度安排和对现行制度的改革完善来避免可能出现的消极后果,从而在改革的过程中逐渐走向教师编制城乡一体化管理。

3.从单纯的制度设计走向背景制度重构

任一制度安排都是以相应的制度背景为基础,都有赖于相应的制度为支撑。脱离制度背景而只从想当然的前提出发,则相关的制度安排就会严重地偏离制度设计者的意图而走向它的反面。制度背景不同,虽相关制度安排的目标和内容大体相同,但制度运行的结果也可能会有很大的不同。教师编制城乡一体化管理的相关制度安排也同样在不同程度上受制于现实的背景因素,并因为背景因素而显示其局限性。例如,县管校聘制度所隐含的竞争理念,将不可避免地导致师资在城乡的非均衡化配置,这种结果与相关的教师人事管理、专业发展管理、教育教学管理等竞争性的背景密切相关。同样,特定区域内超编教师,可以通过建构一种区域内部的竞聘制度,从而在实现教师动态调配的同时,能够实现对教师的制度激励,激发教师的潜在能力。这是一种以镇(中心学校)为范围的教师调配策略。这种策略也同样可能会导致农村教育的非均衡化发展问题。再如,就教育城镇化发展趋势而言,立足于区域内教师调配的公开招聘制度,能够满足政治上的正确与教师对公平的诉求,却又不能不看到该制度本身对于抽离农村优秀教师之局限性。上述相关制度安排局限性的显现,恰恰是特定制度安排与背景制度相互作用的结果。因此,建构教师编制一体化管理体系,不仅要完善制度体系建设,更要从制度背景出发来思考相关的制度安排问题。

第五章　中小学教师编制城乡
一体化的国际经验

随着教育公平理念的发展,教育资源均衡配置问题受到各国的广泛关注。如何在区域间、城乡间,对作为核心教育资源的师资进行合理配置,是保证教育资源公平分配和教育质量的关键问题之一。世界各国尤其是教育水平领先国家,不断探索教师资源配置的优化路径,推出新的办法,以提高自己国家教师的整体水平,健康地发展本国教育事业。本章主要从教师的任职资格、聘用模式、岗位职级等方面来重点介绍美国、日本、英国的公立中小学教师编制城乡一体化的管理政策,借以对我国中小学教师编制城乡一体化提供一定的借鉴和启示。

一、美国中小学教师的编制管理及城乡一体化

自 1636 年哈佛学院建立,美国教育历经近 400 年的发展。美国教育发展至今,由联邦、州、学区三级分权的公立中小学教师管理体系日臻成熟。虽然各州教师管理体制不尽相同,但是贯穿其中的共同精神追求与发展趋势是一样的,遂逐渐形成了现今各州教师入职体系严谨、聘任程序法理完备、重视教师评价与考核的共有特点。

（一）美国城乡中小学教师编制管理的历史演进

1. 独立前：教会管理，学区聘用萌芽阶段

17世纪前后，作为欧洲殖民地的美国在教育上基本是对各自宗主国教育模式的整体复制。虽然不同移民区域的教育模式不同，但教育的内容主要都以宗教教义弘扬为主，教师的构成也多是兼职的教会神职人员，专职教师很少，各教派自己办学校，为本教派服务。教师的待遇、工作内容以及教师的任免都控制在教会的手中。美国第一次以法律形式出现的教师编制规定是在1647年的《老魔鬼撒旦法案》中，该法案对教师编制作了明确要求，并第一次对教师编制的规模给予法律形式的规定。此外，法案赋予地方当局向全体居民征税支付教师工资的权力，这对后来美国建立和发展公立学校体系，普及学校教育产生了深远的影响。①

18世纪中叶，北部移民追求发展，聚居于市镇的人们向周边农村扩散，为了解决边远地区农村教师缺失问题，马萨诸塞殖民地实施了"巡回教育"政策，让市镇的教师去这些地区进行巡回上课。但是，由于报酬、交通等诸多现实问题，多数农村教学点的教学并不能正常进行。为了解决这一问题，各个教学点所在地区开始独立进行办学，聘用自己的教师，美国的学区制初现萌芽。1766年，康涅狄格殖民地最先承认了在市镇外建立学区的必要性。② 随后，学区制度在美国普及开来，各州纷纷立法确立学区的法律地位，赋予学区聘任教师的权利。然而，学区制度虽然在一定程度上解决了当时农村教师缺失问题，但由于各地经济条件不一、教师任用标准不一，导致部分地区教师多为无业者，且流动性极大，从而导致当时美国学区教育整体水平低下。

---

① 顾明远：《美国教育》，吉林教育出版社2000年版，第12页。
② 吴式颖编：《外国教育史教程》，人民教育出版社1999年版，第253页。

2.独立后初期:教师聘任及资格管理逐渐制度化

1776年,《独立宣言》诞生,美国独立,但是由于战争破坏,经济困难,美国教育的发展基本处于停滞状态。1789年,美国第一部宪法生效,却没有对教育做出明确规定,教师实质属于地方政府管理。1791年,《人权法案》颁布,明确将宪法中未曾禁止的教育权利保留给了各州和人民,这使得美国教育地方分权从法律上得到了确立,联邦政权只能间接干预教育管理。至此,从前由教会主导管理的教师任用模式,正式立法转变为由州政府直接干预和领导,教师的管理权限主要由各州自己掌控。而由于这种教育分权体制的特点,此时期的美国并没有形成全国统一的教师编制任用制度。

第一次工业革命后,美国从农业国向工业国发展。1814年美国抗英战争胜利,工商业发展迅速,资本主义开始兴盛,工业产值渐渐超过农业产值,对拥有一定文化水平的产业工人需求量大增。虽然当时农村人口大量向城市转移,但是多数人缺乏工作所需基本的文化知识。这一矛盾引起了各州对教育的重视,教育发展成为当时亟待解决的问题。但是,师资问题成为当时美国基础教育发展的首要制约因素。19世纪初期,各州对教师聘任和资格审查缺乏科学、严格的标准,教师的资格鉴定认定随意,多由各州地方或学区教育主管部门负责,申请者多数情况下都可以得到教学许可证,并且获得聘任。[①] 同时,面对当时学区制带来的种种问题,以及落后的美国基础教育现状,美国学区制改革和建立公立基础教育的呼声大起,贺拉斯·曼(Horace Man)推行的公立学校运动席卷美国。

19世纪中后期,各州开始实行学区改革,通过合并学区以优化教师师资,有些州甚至立法剥夺了学区聘用教师的权力,将教师聘用权力收归州政府。同时,各州教育领导体系(州教育委员会)也在逐渐完善,教师任职标准建立

---

① 陈琼:《中美公立中小学教师聘任制比较研究》,湖南师范大学2010年版,第12页。

也得到各州重视。1825 年,俄亥俄州建立教师资格制度,为后来的美国教师聘任制的发展奠定了一定的基础。同年,伊利诺伊州首次制定教育法,明确指出国家有义务兴办公共教育。在此影响下,各州先后建立起大批公立中小学,基本构建起从农村到城市的公立基础教育制度框架,加之教师资格制度的建立,进而导致了各州师范教育更加迅速地发展起来。1839 年,马萨诸塞州列克星敦美国第一所州立师范学校创立之后,州立师范盛行一时。① 但早期师范学院的学术水平和当时的综合型大学相比还存在一定差距,师范学校毕业文凭就成为各州初级学校教师最低准入门槛。从 19 世纪末开始,为了普及初高中教育,培养与该阶段相适应的教师师资队伍,美国综合大学的教育学院逐渐承担起培养较高学术水平教师的职责,并成为一种趋势。

3.19 世纪末到第二次世界大战前:教师资格鉴定和聘任制度逐渐完善

19 世纪末,由于美国垄断资本主义膨胀,加之经济大萧条、贫富差距加大和腐败等社会问题,进步主义思潮席卷美国。教育作为社会子系统,不可避免地受到了巨大影响,特别是教师编制管理方面,体现出了集权化和专业化特点。②

在该时期,美国教师聘任基本形成了由区和学校董事会共同管理的模式,并制定了严格的聘任标准和聘任程序。20 世纪 40 年代,美国开始实行教师资格鉴定和教师聘任完全分离的制度。教师资格证书大部分由州教育行政机构颁发,而教师聘任权则归地方拥有。这是美国教师聘任制特点的雏形。也就是说,在美国,要想成为一名教师,首先得获得由州颁发的教师资格证书,但这只是必要条件,还必须要被地方学区聘任,两者缺一不可。

另一方面,由于当时的社会大背景,美国大部分教师工作环境恶劣,待遇

---

① 钟鲁斋编:《比较教育》(上),福建教育出版社 2010 年版,第 27 页。

② [美]韦恩·厄本、杰宁·斯瓦格纳:《美国教育:一部历史档案》,周晟、谢爱磊译,中国人民大学出版社 2009 年版,第 281 页。

低下,随意解聘教师的情况比比皆是。为了保障教师的权益,各教师互助小组
发展成为各种协会。1885 年,美国教师职业保障协会(National Education As-
sociation)提出了终身教职制度,要求教师要有与公务员相当的待遇和保障。
1909 年,美国的第一个教师终身教职法在新泽西州通过。随后的几十年间,
在美国其他各州陆续实施终身教职制度,该制度一度成为美国公立学校教师
编制管理中的重要组成部分。据统计,到 20 世纪 60 年代,美国 80%的教师拥
有终身教职。该制度的提出和普及,对后来的美国教师编制体系和聘任政策
产生了极其深远的影响。

4. 第二次世界大战后至今:教师编制管理制度不断改革

第二次世界大战结束后,美国国力明显加强,美国教育开始进入一个新的
发展阶段。为适应政治经济的发展,美国各级政府在教育领域不断进行改革。
20 世纪 50 年代,由于世界各国竞争加剧,美国国内意识到必须提高本国基础
教育质量,这样才可以在国际竞争中立于不败之地。1958 年,美国《国防教育
法》颁布,其中明确提出要提高师资质量,教师的质量开始成为学校教育改革
的重点。1966 年,联合国教科文组织和国际劳动组织在法国巴黎召开的"教
师地位之政府间特别会议"上,通过了《关于教师地位的建议》(简称"建
议")。该《建议》首次以官方文件形式对教师专业化做了说明,即要把教育工
作视为专门的职业,这种职业要求教师经过严格、持续的学习,获得并保持专
门的知识和特别的技能。[1] 1984 年,田纳西州提出了美国第一个全州性的教
师职业阶梯计划,该教师职级制度的提出是对优秀教师的一种鼓励,也标志着
美国教师职业专业化发展的启航。

与此同时,美国各级政府逐渐意识到本国教师聘任制和教师资格认定制
度的不足。各州对于终身教职进行改革,提出解聘不称职教师。此外,还积极

---

[1]　郭志明:《美国教师专业规范历史研究》,中国社会科学出版社 2004 年版,第 121 页。

推行师范学校学生资格审查及标准规范化等政策。20世纪70年代以来,美国对教师资格证的认定制度不断完善。1983年4月,美国高质量教育委员会发布的《国家在危机中,教育改革势在必行》报告,发现当时的美国普遍存在教师学历低、专业素养低、收入低等严重问题①,这些问题的发现急速推动了下一轮美国教育改革。随后,美国于1988年发布《关于美国教育改革的报告》,对教师准入标准、水平要求、不合格教师退出机制等进行了进一步的完善。报告强调,要坚持教师聘用高质量的优秀人才,将不合格教师逐步分流出一线教学岗位。②

21世纪初,时任美国总统小布什签署《不让一个孩子掉队》法案,明确要求各州和学区学校必须注重高质量教师的培养,并提出高质量教师的具体标准:拥有本科学历、教师资格证书、所授课程专业知识夯实。③ 此外,要求各学区和学校在三年内达到州政府设立的高质量目标,如若未达标,将由各州政府直接负责,对所有教师进行再次专业教育与培训。如果州政府的直接干预措施没有取得效果,更高一级的联邦政府将会通过削减对该州的高质量教师拨款,甚至停止拨款的手段保障目标的最终实现。④ 该法案的出台,利用了联邦强制管理手段从一定程度上促进了高质量教师的增长,但也造成了现今美国教师师资管理的诸多问题,容后再述。

随着教师管理制度的不断改革,教师资格证书制度的推行,教师执业标准不断提高,教师聘任制度和教师职级制度也逐渐得到完善。这些制度在全国范围的实施有效地促进了美国教师职业的专业化发展,提高教师职业地位,有

---

① A Nation at Risk: The Imperative for Educational Reform, https://www2. ed. gov/pubs/NatAtRisk/risk. html, 2018-9-23.

② 张文:《美国中小学教师聘任制度的历史沿革》,《科技信息》2011年第26期。

③ A Guide to Education and No Child Left Behind, https://www2. ed. gov/nclb/overview/intro/guide/guide. pdf, 2018-9-23, p. 15.

④ Jennings J. , From the White House to the School House: Great Demands and New Roles, In: W. L. Boy & D. Miretzky(Eds.), American Educational Governance on Trail: Change and Challenges, Chicago: University of Chicago Press, 2003, pp. 299-308.

效地保证了教师师资队伍建设的可持续发展。

（二）美国中小学教师编制数量管理

教师编制的根本意义在于保证教育质量和教育发展。自冷战开始以来，美国历届政府极其重视教育质量，因此对于教师队伍数量和质量的关注从未停止过。而对于教师数量的管理主要体现在以下几个层次：

1. 联邦政府利用国家立法、拨款和资助计划进行宏观调控

根据本国教育发展的需要，联邦政府从宏观上对教师编制管理政策及其相关立法的不断修正，以便更好地支持美国基础教育的发展。由于美国联邦政府没有直接管理地方教育的权限，教育行政管理权属于各州。但是联邦政府提供经济资助，各州按照联邦政府所给的标准申请，联邦政府采用此方式间接地控制了地方教育管理部门，从而保证政府的宏观编制调控质效。例如，奥巴马政府执政期间，为改变地方教育，以及各州数学、科学等学科的师资短缺问题，2009 年颁布《美国振兴及投资法案》，提出培养 10 万名科学、技术、工程和数学专业（science，technology，engineering and mathematics，STEM）的优秀教师的目标。联邦政府每年从联邦预算中划出资金用来打造这一教师团队的建设，对于贡献突出的教师，每年给予高达 2 万美元的补助，以达到稳定 STEM 领域教师队伍的目的。

2. 州政府利用州立法和拨款等手段进行直接管理

美国各州政府的教师编制管理职责主要是对教师的资格认定，以及合理分配联邦政府和州教育经费至各学区，并推行相关教师管理法案。各州教育主管部门会出于本州现实的考虑，在联邦教育法的整体原则下，相应制定细化管理条款。例如美国教师提升计划（TAP），实施的各州在对于不同教师职级的数量比例上拥有不同的限制，有的州要求职业教师和主讲教师的比例为

8∶1,有的比例却高达 40∶1。①

从拨款方面来看,美国各州对于基础教育的支出占到了州教育财政支出的大部分。美国各州对于教育的拨款公式(州对某学区补助款额＝学区内全日制在校学生人数×生均投入基准额－税率×该学区评估财产价值,或州对某学区补助款额＝学区内全日制在校学生人数×州统一生均补助额②)可以看出各州对于学区的拨款不是基于教师的数量,而是利用在校学生数和地区经济状况进行补助,这也就将教师的具体数量管理下放到了各个地方学区。各地结合自身具体情况,依法灵活调整本地具体教师数量。例如 1997 年至 1998年间,加州为了响应当时国家对于基础教育质量保障的要求,开展了"小班教学项目"(Class Size Reduction Program)。结合本州经济具体情况,对于 20 人及以下的新成立小班,每班一次性补助 25000 美金,对于小班每生投入基准额从原来的每人 650 美金逐渐提高到 850 美金③,以解决小班教学带来的教师需求增加问题,进而缓解地方教育财政压力。相较联邦教育政策而言,州教育政策内容涉及本州教育问题的方方面面,较为系统全面,是美国教师编制管理的主体。

3.地方学区因地制宜,动态管理:地方学区是各州直接管辖公立中小学的地方公共团体

美国学区包括独立学区和非独立学区,两者同属于所在的地方政府管辖。非独立学区的学区委员会主要是由所在地区的政府任命,教育经费主要依靠政府的支持。相对数量较多的独立学区,在管理上对地方政府的依赖性小,有

---

① 蔡永红、张筱茜:《美国中小学教师职级制度及其启示》,《中国教育学刊》2012 年第 2 期。

② 肖昊、周丹:《美国公共基础教育财政的分配模式》,《教育与经济》2013 年第3 期。

③ U. S. Department of Education. Public school finance programs of the united states and Canada:1998 - 99 - California, https://nces. ed. gov/edfin/pdf/StFinance/Californ. pdf, 2017 - 10 - 20, p. 25.

很大的财政独立性,可以征收财产税用于教育经费。因此,独立学区在教师的管理上具有自主决策权,对于教师编制的管理主要体现在教师的聘任和评价管理上。美国各州基本已经普及教师资格证制度,教师资格证书是成为教师的必要条件,但不是唯一条件。教师资格证获得者要成为教师,还需要得到地方学区聘用。地方学区与学校根据联邦及州教育法规,结合自己的实际情况进行教师岗位的设置和数量的管控。

(三) 美国中小学教师编制的质量管理

1. 中小学教师资格认证体系

以联邦制为特征的美国的政治体制,使得美国教育体系呈现出分权化的显著特征。尽管美国教师资格认证制度在 20 世纪 40 年代后基本在各个州都普及开来,但是由于各州制定标准不同,导致当时各州教师水平参差不齐,从而制约了州际教师的流动以及教育质量不均衡等问题。直至 1987 年,历经了数年的教师资格认证制度改革,美国 35 个州完成了教师资格的互认。美国现已基本形成了较为统一的执照型教师资格认证、证书型资格认证和选择型资格认证(Alternative Teacher Certification) ,三者互补的教师资格认证体系。

执照型教师资格,相当于州教师的最低从业许可证,由州教育行政部门负责制定及实施该教师资格的具体标准与认证工作。各州基本会从师德、专业素养、学历层次、年龄等角度对资格申请者进行考察。美国申请中小学教师资格的一般要具备本科学历和师范教育专业的相关进修与教育实习这两个基本条件。而后,根据各州规定,满足条件者参加资格认证考试,通过考试后即可申请教师资格证。

证书型教师资格认证不同于准入性质的执照型教师资格,多由同行专业组织发给教师以认定其胜任专业程度。所以通常由国家级的教师专业组织

（如 1987 年成立的美国国家专业教学标准委员会）根据更高的专业水平标准来认证中小学每个学科、不同年级的优秀教师，并授予高级证书。这类证书主要针对在职教师颁发，是对执照型教师资格认证的补充，是各州教师职级评价的有力根据，也为美国教师质量的保障起到了一定的作用。

选择型教师认证是各州认证教师的准备项目，也叫替代性认证，为的是解决各州师资缺乏问题，以及吸引更多高质量的人才进入教师领域，进而提高教师的整体素质水平。[1] 此类认证中非教育专业本科学历的申请者，可以不通过一年到一年半的师范教育专业的学习，而是通过符合国家和州标准的短期培训，快速上岗。但是上岗后，需要利用工作之余进行项目设置的在职培训课程，以及指导教师的指导。目前，美国各州实施的选择性认证项目中影响力较大的有"军转教项目"（Troops to Teachers）和"为美国而教项目"（Teach for A-merica）。"军转教项目"旨在鼓励符合要求的军人在退伍后选择进入公立中小学担任教师。政府提供项目参与者就业安置以及五千美元认证费用，而向愿意在高度贫困地区学校任教的参与者提供一万美元奖金。[2] "为美国而教项目"由温蒂·科普（Wendy Kopp）于 1989 年创立，旨在让所有美国孩子拥有接受良好教育的同等权利。该项目每年在全国范围内招募高水平大学的毕业生去低收入地区任教两年，现在已经达到 6 万名志愿者的规模，也已经成为美国教育薄弱地区教师的主要来源之一。

1985 年开始，一些州率先通过立法对当时实行已久的教师任职资格终身制进行改革。随后，美国的教师证书终身制逐渐在全美被废除，教师资格证有效期制度开始实行。现在根据类型的不同，资格证书的有效期也不同，从一年至五年不等。这意味着，教师必须在有效期满之前通过各州或评估组织的标

---

① Walsh K. & Wilcox D. etc. , Attracting, Developing and Retaining Effective Teachers：Background Report for the United States, http://www. oecd. org/innovation/research/33947533. pdf, 2017-10-23,p. 35.

② Troops-to-Teachers Program, https://www2. ed. gov/programs/troops/index. html, 2018-9-23.

准,才能换取新的证书。在知识更新速度极快的信息时代,教师资格证书规定有效期,客观上敦促了教师的知识也需要跟上时代的步伐不断更新,促进了教师专业能力的不断提升。

2. 公立中小学教师聘任制度

在美国公立中小学,教师聘任制具有健全的管理体系和悠久的历史。它由职责明确、相得益彰的教师资格鉴定和教师鉴定两部分组成,其有效运行的关键在于教师资格鉴定与教师聘任机构相分离的制度设计,最大限度地保障了教师资格授予、教师聘任的效率、公平。在中小学聘任管理方面,美国严格按照法律执行,建立了完备的入职标准和专业发展标准,还拥有职责明确的教师职级薪资管理和聘任管理制度。

(1)聘任流程。美国公立中小学教师聘任的一般由学区教育管理部门负责,该部门根据学区内学校需求在公开媒体发布招聘信息,并发布相关招聘职位的教师详细要求。申请者向学区递交职位申请,及相关的书面材料。值得注意的是,申请者拥有教师资格证书并不代表会直接被聘任,还需要各州教育主管部门还需要对任职资格进行审核,就职教师既要符合就职学校所在州的适任的标准,也要符合其地方资格标准。

申请者通过资格审查后,还需经过选拔委员会的考核。在美国,中小学教师的聘任主要由选拔委员会、学区教育委员会或学校董事会完成,其参与主体的多元化,确保了聘任程序的公开、公平和公正。选拔委员会综合了各教学管理层次的相关人员和家长,主要包括校长、教学主任、学区委员会成员、学生及家长。通过面试、笔试等方式,全面考察申请者是否拥有所申请职位所需的各项能力。考核合格后,选拔委员会向学区教育委员会或学校董事会推荐,由学区教育委员会或学校董事会决策聘任,签订聘约。

(2)聘任合同。从聘任合同主体来看,美国中小学教师聘用制度采用双重合同:一个是以集体形式签订合同。它是由教师工会以集体的形式与地方教育当局协商教师工资等基本待遇的最低标准,并明确双方的权利和义务后所签订的教师聘用合同。保障教师的基本合法权益;另一个是教师以个人的身份与学区委员会签订期限长短不同的聘用合同。这种合同主要考虑不同教师的岗位特性与教师自身条件,有针对性地拟定不同条款。

从聘任合同模式来看,美国现行的教师聘任合同通常分为终身制聘用合同和非终身制聘用合同。非终身制聘用合同主要针对定期聘任教师,试用期教师和临时教师。试用者身份聘任的教师可以通过在试用期里优秀的教学表现获得终身制聘用合同或多年聘用合同。近些年来,为了确保教学质量,大部分州都将教师的试用期延长到 3 年至 5 年。而过去美国大多数州的中小学教师试用期合同都是 1 年至 2 年。

终身制教师合同,源于美国的终身教职制度,是一种连续或无限期的聘用模式。该模式下终身教职教师仅在违反法律规定的前提下,才会被解除聘用合同。并且解聘过程烦冗复杂,学校当局需要负责举证,诉讼费用高昂。例如,依据乔治亚州《1975 年公平解聘法令》的规定,面临解聘的终身教职教师享有以下权利:获得关于解聘的书面说明和听证的权利、向学校董事会和州教育委员会申诉的权利、向州最高法院提起诉讼的权利。①

终身教职制度起源于 18 世纪,目的是为了保障教师的合法权益。但是随着美国社会发展,以及教育的不断变革,终身教职制度的弊端日益显现,教师队伍中的不合格教师解聘困难的情况受到诟病。2000 年乔治亚州正式取消教师终身教职制度。但是由于教师短缺问题,美国其他各州并没有取消终身教职,而是开始完善现有的制度,从师资培训、学历、延迟试用期和终身教职获得年限等角度提高从教标准。例如,2005 年加利福尼亚州州长提案中提议将教师获得终身教职前的规定服务年限由 2 年延长至 5 年。随着终身教职的取消和淡化,美国的终身制聘用合同已经开始逐步被多年聘用合同(Multi-year

---

① 蔡金花:《美国中小学教师终身教职制度的改革动向》,《比较教育研究》2010 年第 4 期。

employment contract)取代。

（3）聘后继续教育与考评。美国非常注重对教师任后的继续教育与考评，各州基本都以法律规定或行政命令对教师的职后继续教育和考评标准加以规范。教师续聘、调动或晋升等主要依据来自其接受州法所规定的考评成绩，这也是大多数美国教师聘用合同上所规定的。现在，职前教育有了突飞猛进的发展，已逐渐成为教师职业的入门基本要求，这与过去职前教育基本被视为一种终结性教育有着巨大的差别。教师通过接受在职培训和进修不断提高自己的业务水平已成为他们应尽的基本职业义务，体现了教师教育与发展终身化的特点。

为了保证美国教师教育质量，州一级教育行政部门会对其进行评估，或由其委托的独立设置专业标准委员会来执行。各州有权选择是否就该州的教师需要接受全国性的评估。而国家级的教师专业资格委员会在标准制定和认定过程中都必须州一级教育行政部门的认可。1954年，美国第一个教师教育认证机构—美国全国教师教育鉴定委员会（National Council for the Association of Teacher Education，NCATE）成立。2013年，美国全国教师教育鉴定委员会与美国教师教育质量认证组织合并成立美国教育者培养认证委员会（Council for the Association of Educator Preparation，CAEP），创建该协会的目的就是为了确保和提高教育工作者的教学质量。目前，全美各州基本都与该组织建立起合作伙伴关系。合作州的教师通过美国教育者培养认证委员会（CAEP）第一次的评估（Initial Accreditation）后，每5年，CAEP会对教师进行一次继续评估（Continuing Accreditation）。评估内容主要是监督教师是否对上一次评估中的不足做出改进，符合评估标准的教师，保留初步评估的结果；没有通过评估的，要么延缓评估，要么取消初步评估的结果。

3. 中小学教师职级制度

美国早在20世纪60年代就提出教师职业梯级计划，而职级制度经历数十年发展,已成为美国中小学教师管理的重要制度,它在稳定中小学教师队伍、提高师资和教学质量方面发挥着重要作用。

1983 年发布的《国家在危急中:教育改革势在必行》报告中粗略提出了国家教师分级框架,包括初任教师(Beginning instructor)、资深教师(Experienced teacher)和高级教师(Master teacher),但缺乏各级教师的资格条件、晋级要求与任职考核标准等方面的内容。20 世纪 80 年代中后期至 90 年代,美国各州详细颁布了各级的准入途径、资格要求、教师专业证书类型及相应的待遇标准等内容,这标志着教师职业梯级计划正式实施。美国中小学教师职级制度经历了从开始的简单以工作年资和教学业绩为晋升标准,到今天的从准入途径、资格要求、专业证书类型等维度多角度构建的立体教师专业晋升通道的演进历程。

田纳西州是美国第一个全州性教师职级制度,对美国职级制度影响深远;密苏里州自 1986 年实施教师职级,该职级制度被认为是美国典型职级制度之一[1];北卡罗来纳州作为农村人口最多的州,是美国农村教育改革的代表。所以李远方(2014 年)选取这三个州为对象,对美国职级晋升基本资格项与评价项所应具有的资格标准的具体规定进行了对比。

表 5-1　田纳西州、密苏里州、北卡罗来纳州教师职级制度对比[2]

地区	基本资格项	其他评价项
田纳西州	1. 各级教师资格证书 2. 不同的教学年资 3. 教学能力+学生成就增值	试用、新手教师:教学 初级教师:监督与协助新教师 中级教师:辅导帮助有需要的学生 高级教师:辅导帮助有需要的学生+指导初中级教师

---

① Steven Glazerman, Teacher Compensation Reform: Promising Strategies and Feasible Methods to Rigorously Study Them, Washington, DC: Mathematica Policy Research, Inc., 2004:3.

② 李远方:《美国田纳西州中小学教师职级制度研究》,宁波大学硕士学位论文,2014 年。

续表

地区	基本资格项	其他评价项
密苏里州	1. 各级教师资格证书 2. 不同的教学年资 3. 不同额外工作时长 4. 教学能力+学生成就增值	一级教师:专业及教学研究+继续教育 二级教师:专业及教学研究+参与学校行政事务 三级教师:专业及教学研究+参与学校管理事务+领导者角色
北卡罗来纳州	1. 各级教师资格证书 2. 不同教学年资要求 3. 教学能力+学生成就增值	临时教师:参加继续教育 提名教师:参与部分学校行政事务 候选教师:参与学校行政事务 初级、中级、高级教师:独立教学+领导角色

由表5-1可见,由于美国是联邦制国家,教育地方分权,各州对于教师职级晋升标准要求各有异同、各有侧重,因此导致各州在教师职级的晋升标准、激励重点、对评价的依赖性等方面都形成了差异,也表现出了各自优势和不足。例如,密苏里州的教学效果评价中要求经验教师和专业教师的学生增值要高于州平均水平的10%和15%。这样的制度虽然有利于将职级的运作主动权掌控在教师手中,保持教师队伍的稳定,减少教师的流失,但是也必须看到职级认定过度依赖绩效评价,容易造成教师间竞争,破坏合作。因此,大多数州也在发展中不断革新职级制度。例如,美国教师提升计划(TAP)正在越来越被认可,越来越多的州开始实施该方案,截至2015年,已经影响到了全美20万名教师。该计划中教师随着职级的提升,各职级的任职资格要求、职责及待遇都随之提高,体现了岗位管理的理念,有利于教师在承担更多专业责任的过程中拓展自己的专业能力。① 该项目被认为是极具潜力和上升空间的教师职级方案。

总而言之,由于联邦制的特点,美国各州教师职级与薪资的设置多有差异,因而美国没有形成统一的教师职级体系。美国现行的各州教师职级制度

---

① 蔡永红、张筱茜:《美国中小学教师职级制度及其启示》,《中国教育学刊》2012年第2期。

特点主要体现在职级越高,岗位责任就越大,对于教师专业就要求越高,教师资格的认证要求也就越严格。但是在各州职级管理中,全面多维的评价体系和动态教师专业资格认证制度有力地促进了教师的专业发展,拓宽了教师职业发展路径。

(四)美国中小学教师编制城乡一体化

美国基础教育中教师质量和数量不尽如人意的情况由来已久,美国各级教育主管行政部门也在不断通过调整教师管理政策策略来解决这一痼疾。2002 年的《不让一个孩子掉队》法案,明确提出美国要建一支高水平的教师队伍,并实施针对农村教师的教育拨款,做到城乡教师的质量共同提升,以促进教育公平目标的实现,不让一个孩子掉队。

但是,15 年过去了,教师准入门槛的高标准和政府政策的统一执行标准并没能够让这个目标完全实现。近年来,美国很多州都面临着教师队伍数量规模减小的现象,教师的整体水平也呈现一定程度的下降态势,而这样的问题在农村地区更为明显。据统计,2011 年至 2012 年,美国中小学有33.2%面临师资缺乏的困境[1],城市教师学位整体水平明显高于农村地区(见表5-2)。[2]

---

① U. S. Department of Education, National Center for Education Statistics, Percentage distribution of public elementary and secondary schools with a teaching vacancy in selected teaching fields, by the school's reported level of difficulty in filling the vacancy, teaching field, and locale: 2011 - 12, https://nces. ed. gov/surveys/ruraled/tables/c. 1. c. - 1. asp? refer = urban, 2017 - 10-27.

② U. S. Department of Education, National Center for Education Statistics, Number and percentage distribution of public elementary and secondary school teachers, by locale and selected characteristics: 2011 - 12, https://nces. ed. gov/surveys/ruraled/tables/c. 1. a. - 1. asp, 2017 - 10-27.

表5-2 2011—2012年美国城乡教师学历情况统计

	城市（%）	城郊（%）	乡镇（%）	农村（%）
无学历	3.0	3.0	3.0	3.7
副学位	0.6	0.3	0.8	0.9
本科学位	38.6	34.7	44.0	45.5
研究生学位	48.7	52.2	45.0	42.3
博士学位	1.1	1.2	0.7	1.1

数据来源：整理自美国国家教育统计中心公布数据。

而且,《不让一个孩子掉队》法案实施后,教师薪酬问题成为掣肘美国农村贫困学校获取优质师资的主要障碍。首先,美国大多数州施行教师薪金标准多依据当地房价,因此贫困的农村地区教师薪资水平自然不比城市,进而导致教师的缺乏与流失问题。其次,学校财政资源相对紧张,聘用高质量教师可能使得学校财力无法承担,农村贫困地区的较小学校往往在高质量教师聘用竞争过程中处境非常不利,因为这些学校财力有限,难以支付聘用高质量教师的费用。因此,《不让一个孩子掉队》法案要求的高质量教师以及工作人员这些要求,农村学校难以满足,学校排名也就随之降低,最终导致额外的财政支持无法获取,使这类学校陷入恶性循环的境遇。[1] 据统计,美国农村公立中小学教师离职率从2001—2002年的6.8%,增至2008—2009年的8.4%,且明显高于同年城市中小学教师离职率。[2]

追求高质量的教师队伍,以及16:1的小班化教学生师比让美国的教师数量无法达到联邦政府定制的考核标准,很多学校不得不聘任退休教师,或使用替代性认证降低教师入职门槛等手段来缓解教师缺失的问题。对于低效能教

---

[1] Fenwick W. ,English,Rural Education,Encyclopedia of Educational Leadership and Administration, SAGE knowledge, 2007: 887 - 890. Online Pub. Date: September 15, 2007, Online ISBN: 9781412939584.

[2] 高雪:《美国公私立中小学教师流动趋势、成因及应对策略——基于教师追踪调查TFS项目》,《教育学刊》2014年第10期。

师的淘汰,以及终身教职制度改革等方面,都由于教师师资不足的现状而变得举步维艰,极大地影响了城乡教师师资质量和教育质量均衡发展。

为了解决城乡教师师资不均衡问题,美国各州推行了诸多针对性改革法案或举措以解决城乡师资不均问题。诸如,奖励任职于条件艰苦地区的教师;设置师资缺乏地区教师专项基金;放宽农村艰苦地区"高质量教师"评选要求。这些都体现了美国政府保障农村师资力量的努力和尝试,进而为农村艰苦地区儿童提供更加公平、更加均衡、更加优质的教育。

2016年1月6日在全美范围内实施《让每一个学生都成功法案》结束了联邦强制性教师评价,同时允许各州在联邦资助下进行教师质量管理的革新。这部新法案虽和《不让一个孩子掉队》法案在很多方面有所区别,但是相同的是,依然提出要重视培养、培训及聘任优质的教师。《让每一个孩子都成功法案》颁布时间尚短,对于美国中小学教育改革与发展的影响需要留待时间来证明,但是,美国政府对于基础教育阶段教师师资的重视不会间断,改革的步伐也不会间断。

(五)美国城乡教师编制管理政策的借鉴意义

相较于英国的保守,美国的政策对于教育问题反应速度更快,并能不断积极变革以满足不同时期社会的需求与国家发展的需要,教师编制管理政策改革作为重要的组成部分,始终在探索实践和不断完善之中。工业革命后,美国城市化的高速进程,形成了城市与农村之间教育发展不均衡的局面。历经百余年,美国政府及美国全社会为解决这一问题,颁布和制定了一系列的法案与教育项目,因此美国的城乡教师编制政策改革所形成的一些经验是值得我们学习和借鉴的。

首先,主体多元,共同参与:促进城乡教师师资均衡发展是一个系统的工程,需要社会各方共同的积极参与。美国除了政府部门在政策资金上对农村教师进行保障外,还包括各类社会组织,例如前面提到的著名的"为美国而教项目",就是由温蒂·科普创办的非政府组织为尝试解决美国乡村贫困地区教师缺乏问题创立的改革项目。多年来该项目借助民间力量通过短期集训和网络培训方式为美国培养了大批紧缺师资。另外,多主体的参与,还可以有效地起到互相监督的作用,有利于政策的落实与客观公正的后期监管。例如,各州与CAEP合作,对教师进行专业标准化评估,有效地避免了聘用与考核主体单一可能造成的流于形式、徇私舞弊等问题。

其次,教育分权,多维发展:美国是联邦制国家,州政府与地区政府共同进行教育管理。自上而下,联邦政府颁布的各类相关教育法案和全国性的教师政策改革的指导意见。地方和学区都在此基础上,协调好地方与联邦政府在教师政策法规方面的异同。例如,弗吉尼亚州实施家乡教师项目(Grow your own program)时,充分考虑本地区农村实际,在培养过程中注意相关专业素养方面的训练,使项目教师能胜任农村教师工作。

此外,也应该看到,美国教育分权管理的形式使得地方可以灵活掌握,自行摸索贴合实际的城乡教师编制管理改革方向和策略。这有利于农村学区在教师政策创造性方面的施展,为改革提供创新思维和路径。美国部分城乡教师管理初始的政策都是首先在地方摸索中形成的,自下而上地对上层决策产生影响。例如,教师资格证制度就是由俄亥俄州率先以州立法的形式进行确立,后由联邦政府推进,逐渐形成全国统一的教师入职基本要求。

最后,依法管理,双向约束:美国各级城乡教师编制管理政策得以顺利实施的根本在于法律体系的健全。美国社会整体法律意识强,教师编制的管理从国家宏观调控到地方聘用,每一个环节都做到有法可依、有例可循。在以国家宪法为根本、联邦法案与州立法为主体、地方学区学校规章制度为抓手的教师编制管理体系中,教师从职前资格认证和聘用,到职后职级专业化发展或解聘等方面都让美国法制管理精神得以彰显。这不仅保护了教师的合法权益,也规范了教师管理部门的行政行为。

二、日本中小学教师的编制管理及城乡一体化

日本中小学教职员种类多样,身份也有差异,工作内容繁杂,但是日本在《学校教育法》《地方公务员法》等各种法律条文中都对其身份和工作内容等进行了定位。这些都促进了教职工的统筹管理。

(一)日本中小学教职员的种类、身份与设置标准

1. 中小学教职员的种类

日本的中小学教职员的种类和工作内容是根据《学校教育法》(1947)设置的。该学校教育法适用于包括国立、公立、私立学校在内的所有学校。该法第七条规定,"学校必须设置校长和相应数量的教员。"该法还规定了义务教育阶段中小学必须设置校长、教师、校医、牙科医生、药剂师,一般情况下还设置教头、营养教师、事务教师。①

校长负责"管理学校校务,监督所属职员"(《学校教育法》第 37 条第 4 款),学校运营上的一切事务都要以校长的责任和权限为基准进行处理。并且,校长作为上司,关于校务的处理方式可以对所属的职员进行指示。

副校长的工作内容是"协助校长,分管学校校务"的同时"在校长缺失或者无法得到校长指示的情况下,代理校长的职务"(《学校教育法》第 37 条第 5、6 款等)。

教头的工作内容是"协助校长们整理校务,并根据需要对学生进行教育"的同时,"在校长缺失或者无法得到校长指示的情况下,代理校长的职务"。(第 37 条第 8 款等)

---

① 日本电子政府网站:《学校教育法》,2022 年 7 月 2 日,见 https://hourei.net/law/322AC0000000026。

主干教师的工作内容是"协助校长们和教头,整理部分校务并对学生进行教育"(第37条第9项等)。主干教师是在校长、副校长、教头以及教师间设置的职位,可以对负责的校务进行整理,也可以命令其他教师完成本职工作。

指导教师的工作内容是"管理学生教育工作,为提高对其他教师及教职员的教育指导能力进行帮助和建议"(第37条第10项等)。

教师负责"管理学生学习"(第37条第11项)。教师的职务大致可以分为两种:一种是主要从事学生的教育指导工作,另一种是参加校长负责的校务管理工作(参与制定教学目标、课程编排等工作)。

表5-3　义务教育阶段日本中小学校部分教师种类以及工作内容

职务	工作内容	所遵循的法令	设置必要性
校长	主管校务、监督职员	《学校教育法》第37条第4项等	必设
副校长	辅佐校长分管校务	《学校教育法》第37条第5项等	可设可不设
教头	辅佐校长们分管校务必要时进行常规教育	《学校教育法》第37条第7项等	原则上必设
主干教师	辅佐上级领导、分管校务、常规教育	《学校教育法》第37条第9项等	可设可不设
指导教师	常规教育、对普通教师等其他教职员进行指导和建议	《学校教育法》第37条第10项等	可设可不设
教师	常规教育	《学校教育法》第37条第11项等	必须设置
养护教师	保健管理、保健教育、提供健康辅导	《学校教育法》第37条第12项等	原则上必设
营养教师	营养相关的指导、管理学校供餐	《学校教育法》第37条第13项等	可设可不设
事务职员	常规事务性工作、人事关系等工作、会计相关的工作、教务相关的工作	《学校教育法》第37条第14项等	原则上必设

2. 教职员的身份

《地方公务员法》（第 57 条）①,《教育公务员特例法》（第 2 条）规定②,日本义务教育阶段的教职员为教育公务员。公务员属于地方公共团体,原则上由该团体任命并支付工资。但是,对于市町村立学校的教职员来说有三个例外。第一,《市町村立学校教职员工资负担法》规定,市町村立中小学教职员的工资由都道府县承担支付（这一类教职员称为县费负担教职员）。这个制度的目的是为了避免由市町村财政的差异所造成的教职员工资的不统一。第二,根据《地方教育行政组织和运营的法律》③,县费负担教职员的任命权不属于市町村教育委员会,而是属于都道府县。这个制度的目的是为了能让教职员在更广的范围内进行人事调动。普通地方公务员的工资和工作条件是由所在地方公共团体公布的条例规定的（《地方自治法》第 204 条,《地方公务员法》第 24、25 条）,但是,县费负担教职员的工资以及工作条件不是由市町村而是都道府县的条例规定的（关于地方教育行政组织和运营的法律第 37、38、41—43 条）。第三,因为教员的职务和责任的特殊性,作为《地方公务员法》的特别法,制定了《教育公务员特例法》。该法对教育公务员做了特殊规定。比如,一般地方公务员是通过考试竞争上岗、升职,但是教育公务员则需要具有任命权的教育委员会的教育长选拔。除此之外,一般公务员的试用期是半年,而教育公务员需要一年。

---

① 日本电子政府网站:《地方公务员法》,2022 年 7 月 2 日,见 https://hourei.net/law/325AC0000000261。
② 日本电子政府网站:《教育公务员特例法》,2022 年 7 月 2 日,见 https://hourei.net/law/324AC0000000001。
③ 日本电子政府网站:《地方教育行政组织和运营的法律》,2022 年 7 月 2 日,见 https://hourei.net/law/331AC0000000162。

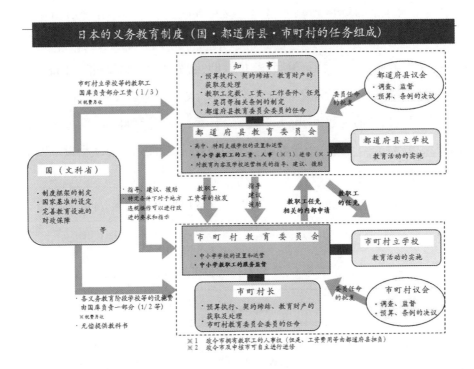

3. 教职员的配置标准及管理

《学校教育法》规定了学校中配置的教职员的种类,但是没有规定配置人数。日本的《小学设置基准》规定,"如果没有特殊的规定,每班人数要控制在40人以下"(第四条),"小学中设置的主干教师,指导教师和教师的数量要保证每个班级至少一名"(第六条)。《初中设置基准》规定,"如果法律上没有特殊规定,每班人数要控制在40人以下"(第四条),"初中设置的主干教师,指导教师和教师的数量要保证每个班级至少一名"(第六条)。

对于教职员定数的标准,在《关于公立义务教育学校的学级编制和教职员定数的法律》中①,有更加明确的规定。该法制定的目的是规范班级规模和教职员配置,从而维持并提高义务教育的水平。本法的重要性有两点:一是维

---

① 日本电子政府网站:《关于公立义务教育学校的学级编制和教职员定数的法律》,2022年7月2日,见 https://hourei.net/law/333AC0000000116。

持义务教育水平的最低保障;二是通过该法确定的教职员数量是计算国家支付义务教育阶段经费的基础。该法中规定的教职员包括:校长、副校长、教头、主干教师、指导教师、教师、养护教师、营养教师、助教、养护助教、讲师、宿舍指导员、学校营养职员和事务职员。关于教师数量的配置,第六条第二款规定校长的定数由"中小学数量合计乘以1"计算得出。第七条规定副校长、教头、主干教师、指导教师、教师、助教、讲师的定数算法由以下四个部分组成。

(1)由表5-4得出的学校数量乘以相应系数得出的结果,即学校数量乘以相应系数的和

表5-4　日本教职员定数标准系数

学校类型	学校规模	系　数
小学	有一到两个班	1.000
	有三到四个班	1.250
	有五个班	1.200
	有六个班	1.292
	有七个班	1.264
	有八到九个班	1.249
	有十到十一个班	1.234
	有十二到十五个班	1.210
	有十六到十八个班	1.200
	有十九到二十一个班	1.170
	有二十二到二十四个班	1.165
	有二十五到二十七个班	1.155
	有二十八到三十个班	1.150
	有三十一到三十三个班	1.140
	有三十四到三十六个班	1.137
	有三十七到三十九个班	1.133
	有四十个班以上	1.130

续表

学校类型	学校规模	系　数
初中	有一个班	4.000
	有两个班	3.000
	有三个班	2.667
	有四个班	2.000
	有五个班	1.660
	有六个班	1.750
	有七到八个班	1.725
	有九到十一个班	1.720
	有十二到十四个班	1.570
	有十五到十七个班	1.560
	有十八到二十个班	1.557
	有二十一到二十三个班	1.550
	有二十四到二十六个班	1.520
	有二十七到三十二个班	1.517
	有三十三到三十五个班	1.515
	有三十六个班以上	1.483

（2）第二部分的数量为以下三个部分的合计

首先是三十个班级以上的小学数的一半,再加上有十八到二十九个班级的初中数,最后再加上三十个班级以上的初中数的三分之二,由此得出的总和便是第二部分的数量。

（3）小学分校数与初中分校数的和乘以 1

第七条第二款规定,学校如果考虑到学生的身心发展,为进行符合学生个性的教育而开设选修课或专门技术课程的话,可以增加政令指定的教头和教师数量。

副校长和教头的定数由以下几个部分构成。第一部分是有 27 个班级以上的小学数加上有 24 个班级以上的初中数乘以二得出的数字,第二部分是有 9 到 26 个班级的小学数加上有 6 到 23 个班级的初中数,第三部分是有 6 到 8

个班级的小学数乘以四分之三,第四一部分是有 3 到 5 个班级的初中数的一半。这四个部分得出的数字的总和便是副校长和教头的定数。主干教师、指导教师、教师、助教和讲师的定数为第二部分中得出的数字减去副校长和教头的数量。养护教师的数量由以下三个部分构成,首先是有 3 个班级的小学数和有 3 个班级的初中数的和,第二部是学生数 851 人以上的小学数和学生数 801 人以上的初中数班级的和,第三部分是在考虑没有设置医疗机关的市町村的数量后,由政令确定的数量。

(4)寄宿学校学生部分

首先根据寄宿在学校的学生数,得出相应学校的数量,然后再乘以相应系数。这些数的和为第四部分的数据。

表5-5 寄宿学校教职员定数标准系数

寄宿在学校的学生数	系　　数
40 人以下	1
41 人到 80 人	2
81 人到 120 人	3
121 人以上	4

市町村立中小学教职员的工资由都道府县负担(根据《市町村立学校教职员工资负担法》),负担的人数是根据义务教育标准法确定的人数。在都道府县负担的人事费用中,国家承担其中的三分之一。根据《义务教育费国库负担法》《关于公立义务教育学校的教员工资的特别措施法》的规定,还要支付给除校长、副校长和教头之外的教职员教职调整金。教职调整金的金额相当于每月工资的 4%。教职员除了每月得到工资之外,还会有家庭补贴、地区补贴、通勤补贴、偏远地区补贴、管理职员特别勤务补贴、退休补贴等。

依据教职员的身份,其管理分属不同的教育机构。具体可见表5-6。

表 5-6　日本教育行政机构级别构成及其主要任务

机构	主要任务
国家	○学校制度等相关制度的框架的制定,例如: ·根据《学校教育法》等进行学校教育制度的制定 ·根据《地方教育行政组织及运营相关法》对地方教育行政制度进行制定 ·教科书检定制度(《学校教育法》第 34 条) ·资格认定制度(资格证的种类,发证机关,有效力等)的设定(《教职员免许法》第 1 条) ○国家基准的设定,例如: ·中小学等学校的设置基准(编制、硬件设施等)的设定(《学校教育法》第 3 条) ·学习指导纲要等教育课程基准的设定(《学校教育法》第 33 条、《学校教育法》实行规则第 25 条等) ·年级构成和教职工定数的标准的设定(《公立教育的各学校的年级编制及教职员定数标准相关法》第 1 条)
国家	○地方公共团体对于教育事业支出的财政支持,例如: ·市町村立中小学等的薪金等【国库负担 1/3】(《义务教育国库负担法》第 1 条) ·校舍建设等需要的经费【国库负担 1/2 等】(《义务教育诸学校等的设施费的国库负担相关法》第 1 条、第 12 条) ·无偿提供教科书(《义务教育诸学校的教科书无偿提供相关法》第 1 条) ○指导·建议·援助,例如: ·对教育内容及学校运营相关的指导、建议、援助(《地方教育行政组织及运营相关法》第 48 条) ○特定条件下对于地方违规操作可以进行改进的要求和指示,例如: ·对于教育委员会有违法法令的情况、要求进行整改,以正视听(《地方教育行政组织及运营相关法》第 49 条、第 50 条)
都道府县	○宏观处理教育事业的实施,例如: ·市町村立中小学教职工的任免、劝退、惩戒、调动等(《地方教育行政组织及运营相关法》第 37 条、38 条、40 条)※政令市可自主实施 ·校长、教员及其他相关人员的进修(《地方教育行政组织及运营相关法》第 23 条,地方公务员法第 39 条)※政令市及中核市可自主进行 ·教职员定数、薪酬、工作条件、任免·劝退·惩戒等条例的制定(《地方教育行政组织及运营相关法》第 41 条、42 条、43 条) ○对市町村教育整备予以财政支持,例如: ·支付市町村立中小学校教职工的薪酬(《市町村立学校职员给与负担法》第 1 条),其中 1/3 由国家承担 ○指导·建议·援助,例如: ·与教育内容及学校运营(学校的组织编成、教育课程、学习指导、教科书的选择等) 相关的指导、建议、援助(《地方教育行政组织及运营相关法》第 48 条)

续表

机构	主要任务
市町村·学校	○学校等设置管理,例如: · 市町村立中小学校的设置管理(《学校教育法》第5、38、49条) · 县财政出资的教职工的服务监督(《地方教育行政组织及运营相关法》第43条) · 都道府县委员会任免以外的处分的内部申请(《地方教育行政组织及运营相关法》第48条)
	○教育的实施,例如: · 教育的实施(《学校教育法》第29、30、45、46条)

(二)学级编制和教员配置

1. 学级编制标准

最初标准法制定之前各都道府县平均值为每班60人,后经过多次制度改善后,人数有所减少。

第一次(1959—1963年)改善计划改为每班50人,第二次(1964—1968年)改善计划规定每班45人,第三次(1969—1973年)和第四次(1974—1978年)改善计划依然维持45人不变,第五次(1980—1991年)改善计划改为每班40人,第六次(1993—2000年)和第七次(2001—2005)维持每班四十人不变。

2010年,为了达到世界顶级的教育水平,也为了顺利地实施新学习指导要领保证教员与学生之间的相处时间,日本文部科学省发布了《新公立义务教育学校教职员定数改善计划》。此新改善计划主要由两部分组成。

首先是要推进小规模班级的落实(每班30或35人)。

此计划于2011—2018年实施,整个实施过程分为四个阶段:第一阶段(2011—2015年)实现小学所有年级的班级人数控制在35人;第二阶段(2014—2016年)实现初中所有年级的班级人数控制在35人;第三阶段(2017—2018年)小学一、二年级的班级人数控制在30人;第四阶段(2018年至今)增加副校长,教头,担任学生指导的教员以及事务职员的数量。此外,还要降低关于小学复式学级的标准(由 16 人减少为 14 人,有一年级的复式学级由 8 人减少为 6 人),取消初中的复式学级(原来是 8 人)。

2.教职员配置改善

日本自第二次世界大战以来已实施了多项措施,并多次颁布了相关法令来促进教职员定数改善的进行,可看出来其对教职员编制以及教师数量的重视。第一,教育是自我实现和社会发展的基础。通过教育培养在激烈的社会竞争中生存的能力,培养创造未来的人才是有必要的。第二,学校为了满足社会需求,为了解决关于学习指导、学生指导的相关问题,需要加强与地区、家庭间的联系,在学校的教师要面向每一个学生进行高质量的学生指导,上好每一节课。在这样的背景下,调整教职员体制是十分必要的。第三,因为近些年地区和家庭生活的变化,社会和家庭的教育变得困难,关于学生生活习惯、行为规范、学习欲望、态度的问题常常被提起。另外要解决学校暴力、指导困难的学生和需要特别支援教育的学生数量增加等问题,学校尤其是教师的压力变大。通过日本文部科学省的调查我们了解到,1993—2010 年日本小学生不上学的比率增加了 1.9 倍,初中生不上学的比率增加了 2.2 倍。2006—2010 年日本小学学校暴力事件数增加了 1.9 倍,初中增加了 1.4 倍。为了解决这个问题,改善教职员的定数也是必不可少的。第四,在全球化浪潮中,日本的目标是使义务教育阶段的教育达到世界最高水平,为了完成这个目标,就不得不改善教职员的定数。第五,日本的教师与欧美教师不同,除了担任相应课程之外,还要对学生进行生活指导,处理一些事务。因此与外国的教师相比,日本教师的工作时间更长,除工作时间外,节假日里日本教师依然需要加班工作。为了改善这种情况,增加教师和每一个学生的相处时间,就要求减小班级规模、改善教职员的定数。为此,日本于 2014 年开始,实施教职员配置改善计划。具体实施过程见表 5-7。

表 5-7　新公立义务教育学校教职员定数改善计划①

改善的项目	改善人数（人）	改善的目的或内容
为了提高教育水平,补充教员数量	24800	应对新学习指导要领的要求,充实理科等专门科目的教育,充实学校管理和读书活动
改善担任学生指导（毕业指导）的教员配置	2100	应对复杂多样的学生指导,充实初中的职业教育,毕业指导
改善养护教师的配置	1600	对学生身体和精神两方面帮助
改善营养教师的配置	900	通过配置养护教员加强食育
改善特别支援教育教员配置	800	充实特别支援学校的机能
充实对身心有障碍的学生的指导	5000	应对近年显著增加的需求
充实对外国儿童的日语指导	1500	指导需要日语学习的外国儿童
充实教员研修	3300	为了提高教员的能力
总　　计	40000	

这里要补充说明的是,因为财政方面的原因,现在日本只规定小学一年级每班 35 人。预计在 2017 年使小学二年级也缩小为每班 35 人。

通过上述各种措施进行了教职员定数改善后,其效果也逐渐体现。学生教师的比率逐渐接近经济合作与发展组织（OECD）各国的平均水平。小学学生教师比率为 18.6∶1（OECD 平均值为 16.0∶1）,初中学生教师比率为 14.5∶1（OECD 平均值为 13.5∶1）;国际学力调查中,日本学生的水平维持在上游位置;大都市和偏远地区的学生学力基本没有差距。学生家长对于学校的满意程度达到了 80%;改善了指导方法,增加了学生的学习时间。

可以说,通过教职员定数的改善,在生师比的降低、学生学力的提升、教育均衡和学生学习时间的分配等方面获得了良好的间接效果。

---

①　日本文部科学省网站:《子どもと正面から向き合うための新たな教職員定数改善計画案（H25～29 年の5ヵ年計画）の策定について》,2022 年 7 月 2 日,见 http://www.mext.go.jp/a_menu/shotou/hensei/003/1326013.htm。

（三）偏远地区的教师编制

在日本,阻碍基础教育普及的一个重要的因素就是山区等偏远地区的教育问题。当然,妨碍学生入校的因素除了地区因素,还有贫困、民族、性别、身心的障碍等。除了贫困问题,其他因素大多出现在偏远地区。这些地区的学校,学生数量少,学校编制大多都不完整。在条件恶劣的偏远地区想要留下具有资质的教师是十分困难的事情。学生要帮助家里干活,需要劳动,这也影响孩子们的学习活动。这些地区的传统价值与学校教育之间产生的矛盾屡见不鲜。偏远地区中留级、退学的学生数量多。日本全国学力达成度调查的结果显示,这些地区的学校提供的教育只是停留在一个非常低的水平。

日本山地众多,全国 70% 以上的地方被山丘覆盖,而且火山众多。从国土的利用状况来看,全国 68% 为森林,人口密度高产业集中的低地地区只占全国土地的 14%。另外,日本四周被大海环绕,岛屿众多。海岸线的周围 100 米以上的岛屿有 6800 个,在这之中,大约有 400 个岛有人居住。这之中,有三分之一的岛屿只有不到 500 人居住。在日本小渔村也很多。在这样的山村、离岛上,交通非常不便,气候也不好,居民大多从事第一产业,人民收入低。不过在这些地区学校都已存在了。

日本的义务教育阶段的入学率在日本近代教育制度导入大概三十年后的 1902 年已经达到了 90%。当时全国有小学 27154 所。第二次世界大战之后小学校数在 1957 年达到顶峰,有 26988 所。1907 年义务教育年限延长到了 6 年,1908 年就学率就超过了 95%。在 20 世纪初,包括山地、离岛在内的日本全国各个地区都建立了小学。第二次世界大战后,日本又进行了学制改革,6·3 制度开始实施,义务教育延长到了初中。1947 年,日本新制初中的入学率超过了 99%,学校数量超过了 15000 所①。从量的普及来看,日本义务教育

---

① 国立教育政策研究所网站:《我が国の学校教育制度の歴史について》,2022 年 7 月 2 日,见 https://www.nier.go.jp/。

的普及最晚在 1950 年已经基本完成了。但是，到 1950 年，日本的教育政策中，对于偏远地区的学校几乎没有任何特别的提及。对于在贫困地区工作的教员，支付特殊补贴也只不过是在部分地区小规模的实施了。

在 1900 年日本政府进行了教育制度改革，颁布了《小学教员加薪令》。（小学校教员加俸令）该法令对于教员工资做了以下三条规定。

第一，连续工作五年以上的教员，国家出资增加该教员工资（第三条）。第二，在市町村立寻常小学工作的正规教员，如该校为单级学校，则每年最多支付 240 日元的补贴。如该校为多级学校，则需由地方长官承认后每年最多支付 180 日元的特殊补贴（第七条）。第三，市町村立小学校加薪的细则由地方长官制定，并需要文部大臣的认可（第九条）。

该法令之规定了补贴的上限，而且地方长官裁量的余地比较大。第二次世界大战后，偏远地区补贴制度依然实施，但是补贴的额度由各个都道府县的补贴条例确定。日本学者认为，这些补贴从某种意义上来讲是不稳定的，而且数量是微不足道的。除此之外，对于偏远地区的学校资源设备，教育内容和方法均没有实施过特别的措施。在偏远地区教育振兴法（1954 年）制定的前一年公布的文部省教育白书《我国的教育现状》中写道："对于偏远地区的教育，从明治初期以来就没有采取对策，换句话说就是完全被忽视了，相关者对于这一点必须要深刻地反省。"

（四）偏远地区教育振兴

从文部省的数据可以看到 1960 年偏远地区学校的概况。偏远地区小学的数量，本校和分校共计 6604 所，占全部小学总数的 25% 左右，初中共 2712 所，占全部中学总数的 21% 左右。北海道地区的偏僻地学校最多达到 2000 所以上，其次依次为岩手县、新泻县、高知县、鹿儿岛县和青森县。偏远地区小学生 83 万人，占全部小学生的 6.6%。初中生 27 万人，占全部初中生的 4.5%。平均每所偏远地区小学有学生 125 人，每所初中有学生 99 人。偏远地区以外的地区,平均每所小学有学生 580 人,初中有学生 548 人。因为偏远地区学生数量少,使得学级编制出现了困难。在这些偏远地区学校中,小学阶段共有大约一半的班级(约 12300 个),采取的是单级复式学级。其中,七成左右是两个学年,即一年级、二年级为一级,三年级、四年级为一级。三个学年为一级的有大概 6600 个班级。一个教室中聚集所有年级上课的单级学校也存在。这样的学校大约有 300 所。

在偏远地区学校工作的教职员共 48000 人,占总数的 8.5%。在偏远地区工作的教师,女性比较少,小学女性教师比例为 32.3%,初中为 16.9%。而在普通的公立学校中,小学女性教师比例为 45.8%,初中为 20.7%。从女性教师的比例可以看出偏远地区的工作条件是很艰苦的。在偏远地区学校中,年轻教师和 50 岁以上的教师比例比较高,占全体教师总数的 23.6%,而其他地区学校中,这个年龄层的教师只占总人数的 9.9%。30 岁左右的骨干教师的比例偏远地区学校为 26.2%,其他地区为 40.5%。普通地区小学中,持有一级和二级普通教师资格的教师达到 90.6%,偏远地区只有 80.9%。初中教员中,普通地区的教员担任一科的比例是 43.6%,而偏远地区只有 10.2%,有54.8% 的教员需要负责三个科目以上的课程。

偏远地区教员的地位很低,在 1956 年发行的文献中有如下的表述"在偏远地区工作的教师,是教师间的废物,他们是不能在城市和平原地区工作的无能教师,他们是性格有缺陷的,已经脱离了教育界的人。有这样误解的人不占少数。……出现问题的教员被放逐到那里,年轻的没有资格的教师被安排到那里充数。最近这些错误的观念慢慢变少,但是教师间抱有这样看法的人还是不少的。"

另外,根据日本学校基本调查的结果显示,2007 年 5 月 1 日为止,日本公立中小学教师人数为 412509 人和 233985 人。其中在偏远地区工作的中小学教师为 25966 人和 14543 人,占总数的 6.3%。从各个都道府县的情况来看,北海道偏远地区工作的教师数量最多,达到了 10115 人,占北海道教师总数的

31.5%,其次为鹿儿岛,偏远地区工作教师人数达到 3523 人,占鹿儿岛教师总数的 28.4%。埼玉,千叶,神奈川,大阪的偏远地区教师只占该地区教师总数的 0.1%。

表 5-8　偏远地区工作教师比例（2007 年 5 月 1 日）①

	教员数（公立）			偏远地区教员数（公立）			比例（小中合计）
	小学	初中	小中合计	小学	初中	小中合计	
北海道	19,755	12,342	32,097	6,240	3,875	10,115	31.5%
青森	5,698	3,439	9,137	813	420	1,233	13.5%
岩手	5,599	3,324	8,923	946	424	1,370	15.4%
宫城	8,198	4,778	12,976	421	195	616	4.7%
秋田	4,137	2,464	6,601	321	143	464	7.0%
山形	4,609	2,689	7,298	442	201	643	8.8%
福島	8,127	4,924	13,051	848	491	1,339	10.3%
茨城	10,212	5,983	16,195	91	92	183	1.1%
栃木	6,981	4,139	11,120	341	130	471	4.2%
群馬	6,828	3,992	10,820	297	181	478	4.4%
埼玉	19,537	11,227	30,764	8	11	19	0.1%
千葉	17,902	9,829	27,731	29	11	40	0.1%
東京	29,170	14,274	43,444	208	207	415	1.0%
神奈川	23,259	12,369	35,628	12	10	22	0.1%
新潟	8,813	5,187	14,000	1,176	480	1,656	11.8%
富山	3,645	2,071	5,716	35	28	63	1.1%
石川	4,156	2,309	6,465	119	96	215	3.3%
福井	3,209	1,862	5,071	201	132	333	6.6%
山梨	3,338	1,963	5,301	135	81	216	4.1%
長野	7,860	4,740	12,600	365	224	589	4.7%
岐阜	7,407	4,290	11,697	347	194	541	4.6%
静岡	11,251	6,458	17,709	336	166	502	2.8%

---

①　日本文部科学省网站:《へき地等学校に勤務する教員数の割合》,2022 年 7 月 2 日,见 https://www.mext.go.jp/b_menu/shingi/chousa/shotou/051/shiryo/attach/1366292.htm。

	教员数（公立）			偏远地区教员数（公立）			比例（小中合计）
	小学	初中	小中合计	小学	初中	小中合计	
愛知	22,129	11,982	34,111	482	161	643	1.9%
三重	7,097	3,892	10,989	439	234	673	6.1%
滋賀	5,057	2,866	7,923	80	33	113	1.4%
京都	8,401	4,542	12,943	263	158	421	3.3%
大阪	25,533	13,992	39,525	28	—	28	0.1%
兵庫	18,045	9,828	27,873	636	252	888	3.2%
奈良	4,753	2,717	7,470	178	174	352	4.7%
和歌山	4,028	2,400	6,428	345	183	528	8.2%
鳥取	2,599	1,459	4,058	77	—	77	1.9%
島根	3,490	1,903	5,393	726	348	1,074	19.9%
岡山	7,065	3,916	10,981	394	180	574	5.2%
広島	9,560	5,023	14,583	484	247	731	5.0%
山口	5,266	3,246	8,512	178	108	286	3.4%
徳島	3,229	1,885	5,114	251	118	369	7.2%
香川	3,577	2,060	5,637	165	119	284	5.0%
愛媛	5,576	3,131	8,707	558	231	789	9.1%
高知	3,538	2,101	5,639	583	359	942	16.7%
福岡	15,299	8,978	24,277	160	109	269	1.1%
佐賀	3,308	2,055	5,363	144	93	237	4.4%
長崎	5,733	3,643	9,376	1,152	769	1,921	20.5%
熊本	7,160	4,054	11,214	659	338	997	8.9%
大分	4,683	2,691	7,374	517	244	761	10.3%
宮崎	4,323	2,780	7,103	444	275	719	10.1%
鹿児島	7,779	4,622	12,401	2,276	1,247	3,523	28.4%
沖縄	5,590	3,566	9,156	1,016	771	1,787	19.5%
全国	412,509	233,985	646,494	25,966	14,543	40,509	6.3%

日本真正关心偏远地区的教育问题是在1954年制定《偏远地区教育振兴法》之后。日本在制定该法律之时，有这样的一段评价。"偏远地区居民的生活，学生的教育，现在来看简直不忍直视，将这些问题坐视不管，对于日本这样

的文明国家简直是耻辱"。现在日本的教育界，媒体等，关于偏远地区的教育的话题并不多。当然，这并不是因为被称为偏远地区（人口过少地区）的学校或者被指定的偏远地区校都不存在了。在2003年，日本全国有偏远地区小学约有4000所，初中约有1500所。但是，现在认为偏远地区的教育问题是重要的问题的人少了。因为可以说在偏远地区的居民的，在教育上的明显的不利条件已经基本消失了。

1954年，日本制定偏远地区教育振兴法，这是关于推进偏远地区教育的划时代的法令。本法令共九条。第一条叙述了本法令的目的，即明确国家和地方公共团体在振兴偏远地区教育时必须要实施的各项政策，以达到振兴偏远地区教育的目的。第二条明确了偏远地区学校的含义，即交通不便，且自然、经济、文化等条件缺乏的山村，离岛等地区的公立小学和初中。第三条至第五条规定了，为振兴偏远地区教育，市町村、都道府县、国家需要完成的任务。第六条规定，国家对于偏远地区集会室和教员养成施设的设立所需的经费进行补贴。①

为保证偏远地区教员的正常工作以及教员数量，市町村要负责建设教职员住宿用的宿舍和其他福利设施，要负责管理教职员的健康。都道府县要给教职员提供研修的机会，要考虑给偏远地区的教职员提供补贴，并决定教职员的数量。

为保证偏远地区教育的发展与振兴，应对在偏远地区工作的教职员发放偏远地区补贴。具体的支付资金数额由各个都道府县决定，但是其额度要根据偏远地区的等级确定，且不能超过工资和家庭补贴合计的百分之二十五。

至于偏远地区等级，则是由各个都道府县根据《偏远地区教育振兴法》《偏远地区教育振兴法实行规则》设置条例。根据学校所在地的情况，将偏远

---

① 日本 E-GOV 法令公开网站:《へき地教育振興法》，2022 年 7 月 2 日，见 https://elaws. e-gov.go.jp/document? lawid＝329AC0000000143。

地区分为1到5级,加上准偏远地学校,共六个阶段。数字越大,学校所在地的条件越恶劣。衡量学校偏远程度的要素主要有:学校与车站的距离,与医院的距离,与高中的距离,与邮局的距离,与大型超市的距离,与市中心的距离。

对在偏远地区学校和准偏远地区学校工作的教师每月会有补助,对调任到偏远地区学校和准偏远地区学校工作的教师每月也会有补助。

表5-9　北海道(准)偏远地区补助标准

偏远级别	补贴金额
5级	(工资+家庭补贴)×25%
4级	(工资+家庭补贴)×20%
3级	(工资+家庭补贴)×16%
2级	(工资+家庭补贴)×12%
1级	(工资+家庭补贴)×8%
准偏远	(工资+家庭补贴)×4%

此外,北海道对调任到偏远地区学校和准偏远地区学校工作的教师给予补助,其前三年的支付金额为:(工资+家庭补贴)×4%,第四年开始不补助。

如符合认识委员会指定的响应条件的情况,前五年的支付金额为:(工资+家庭补贴)×4%,第六年为:(工资+家庭补贴)×2%,第七年开始不补助。

熊本县对在偏远地区和准偏远地区工作的教师给予的补贴参见表5-10。

表5-10　熊本县(准)偏远地区补助标准

偏远级别	补贴金额
5级	(工资+家庭补贴)×20%
4级	(工资+家庭补贴)×16%
3级	(工资+家庭补贴)×12%
2级	(工资+家庭补贴)×8%
1级	(工资+家庭补贴)×4%
准偏远	(工资+家庭补贴)×1%

此外,熊本县对调任到偏远地区学校和准偏远地区学校工作的教师给予的补助为:前五年的支付金额为:(工资+家庭补贴)×4%,第六年为:(工资+家庭补贴)×2%,第七年开始不补助。

(五)日本教师编制管理的启示

日本对教师编制的管理,从国家层面的法律制定和资金支持,到地方层面的行政制度及职能分配都有着详尽的分工,其在偏远地区工作教师的待遇的处理及偏远地区教师职责和待遇的分配也已经有了成熟的机制。这对我国在处理教师编制相关问题方面,有一定的启示作用。

首先,应制定更加完善详尽的法律法规。日本早在 1950 年就普及了义务教育,到现在 60 多年的时间里积累了无数经验,关于义务教育,班级编制和教职员的法律法规也比较完善。前文中提到的比较重要的就有《学校教育法》《小学设置标准》《初中设置标准》《关于公立义务教育学校的教员工资的特别措施法》《关于公立义务教育学校的学级编制和教职员定数的法律》《地方公务员法》《教育公务员特例法》《义务教育费国库负担法》和《市町村立学校教职员工资负担法》。除此之外,还有《教育基本法》《教职员资格法》《学校给食法》等。在义务教育阶段,财政、行政各方面都有明确的法律规定。我国于 1986 年实施义务教育,经过三十多年的努力使得义务教育得以普及,但是相关的法律法规还不是很完善。为了提高义务教育的水平,促进义务教育的发展,完善法律体系是十分必要的。

其次,提高在农村地区工作教师的福利待遇,保证农村教师的数量。日本政府将偏远地区分级,按偏远程度对在该地区工作的教师给予补贴。对调任到偏远地区工作的教师也进行补贴。这种经济上的补贴,是保证偏于地区教师数量的一个重要手段。在提高偏远地区教师工资的同时,还建设教师公寓,方便教师生活。关注教师身体精神的健康,有利于减少工作上的压力。与此同时,日本政府还积极地加强偏远地区的基础设施建设,在方便当地居民生活的同时,也让在学校工作的教师减少了很多顾虑。

再次,给农村工作教师提供研修机会,提高教师质量。日本政府通过制定政策、改善教员配置、充实教师队伍,通过教员研修提高教师的教学能力。同时政府规定,要在偏远地区建立教员研修的设施,给教员创造研修的机会。在偏远地区工作的教师不仅要具备与在一般地区工作的教师相同的教学水平,还要具备在艰苦条件下工作生活的勇气与耐力,这对于教师的心理素质同样是考验。在我国农村,特别是国家级的贫困县,生活条件比较差,自然条件比较恶劣。通过教员研修,提高农村教师的教学水平,强化农村教师特别是新任教师的心理素质,让他们尽快适应环境是非常有必要的。让农村学校的学生接受与城市学校学生相同水平的教育也符合义务教育均衡发展的思想。

最后,建立有效的监督机制。建立监督管理机制,不仅要监督政府的行为,也要监督农村地区学校现场的具体情况。政府应通过实地调查,掌握每一年度农村地区教师数量、收入、指导能力、实际想法、学生需求、学校建设等。并将数据通过网络等方式公布。了解学校内部的实际情况,才能有针对地提出解决办法,提高效率。

附录　关于日本教职员的部分相关法律条文

教育公务员特例法

第二章　人事任免、考核、工资、解雇和纪律

第二节　大学以外的公立学校教师

(聘用及晋升的方法)

第十一条　公立学校校长(包括但不仅包括校长一个职位)和教师(包括但不仅包括教师一种职位)的聘用及晋升必须经过选考来进行认定。选考的主考者是大学校长(学校为大学附属学校的情况),或者地方教委的教育长,或者是地方的首长来实施。

（有条件的聘用）

第十二条　公立小学、初中、义务教育学校、高中、中专、特殊学校、幼儿园和认定儿童园（以下简称"小学等"）里的教师、辅助教师、幼儿教师、保育师及讲师（以下简称"小学等"）等根据地方公务员法第二十二条第一项所聘用者，同款中关于"6个月"的，应适用"1年"的规定。

地方教育行政的组织和运作的法律（昭和三十一年法律第一百六十二号）

除第四十条规定的以外，根据地方公务员法第二十二条第一项所聘用的小学校长和老师，继续在同一都道府县内，作为校长或者教师被聘用的情况，不再适用同条同款的规定。

（校长和教师薪酬）

第十三条　关于公立小学等的校长和教师的工资，需根据基于他们的职务和责任的特殊性而制定的条例来核发。

前项中规定的工资中，按地方自治法（昭和二十二年法律第六十七号）第二百零四条第二项规定的义务教育等教师特别津贴，符合以下条件的，按条例规定核发。

一　在公立小学、中学、义务教育学校、中专或特别支援学校的小学部或中学部工作的校长及教师。

二　在被认定为有必要遵守前项所规定的公立高中、大专、特别支援学校的高中部，或者幼儿园及认定儿童园里工作的校长及教师。

地方公务员法（昭和二十五年十二月十三日法律第二百六十一号）「第二十二条第一项」

（条款的采用和临时聘用）

临时聘用或聘用兼职教师是在排除全职聘用情况，所聘用职员满足全部招聘条件，在职6个月，在职期间表现良好的情况下，经人事委员会决定，可以带条件延长聘期为1年。

地方教育行政组织及运营相关法(昭和三十一年六月三十日法律第二百六十二号)「**第四十条**」

第三十七条中、都道府县委员会(本条中所指的市町村中的由都道府县费用承担的教职员的相关任职手续的执行者及本条中所指的在其他市町村中的由都道府县费用承担的教职员的相关任职手续的执行者。这一种或者两种执行单位根据第五十五条第一项、第五十八条第一项或第六十一条第一项的规定为市町村委员会。由都道府县费用承担的教职员的任职手续执行委员会为教育委员会)不受地方公务员法第二十七条第二项及第二十八条第一项的规定,除去市町村工作的县费用承担的教职员(编制外讲师(除去根据本法第二十八条中第五款第一项的规定进行的段时兼职的工种,以下同略))。以下的本条、第四十二条、第四十三条第三项、第四十四条、第四十五条第一项,第四十七条、第五十八条第二项、第五十九条及第六十一条第二项也相同)在调离的时候、作为都道府县费用承担的教职员,可以继续在同一个都道府县下的不同的市町村进行任职。在此种情况下,根据该由都道府县费用承担的教职员所在都道府县的调任前的市町村的本法第二十二条第一项(包含其他根据教育公务员特例法第十二条第一项所规定的情况)正式任命的教职员,在同一都道府县的其他市町村调任时,不适用地方公务员法第二十二条第一项规定。

地方自治法(昭和二十二年四月十七日法律第六十七号)「**第二百零四条第二项**」

一般地方公共事业单位,根据条例,对上一项中的职员要提供以下补助。抚养补助①、地域补助、住房补助、新手调整补助、通勤补助、单身赴任补助②,特殊工种补助、特殊地点补助(满足条件者进行补助)、偏远地区补助(满足条件者进行补助)、加班补助、早晚班补助、管理职务特别补助、夜班补助、节假日补助、管制职务补助、期末补助、工作突出补助、寒冷地补助、特定期间职员

---

①　作者注:对父抚养母妻儿的补助等。
②　作者注:单独一人去外地工作的情况。

业绩补助、合同更新制的研究员业绩补助、义务教育等教员特别补助、定时制通信教育补助、产业教育补助、农林渔业普及指导补助、灾害救助补助(在发生暴力袭击,灾害,突发性流感等紧急事态时去支援的教师的补助)。

三、英国中小学教师的编制管理
及城乡一体化

英国作为欧洲教育发达国家之一,文化历史悠久,政治体系背景复杂,在不同的历史时期,教师的编制管理也呈现出不同的形态。历史的积淀使得英国建立起一套严格的教师入职标准和聘任制度。

(一)英国中小学教师编制管理的历史演进

1. 宗教化阶段:工业革命前,教会管理下的教师师资设置

罗马帝国统治不列颠地区 400 多年,作为一个行省,该地区早期并没有形成系统的教学管理组织和体系,也没有很清晰的教师职业界定,更谈不上教师师资管理。直至 669 年,时任坎特伯雷大主教的提奥多(Theodore)极力推行教区制,试图使教管区机构合理化,最终在英国划分出若干个主教区,每个主教区设一个主教,由主教开设并管理一所学校,培养一定数量的能用拉丁语主持宗教仪式和理解基督教教义的牧师和修道士①。这类的主教学校通常由英国天主教教会控制,教士或其他指定的教会人员负责,大部分教师基本上是由牧师和修道士担任,教师招募随意,既没有统一的课程标准,也没有任何师资管理的规范。1179 年,教皇亚历山大三世召开了第三次拉特兰宗教会议,下令每个教堂必须至少配有一名教师免费教授所在教区的牧师和贫困学生,该

---

① 王兰娟:《中世纪英国文法学校初探》,《首都师范大学学报(社会科学版)》2005 年第 1 期。

教师的生活费用由供职教堂承担。至此,英国教师岗位及聘用的管理条文在教会性文件中初现,但教师职业都是临时性的,并且没有出现专业化现象①。16世纪宗教改革后,英国脱离罗马教廷,成立新教,并确认其为英国国教。但这场宗教改革并未让英国的教育发生根本的改变,新的教会与旧教会职责基本一样,学校的开办、领导与管理基本上受制于国教教会。国家仍然通过教会来管理学校、管理教师,特别是利用资格认定对教师的宗教信仰进行监督,如1559年英国皇室法令规定,只有经过正式的思想品格考察,得到主教许可的人才能从事教学。由于宗教在城乡传播的需要,此时教会对于不同地区教育的重视是均等的,免费和宗教信仰让教会学校在英国的乡村很受欢迎。

与此同时,随着生产力的发展,交通条件的改善,英国城市化水平不断提高,大中城市逐渐开始形成,并产生了新的社会阶层——市民阶层,农村中等阶层也日益富足。在教会之外,由商会开办的城市学校和乡村捐助、慈善学校开始涌现,教师的薪酬多由家长或城镇居民承担。但这些私立初级学校的教师既无资格认定,聘用也比较随意,教学质量堪忧。

2. 国家化阶段:工业革命后,国家开始重视师资管理

19世纪英国完成了工业化,机械代替手工劳动,这对大众的文化素质提出了新的要求。广大劳动群众意识到要适应新的劳动生产,就必须接受一定的教育,这才能促使他们及子女成为适应发展需求的合格劳动力;另外,该时期也是英国人口迅速增长的年代,大规模的社会流动,城市化更迅猛地发展,例如南安普敦1801年到1911年间人口从8000人增至119000。② 随着入学人数的增多,初等教育教师短缺问题严重。虽然,当时掌管教育的教会组织尝试通过建立教师培训机构来缓解问题,但由于教会自身内部矛盾丛生,教师的

---

① John Lawson , Harold Silver, A Social History of Education in England, London：Methuen, 1973, p. 129.

② 徐辉、郑继伟编:《英国教育史》,长春人民出版社1993年版,第165页。

数量和质量问题并没有得到实际解决,英国初等教育师资与教育需求矛盾与日俱增。

工业化发展与教育发展的不匹配使得英国政府意识到进行中央教育管理和领导的必要性。1833 年,英国国会通过教育补足金法案,随之设立了"枢密院教育委员会"直接掌管、分配补助金,这标志着英国教育从宗教性、民间性活动开始向教育国家化转变。

1845 年,英国政府在全国范围内正式推行"见习生制度",选择在德智体各方面优秀的初等学校学生为见习生,经过指导培训,获得证书,工资由枢密院教育委员会负责分发,以解决初等教育师资不足的问题。见习生制度的建立被认为是英国政府参与教育师资培训及资格认证的一项重要举措,也是英国初等教育教师师资管理的一大进步,为后来的初等教育体系的建立奠定了基础。

1856 年,英国政府将枢密院教育委员会改组为教育局,该机构主要履行管理全国初等教育的职责。1870 年,标志着英国国民教育制度正式形成的《初等教育法》颁布,这部法案将英国全国划分为数千个学区,设立学校委员会管理地方公立学校教师聘任和管理事宜,促使英国初等教育迅速普及。英国政府大力开设公立初等学校,也鼓励私人兴学,进一步扩大国民受教育的机会。在初等教育教师问题上,政府干预手段日益多样化,通过教育拨款、行政立法、设置机构、社会调查、师资培训等手段积极进行管理①。英国政府直接把握教育领导权,亦使得英国国民教育制度发展日益成熟。

3.分权化阶段:基础教育师资国家、地方分权管理体制形成

20 世纪前中期是英国基础教育改革与发展的重要时期,这一时期英国政府颁布了著名的《巴尔福教育法》《1944 年教育法》,确立了英国学校教育由

---

① 刁小伟:《试论 19 世纪英国的初等教育及政府对策》,华东师范大学 2007 年版,第 39 页。

中央和地方两级管理的体制。《巴尔福教育法》提出取消原来的地方教育委员会,由地方议会管理地方教育,行使决议和执行的双重职能。地方议会作为地方教育当局负责建设公立学校,并适当地对私立和教会学校进行资助和监管。该法案的颁布确立了英国地方教育当局为主体的教育管理体制的建立,这对后来英国教育领导体制和中等教育发展产生重要影响。随后,《1944 年教育法》(又称《巴特勒教育法》)颁布,进一步确立了地方教育当局对教师岗位设立和聘用方面行政权力,加强了国家对教育的控制权,例如规定公立学校的教师受聘于地方教育当局,对私立学校的教师任用等具有建议权等,在一定程度上进一步完善了英国地方教育管理体系和制度。同年,英国政府为了对全国教育进行宏观调控管理,建立教育部。该部门的主要职责集中在国家层面的教育政策与文件的制定与实施方面,对于地方教育管理部门与教学单位的具体工作只履行监督与指导的职能,既不直接参与学校的具体运行与管理,也不参与人事聘用与解雇教师的决定。英国国家、地方分权管理基础教育师资体制形成。

然而,20 世纪中后期英国基础教育质量开始呈现的下降趋势引起了英国政府和教育界广泛关注。因此,为了改善英国基础教育的质量,新的教育改革议题再次被提上英国政府日程。

4. 校本化改革阶段:推动学校直接对师资进行管理

20 世纪 80 年代,为提高基础教育办学质量,同时受到美国校本管理(School-Based Management)理念,以及地方教育当局在配置教育资源方面效率低下的影响,英国政府颁布了《1988 年教育改革法》,尝试将市场机制引入教育体系。建立不受地方教育局管理,由国家政府直接拨款的独立法人学校,建立起了学校、教师、家长直接管理的模式。该类学校相较于一般的公立学校,在教师岗位设置与聘用上更加自主。《1988 年教育改革法》的推行将原属于地方教育管理部门的人事管理权下放到了校一级管理层面,各个学校可以因地制宜,按照实际情况,依据教师合同与职级对学校的教学岗位比例与职级构成进行自主设置。同时,为了控制教师队伍质量门槛,英国教育与科学部于同年颁布《合格教师身份》咨询文件;2007 年实行《英国教师专业标准框架》,全面的专业资格标准和准入规则的制定使得英国教师资格与专业标准规定不断规范化、细化,为各类别教师编制的管理提供了基础依据。英国政府在校本管理和国家调控之间寻求适度平衡的意图显而易见。

但是,《1988 年教育改革法》提出的地方政府对于本地区学校的拨款应以学生注册人数为依据对农村学校的资金供给带来了巨大的影响,间接导致了后来的农村师资短缺,教师流失严重等情况的出现。为改善这一情况,英国政府与民间推行了众多的改善计划与措施,例如 2002 年开始实施的"教学优先计划"(Teach First Programme),就是为了鼓励英国优秀大学生积极参与支教,以缓解师资问题,解决国内城乡教育均衡发展问题。

经过几个世纪的发展,英国基础教育从自由主义影响下国家不干预教育到今天的中央、地方、学校三方管理体系的形成,教师的管理也从粗犷逐渐走向规范化、主体多元化、校本化的特点。2016 年 3 月英国教育部颁布的《DfE strategy 2015-2020：Word Class Education and Care》中,明确指出教育系统最快速、最可持续的发展方式,是政府将权力下放。①

(二) 英国教师编制数量管理依据

英国的教师岗位编制数量并没有一个固定的数值,也没有专门的编制管理部门进行控制。岗位的设置及数量控制灵活,由中央和地方教育当局管控,各个学校按需自行设置,而地方及中央教育部门管控的依据主要是按照总学生数、班级学生人数和生师比,辅之以区域、经济等其他因素来进行宏观控制。

---

① U. K. Department of Education, DfE strategy 2015 to 2020: world-class education and care, https://www. gov. uk/government/publications/dfe - strategy - 2015 - to - 2020 - world - class - education-and-care, 2017-09-27, p. 13.

英国教师岗位编制数量的设置标准由中央政府根据国家教育发展战略需要,结合实际国情,确定相关岗位编制的政策法规。国家政府为了确保教育质量,要求教师岗位设置要充分考虑生师比及班级人数,据此划拨教育经费,学校必须跟政府签协议,从而获得基于合理学生人数的预算经费。为了保证教学质量,英国法律规定幼儿班级规模(Class Size)不能超过 30 人。①

但在实际操作中,各地区教育当局再根据中央法规,依法结合本地区经济水平、社会发展状况、人口规模、行政区划、工作时长等,运用科学方法制定地区编制标准,如苏格兰地方规定,无特殊情况,幼儿班级规模不能超过 26 人。各个学校根据教学实际情况,引入动态调整机制,及时更新岗位设置,可依据学校发展愿景和目标,自行对现行岗位设置进行调整。比如,英国以精英教育著称的伊顿公学,该校执行严格的小班教学,英国政府网站公布的官方生师比仅为 1∶15.3,远低于地区水平②。

另外,在没有严格的编制身份管理的背景下,英国政府和地方教育当局为了确保宏观教育目标的实现,以及有效管控各个学校合理合法地运用权力,通过资金划拨、法律制定、行政督导等各种间接途径对学校运行进行宏观调控。例如,英国普通公立中小学教育运行资金主要来源于地方教育当局,而地方政府的大部分教育经费又主要依靠国家财政拨款。

(三) 英国中小学教师编制质量的管理

1. 英国中小学教师任职资格

科技的发展必然带来产业变革,社会对教育子系统提出了更高的要求。

---

①　U. K. Department of Education, Class Size and education in England evidence report, https://www. gov. uk/government/uploads/system/uploads/attachment ＿ data/file/183364/DFE － RR169. pdf,2017-09-10, p. 10.

②　U. K. Department of Education, https://www. compare － school － performance. service. gov. uk/school/110158? tab＝workforce－and－finance,2017-09-10.

教师作为教育的主体之一,其质量是保证教育发展的关键。20 世纪 80 年代,英国政府面临着教师管理改革与发展的诸多难题,教师的专业化发展、教师的专业标准设立、教师的专业地位提升等都成为亟待解决的问题。因此,英国政府进行了机构改革,改组了当时的教师教育认证委员会,并以国家教育法规明文规定:只有符合教师任职资格标准的人才可取得合格教师身份,该身份是到公立中小学任教的必要条件。

随后,英国政府不断推进教师专业标准的完善,使其更加符合社会发展对于教育的需求。1993 年,英国为了提高教师实践水平和处理问题能力,修订了 1989 年的合格教师资格标准,更为重视对教师教学实践技能的培训,以提升课堂教学的实效性。然而该标准存在考核标准过低,体系不严密、不完整等问题,未能很好地促进英国教师职业的专业化[1]。2012 年 5 月,英国教育部公布了新的英格兰地区教师职业标准,再次明确要求公立学校教师以及非公立特殊教育学校的教师一定要拥有 Qualified Teacher Status(QTS)。[2] 目前的英国中小学教师主要来自高等教育学校下设的教育学院学制四年的本科毕业生,或完成 PGCE 课程(Postgraduate Certificate in Education)的人员。两者都必须学习规定的教育理论课程,并进行教学实践实习,才可以成为新进合格教师(Newly Qualified Teacher)。要想成为合格资格教师,还需要在中小学试用一年(威尔士为两年),通过考核后,由教育主管部门登记,以备学校正式聘用时核实资格。英国拥有严格的教师职业资格标准和认证体系,这从根本上保障了教师编制中的教师质量问题,也保证了其中小学教师的专业素养。

2. 英国中小学教师岗位职级

教师与教学管理者作为中小学职员构成的两大不同职能主体,在英国中

---

① 董爱华:《英国教师的专业标准》,《教育评论》2009 年第 3 期。

② National College for Teaching and Leadership, Find out how to obtain qualified teacher status (QTS) to teach in a maintained school or non - maintained special school in England, https://www. gov. uk/guidance/qualified-teacher-status-qts,2017-09-24.

小学教师岗位划分类别中得以体现。英国中小学教师岗位有两类：一类是教师岗位，另一类是学校教学领导岗位。两种岗位的任职都有明确的职业晋级标准和岗位职责，互相融通，这为教师的职业发展和继续教育提供了空间，也为教师编制后继标准保障提供了依据。

英国中小学教师岗位目前可以总结划分为五个职级：合格资格教师（Qualified Teacher Status）、普通教师（Teachers on Main Scale）、经验教师（Post-threshold Teachers）、卓越教师（Excellent Teachers）和高级教师（Advanced Skills Teachers）①（后三个职级于 2012 年 9 月被建议因地制宜地实行②）。根据 2011 年的英国教师专业标准框架（The Framework of Professional Standard for Teachers），每一级别的设置都有明确的职责，级别越高，岗位职责越重，具有较强的针对性。明确的专业标准使得英国中小学教师可以有更为客观的依据判断个人的专业水平，能力与水平高的教师获得认可与尊敬，而专业水平与能力较低的教师也能通过参照，发现个人的不足和需要提升的部分③。

虽然，英国政府规定教师从业的最基本条件是获得教师资格证书，并取得合格教师（Qualified Teacher status）身份，然而由于受紧缺专业教师短缺等因素影响，2015 年英格兰内伦敦地区该类教师的比例达到 8.5%，远高于其他地区④，这些教师往往只和受聘学校签订一年的短期聘用合同。

英国国家教育主管部门只颁布教师岗位职级设置的框架，各个中小学可

---

① Professional Standards for Teachers Post Threshold, https://www.rbkc.gov.uk/pdf/Post%20threshold%20standards.pdf, 2018-09-18, p. 2.

② The Professional Standards Framework for Teachers, https://www.rbkc.gov.uk/cpd-schools/teachers/newly-qualified-teachers/nqt-induction-hand-book/professional-standards, 2018-09-18.

③ 毕妍、齐海涵：《英国教师绩效工资制缘起、特点及启示》，《现代教育管理》2012 年第 1 期。

④ Schools workforce in England 2010 to 2015: trends and geographical comparisons, https://www.gov.uk/government/uploads/system/uploads/attachment_data/file/550970/SFR44_2016_text.pdf, 2017-09-20, p. 19.

以依据实际教学需要与具体情况自行决定具体教师岗位的设立与分配,但学校要考虑设置这些岗位所需要的费用。正常情况下,教师只要达到要求的从教年限与专业标准,经过申请审核,即可晋升职级。通常情况下,职级的高低与专业知识和技能、岗位职责、收入成正比。当然,职位级别较高的一线教师还可根据自身职业发展需求选择承担部分管理岗位职责,或转至教学管理岗位,自主选择岗位类别,拓展了教师的晋升途径。

总之,英国的教师岗位设置是在建立和完善教师资格标准和专业发展标准的基础上逐步建立和完善起来的,突破了编制的限制和岗位结构比例的束缚,岗位设置较为灵活,有利于教师的进步和教育事业的长足发展。

3.教学领导岗位职级

英国 20 世纪 80 年代的校本化改革之路让公立中小学的自主权得到了极大的提升,进而对教育基层管理者的管理水平提出了极高的要求。校长作为一线的行政管理者,责任重大,专业化要求高,因此英国政府对其所必须拥有的能力做出了明晰的界定。2015 年,英国教育部颁布了最新的国家卓越校长专业标准(National Standard of Excellence for Head Teachers),该标准主要包括四个关键领域:个人道德素养及组织管理能力、学校发展战略眼光、维系学校内部以及学校与社会良好交流的能力。[①]

此外,校长资格认定制度(National Professional Qualification for Headship,NPQH)是英国政府针对中小学校长选拔所制定的官方标准[②]。该制度依据国家校长专业标准设计,实质上是针对专业能力提升的培育制度。申请者通过

---

① National standards of excellence for headteachers Departmental advice for headteachers, governing boards and aspiring headteachers, https://assets. publishing. service. gov. uk/government/uploads/system/uploads/attachment_data/file/396247/National_Standards_of_Excellence_for_Headteachers. pdf, 2018-09-22, pp. 5-7.

② National Professional Qualification for Headship(NPQH), https://www.gov.uk/guidance/national-professional-qualification-for-headship-npqh, 2018-09-22.

2 个学期到 18 个月的课程,若能取得证书,即表示已达到国家认定的校长标准,具备当校长的资质。值得注意的是,该培训不仅仅是针对校长,教师也可申请参加培训。

英国公立中小学领导岗位不仅在数量上设置了一定的限制比例,中学通常设置校长 1 名,副校长若干名;小学通常设置校长 1 名,副校长或校长助理 1 名,其薪酬水平还与其所任职的学校规模及人数息息相关。

基于促进教师专业发展和提高教育质量,英国政府及其教育主管部门一直在努力尝试拓宽教师专业发展的路径,延伸教师岗级设置,以达到教师专业发展和教育质量提升的目的。20 世纪 80 年代以后的 20 年里,先后提出了合格教师标准、引入经验丰富的教师、高技能专业教师以及校长专业水准。实践表明,选拔优秀的领导人才、校长充分行使学校管理自主权都需要健全完备的国家校长标准和校长资格检定制度。

(四)英国中小学教师的聘任制度

英国教师的聘任总体具有分权制和多主体的特点,但不同种类的学校对于教师聘任的实施主体以及权责分配模式却又有所不同。根据权利主体,现行的英国中小学主要包括以下几种学校:公立学校、私立学校、中央经费资助的学校等。鉴于本书主题是教师编制管理政策,这里将主要介绍英国公立中小学(Maintained School)的学校教师聘任管理。

英国公立中小学创办的目的在于政府普及初中级教育。学校教师的聘用有其程序。学校需先将岗位空缺信息上报所在地教育主管部门,由该主管部门统一发布包括岗位信息和待聘教师标准的招聘公告。候选人递交申请信息后,经过初步筛选,就进入了面试环节。面试作为教师聘用的关键环节,面试委员会(或称为遴选小组)由学校与地方学区代表组成,经过询问、考核,从而最终确定聘任人选。

公立中小学由地方教育当局直接管理,聘任权在地方教育主管部门而不在中小学,所以教师直接与教育局签订公务雇员合同,受聘于地方教育局。这种雇佣关系即给予教师保障,也在一定程度上保证了公立基础教育学校教师队伍的稳定性。所以英国教师具有公务员制度和雇员雇佣制度相结合的特点,称为公务雇员(Public Employee)。一方面,在法律上,中小学教师受聘于地方教育局,教师虽然与政府之间具有一定的行政隶属关系。但是教师不适用公务员法律,而适用于学校雇用法律;另一方面,政府与教师就聘用期间双方遵循的权利和义务签署正式聘任合同,因此,两者之间具有雇佣合同关系的特点。

根据合同特点,公立学校的正式教师聘任种类可以划分为两类,专职教师与兼职教师。专职教师合同又分为永久合同和固定时长合同;同样,兼职教师也分为持有永久合同的兼职教师和持有固定时长合同的兼职教师。签有永久合同可以看作是一种终身合同或者无限期的合同;签订固定时长教师聘任合同的教师,这类教师如不续签,合同自然终止。但是如果任职期间表现合格,且经过学校和教育当局审核,该类教师可以转签为全职教职。苏格兰教育委员会(General Teaching Council for Scotland)在 2012 年的一项调查中发现仅24.9%的新进合格老师可以得到全职教师的职位①,体现了从政策法规角度,英国教师执业要求高。

私立中小学在英国历史悠久,普遍意义上是指由私人或私立机构投资,由当地政府和教育部门批准,并受政府捐助的学校。这类私立中小学实施聘任制,已经形成了较为完整的教师岗位聘任体系。英国各私立中小学空缺教师岗位的招聘主要由校董事会负责,地方教育当局仅有建议权。特别的是,在私立学校中的公学,英国公学独立运行,不受政府资助和管辖,具有极大的自主权。校董事会是公学的直接管理机构,主要管理行政领域,比如校长的任免、

---

① General Teaching Council for Scotland, Newly qualified struggling to find work in Scotland, http://www. sec-ed. co. uk/news/newly-qualified-struggling-to-find-work-in-scotland/, 2017-09-26.

资金的分配和筹募等,其工作不受地方政府或教育部门的管辖和制约。

综上所述,英国在实施公立学校教师编制管理过程中主要体现了以下几个特点:1. 动态化:以满足实际需要为原则进行弹性岗位设置,无编制限制,灵活掌控。2. 法制化:教师聘任依法依规,过程严谨合法,让各主体合法权利得以保障。如学校从前期的职位招聘到后期的合同签订,甚至是教师解聘都受到法律法规的制约,每一个过程都要提供详尽、全部的相关材料。3. 职责明确化:英国中小学教师及领导职级清晰,岗位职责与职级职责明确,教师职业发展路径清楚,真正促进了学校及教师持续性的发展。

(五)英国中小学师资的城乡一体化

虽然英国教师编制管理拥有其优点,但是现实中的英国基础教育仍存在种种困境。英国政府一直在积极应对,但是教育质量的地域差异、部分学科教师缺乏等问题依然存在,中小学学生课业成绩也出现下滑趋势,而这些问题尤其凸显在农村地区。

1. 英国的城乡划分

根据英国环境、食品与农村事务部 2016 年公布的标准,英国划分有主要城市(Major Urban)、大城市(Large Urban)、其他城市(Other Urban)、主要村镇(Significant Rural)、50%—80%农村人口地区(Rural—50)、80%以上农村人口地区(Rural—80)。根据此分类,伦敦地区整体为城市密集区域,威尔士多为农村区域[①]。威尔士和英格兰地区教育从发展渊源、法律体系、学制等方面差距甚微[②]。因此,研究英格兰及威尔士地区的教师编制管理问题,相较于其他

---

① Bibby P., Urban and Rural Area Definitions for Policy Purposes in England and Wales: Methodology, https://www. gov. uk/government/uploads/system/uploads/attachment _ data/file/239477/RUC11methodologypaperaug_28_Aug.pdf,2017-09-17,p.27.

② 陈国铁:《当前英国地方基础教育体系比较》,福建师范大学 2003 年版,第 19 页。

地区,更加可以合理展现英国城乡教师管理的现状。

2.英国城乡教师师资困境

2016 年 9 月,英国教育部公布了《英格兰 2010—2015 年学校人力调查:趋势及区域对比》①(Schools workforce in England 2010 to 2015:trend and geographical comparisons),该报告中对比了英格兰城乡不同区域教师流失、教师缺口问题。

英格兰 2011 年到 2015 年教师流失情况严重(见表 5-1),在所有离职小学教师中,除去退休和校际流动的教师,离开教师岗位的教师的比例占 40% 以上,小学从 41.1% 上升到 44.4%。这个情况在中学更加严重,据该报告统计 2010 年离开教师岗位的教师达到 47.1%。

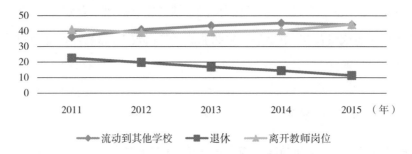

图 5-1 2011—2015 年英国公立小学离职教师统计图

数据来源:英国教育部 2016 年发布 Schools workforce in England 2010 to 2015:trend and geographical comparisons 报告。

如上图所示,英国的教师校际流动比例在 2015 年占整个流失教师人数的 44.5%。这里的教师内部流动,一方面是以学校间教师配置合理为目的的正常流动,如教师去往其所授学科教师紧缺的学校进行任教;另一方面,则是条

---

① U. K. Department of Education. Schools workforce in England 2010 to 2015:trends and geographical comparisons, https://www. gov. uk/government/uploads/system/uploads/attachment _ data/file/550970/SFR44_2016_text. pdf,2017-09-20,pp.32-35.

件较差学校的教师向更为优质学校的流动,并形成较为显著的趋势。仅 2015 年英国就有 9.1% 的贫困地区教师流动到相对非贫困地区,这种流动进一步导致贫困地区和非贫困地区教师配置失衡。

此外,教师的流失,带来的最直接的问题就是师资的下降。据该报告对沿海贫困地区城乡教师资格拥有情况调查发现,英国沿海乡村贫困中学无资格教师的比例为 7%,比沿海城市贫困地区的 6.5% 高。同时,对比不同经济条件的乡村中学发现,农村高度贫困地区的无资格教师比例高于低贫困程度地区[①]。

3. 对策

解决城乡教师师资差异问题不可急功近利,需要持之以恒地努力,需要社会全方位的协调。英国政府为此实施了一系列政策,如"国家挑战"计划、"教育优先区"计划、"教育行动区"计划、"城市教育优异"计划等。当然,英国政府也意识到仅靠政府自身是远远不够的,它开始转变其管理职能,充分运用社会各方面的资源,这样既可以弥补政府管理的不足,又可以更有效地实施改造计划。

(1)利用各种社会资源,吸引优质大学毕业生

20 世纪末,英国开始了以"第三条道路"为核心的执政理念和施政纲领。此时,教育均衡发展问题与英国的一些社会团体的期望存在巨大的差距,但他们意识到唯有凝聚全社会的力量,形成强大的工作合力才能取得实质性突破,完全依靠政府单枪匹马难以在短时间内改变现状。

另外,英国政府也积极动员全社会的力量,多渠道、多途径地解决贫困薄弱地区学校的师资问题。例如,2001 年英国提出了"教学优先计划"(Teach

---

① U. K. Department of Education. Schools workforce in England 2010 to 2015: trends and geographical comparisons, https://www.gov.uk/government/uploads/system/uploads/attachment _ data/file/550970/SFR44_2016_text.pdf,2017-09-20.

First Programme）。教学优先计划是社会发起的公益计划,其资金 50% 来自企业、慈善机构和个人捐赠,主要招聘一流大学优秀学生前往教育落后地区任教 2 年。一年后多数支教老师可以获得 QTS 或教育学研究生(PGCE),两年后,可以自行决定去留。离开的教师享受特殊的优惠待遇,比如贷款优惠,留下的教师对其向管理者方向进行培养。良好的职业规划极具吸引力,并且将薄弱学校作为教师职前培养基地是教学优先计划的一大亮点,它与英国中小学为基地进行教师职前培训的趋势不谋而合,兼顾了薄弱学校提升和新教师培养,两全其美,意义非凡。

值得注意的是,该项目拥有市场经济的特点,其运作与执行受行政干预少,自由、公正度高。与教育行政部门属于合作关系,为计划的执行减轻了压力。教学优先计划一方面对求职者应聘门槛设置很高,保障了支教生师资队伍的质量;另一方面拥有健全而完备的教育培训体系,减少了入职后的再培训对教学活动的影响。支教生的全面发展也是教学优先计划的重要内容,注重在支教过程中引导其拟定符合自身实际的职业发展规划,从而为其以后的发展提供广阔的发展空间。就执行教学优先计划的标准而言,各地大同小异。

(2)注重农村教师的待遇提高

首先,英国教师工资自 2006 年起全由国家财政负担,此举是为了减少不同地区教师工资的差异性,解决教育贫困薄弱地区教师的流失问题。英国教师的总体工资水平低于其他职业,且加薪的幅度和速度也远远落后[1],而不同地区由于地方经济情况不同,造成财政对于教育的投入也不均衡,这极大地影响了地区教师队伍的稳定性。

其次,利用较高的待遇及优惠措施吸引教师到贫困薄弱的学校就职,不受全国教师聘用条例的约束。如 2009 年英国政府提出的"金手铐"(Golden

---

① Alistair Ross and Merryn Hutchings. Attracting, Developing and Retaining Effective Teachers in the United Kingdom of Great Britain and Northern Ireland (OECD Country Background Report), http://www.oecd.org/edu/school/2635748.pdf,2017-10-12,p.42.

Handcuff)项目,对于到工作条件差的地方任教的教师,提高其物质待遇,任教满3年的教师提供1万英镑奖金,并将其评为"优秀教师"或为其提供"高级技能教师"职级①。该举措不仅有利于让落后地区的教师继续坚守,而且对其他地区或学校的老师同样具有吸引力。

(3)调整农村小规模学校布局,实现师资优化

英国1988年出台的教育改革法案要求地方政府给学校的拨款应该以学生注册人数为基准。英国农村小规模学校缺乏资金,办学困难加大,教师流失问题严重。虽然英国各界对农村小规模学校的评价褒贬不一,然而小规模学校的存在依然具有一定价值。因此,英国农村小规模学校开始尝试合作,各合作学校共享教育资源,集群发展。为了缓解教师流失以及部分专业教师紧缺的问题,合作学校共用具有高级技能的教师,或把相关教师借给同伴学校紧缺学科,一个教师可以同时在两个学校工作。另外,合作学校联合聘用外部专家②,这不仅有利于优化学校师资,提高教学水平;对于本校教师的专业能力提升也有所裨益,实现了师资的优化。

近十几年来,英国政府出台了许多解决城乡教师问题的措施,一些措施对于解决我国现阶段城乡教师问题是有借鉴意义的。我国的农村教育取得了举世瞩目的成就,相较过往发生了翻天覆地的变化,这与党的正确领导、政府的大力支持和社会的积极响应是分不开的。在探索行之有效的农村教师编制管理问题中,我们不仅要立足国情、立足实际,还要学习借鉴国外的先进经验,这样才能取得改革的最佳成效。

---

① 李玲、韩玉梅:《西方国家中小学教师流动的经验与启示》,《比较教育研究》2011年第11期。

② Atkinson M.,Springate L.,Johnson F.,Halsey K.,Inter-school collaboration:a literature review,http://www.sharingeducationprogramme.co.uk/documents/nfer-report.pdf,2017-10-12,p.42.

第六章　中小学教师编制城乡一体化的政策建议

进入新时代,在基本公共教育服务逐步实现城乡一体化的过程中,中小学教师编制城乡一体化已经成为一个必然趋势。从我国中小学教师的构成来看,中小学教师编制城乡一体化,既是一个政策理念,也是一个实践概念,还是一种现实状态,具有丰富的内涵,需要在实践中加以准确把握和有效落实。本章基于以上的研究,拟对进一步完善中小学教师编制城乡一体化的相关政策提出对策建议。

一、准确理解和把握中小学教师编制城乡一体化的内涵

(一)城乡中小学教师数量与质量统筹化

城乡教师编制管理一体化是在我国不断加快城镇化进程,持续推进城乡一体化过程中保证城乡中小学教师数量和质量均衡性的过程。首先,城乡教师编制管理一体化是在我国城市化发展过程中出现的新问题,也是在推进城乡一体化进程中出现的问题。这一问题的解决是我国教育发展适应社会经济

发展需要的现实要求。如果没有城乡中小学教师编制的一体化，就没有城乡教育的一体化，没有城乡教育的一体化，也就没有城乡一体化。其次，从城乡一体化的取向看，一体化的重要取向是平等化、均等化和统筹化。要实现城乡一体化，不仅需要经济与社会发展等方面的一体化，还需要教育质量的一体化。教育质量的一体化需要教师编制的一体化。城乡教师编制管理一体化不是抽象的，而是具体的，应该包括丰富的内容。

第一，城乡中小学教师数量的统筹安排。数量实际上是教师编制的基础基数。只有基础基数相同或近似，城乡教师编制一体化才有保证，否则就是一句空话。首先，要保证有足够数量的教师在城乡学校之间进行编制调配。城乡中小学教师数量的统筹化是按照城乡统一的编制标准来配备中小学教师，并且考虑到乡村学校规模小特别是村小、教学点布点分散等特点，可以采取生师比与班师比相结合的方式来配备教师。只有城乡学校师生比统一，并向乡村学校倾斜，才能实现城乡教育的一体化，进而推动城乡一体化。

第二，城乡中小学教师专业学科结构的统筹安排。目前在我国，无论城市还是农村，学校的教育教学活动依然主要是以学科的形式组织开展的，也就是说语文老师上语文课、数学老师上数学课，这对保证教育教学质量具有重要意义，也有利于学校的各项管理。这也是世界各国普遍的学校教育管理方式。但是，由于各种原因，在中小学中不同学科中，教师的比例是不同的，教师短缺的状况也是不同的，有些学科教师过剩，有些学科教师缺乏。在某个时期缺乏某些学科的教师，在另一个时期则缺乏另一些学科的教师。例如，在改革开放初期，普遍缺乏英语教师，许多农村学校只能选派其他学科的教师进行英语的短期进修，之后就充实到学校，特别是农村学校。20 世纪 90 年代，计算机成为学校的重要课程，计算机教师极为缺乏。进入 21 世纪之后，各地各校音乐、体育、美术等学科的教师缺额严重。据调查，进入 21 世纪第二个十年之后，数学、物理、化学、地理等学科的教师短缺，尤其是农村学校。一个学校所有学科的教师都不缺乏，各学科都有相应学科教师成了一种奢望。面对这样的现实，要实现城乡教师编制管理一体化就应千方百计培养、聘任学科对应与专业对口的教师。

第三,城乡中小学教师性别结构的统筹安排。不同性别的教师对学生的成长和发展具有不同的作用。男女教师性别上的差异有时会转化为教育方式方法上的差异,并形成各自的教育优势,且两者之间往往是不能替代的,最终影响学生的性别取向和人格的形成。合理的教师性别结构既有助于男学生的发展,也有助于女学生的发展。但由于各种原因,在我国不同的历史时期,中小学教师的性别结构差异巨大,一定程度上影响了学生的发展。在旧时代,男女不平等造成了女学生数量难以与男学生比较,女教师更是凤毛麟角,这时的学校教师大多数为男性,也不存在男女性别结构的问题。改革开放初期,教育大发展,我国师范院校培养了大量中小学教师,但是以男性居多。进入 21 世纪,由于男性在就业方面选择的空间扩大,再加上教师工资福利待遇的相对性下降,致使男性,特别是城市户口的男性很少愿意担任教师,一些城市家庭不愿意让子女报考师范院校。

在这种情况下,我国中小学教师队伍中的女教师数迅速增长,男教师数逐年减少,女教师的比例大大超过男教师的比例。这种情况还有愈演愈烈的趋势,特别是在小学,男性教师成为稀有资源。在一些师范院校男生比例也急剧下降,校园已是女生的天下。随着撤点并校风潮的兴起,许多农村学校的男性教师已经退休或濒临退休,通过教师招聘考试和特岗教师招聘所聘任的教师大多为女教师,以前在农村学校难觅的女教师现在成为农村学校教师的主体,一些偏远山区的农村学校需要男教师,但是很难招聘到。这种情况会影响农村教师的稳定和农村教育的发展。中小学男女教师的结构问题应该引起重视。理想的性别结构是城乡教师一体化发展中的题中应有之义。需要探索男女性别统筹的城乡教师编制一体化之策。

第四,城乡中小学教师素质结构,即知识与技能结构的统筹安排。教师的知识、技能是教师专业素养的核心构成。虽然人们对教师应该具备哪些知识、技能存在不同的看法,对中学教师和小学教师的要求不同,但是中小学教师知识和技能应该是保证教育和教学质量的关键,专业知识和技能也是教师专业标准的核心要素。为此,应努力实现城乡中小学教师的知识、技能结构和水平的一体化,无论城市学校的教师,还是农村学校的教师,应该在知识、技能等方面具有相同或相近的水平。教师的知识、技能,即教师素质的城乡一体化要求教师的知识和技能水平能够满足教育教学工作的要求。

现代教育学认为,教师的知识主要包括学科专业知识和教育专业知识两个方面,学科专业知识是教师对所任教学科的知识,是教育教学的本体性知识,这类知识也是教师搞好教学的基础。教育专业知识是教师所掌握的从事教育的相关知识,例如教育学知识、心理学知识、教师职业道德、教育政策法规知识和新课程理论等知识。这些知识是教育教学的条件性知识。除了这两类知识以外,现代教师还应该掌握普遍的科学文化知识,主要包括自然科学知识、社会科学知识、人文知识,以及网络知识等,这些知识是教师认识自然、社会的结果与依据。具备了普遍性知识,教师才可以与学生进行广泛的交流,在教学中才能做到引经据典、旁征博引、得心应手,也才能有好的教育教学效果,才能组织学生形成学习共同体,开展各种活动并取得好的效果。随着教育科学的发展,人们把学生的发展看成是阶段性和连续性的统一,看成是"连续自我"和"情境自我"的统一,看成是生命的连续与阶段的统一。在这种背景下,情境性知识甚至个人性知识得到重视。教师不仅应该掌握教育教学需要的情境性知识,还应该形成完善的个人性知识。城乡教师素质结构的一体化,学科专业知识结构的一体化,要求农村教师应该和城市教师一样具有完备的知识结构。只有这样,才能完成复杂的教育教学工作任务,并取得良好效果。从教师的技能结构来看,教师应该掌握教育的技能、教学的技能、交往的技能、管理的技能、信息的技能、研究的技能,现代教师还应该掌握设计的技能、课程开发的技能、表达的技能等。具备了教育的技能,才能为学生的发展定向、才能对他们的发展进行指导;具备了教学的技能,才能巧妙地设计教学、组织教学、实施教学、评价教学;具备了交往的技能,才能与学生、与学生家长、与同事进行有价值的交流,取得教育的好效果;具备了管理的技能,才能对学生的学习、生活、品德、纪律和发展进行管理,才能对教师自己的工作、生活、教育教学资源进行有效管理;具备了信息技能,才能在信息化、网络化时代及时获取信息、合理选择与加工信息、运用信息服务于教育教学工作,不被信息的海洋所淹没;具备了研究的技能,才能使自己从辛苦型、奉献型教师转变为研究型、创造型教师,才能减轻学生课业负担,使学生在快乐的环境中愉快学习,达到教育教学的高境界、高质量、高水平;具备了设计的技能,才能设计良好的学案,才能进行良好的学习环境设计,为教学创造良好的环境;具备了课程开发技能,才能为学生开发出适合的校本课程,创造良好的学习共同体,在交往中促进学生的核心素养的形成发展;具备了表达的技能,才能把自己的教育观念转变为能够影响和促进学生发展的信息和能量,才能与他人分享智慧成果,才能成长为"表达时代"的时代达人,成为新型教师。城乡教师知识、技能等素质的一体化,就是要求在教师编制一体化的过程中,不仅要实现教师数量的统筹安排,更重要的是实现城乡教师知识与技能水平等专业素养和教育教学水平的统筹安排。

第五,城乡中小学教师年龄结构与职称结构的统筹安排。合理的教师年龄结构是保证学校可持续发展和稳定发展的重要因素。一个完全由老教师组成的教师群体,显然是缺乏活力和可持续发展的,同样,一个完全由青年教师组成的教师群体,也存在着活力有余而稳健不足,竞争激烈而柔性不足的缺憾。老中青相结合的教师群体是保证学校高效运行和可持续发展的必要条件。有了合理的教师年龄结构,在一个学校内部就会既有传帮带的良性互动,又有后继有人的可持续发展前景。在我国城乡学校中,改革开放初期,千方百计配置了大量的青年教师,为全面普及义务教育作出了重要贡献,但20世纪七八十年代进入学校的教师已经面临年龄老化,知识、技能结构性老化的问题,在一些偏远农村学校,这种状况更为严重。因此,在中小学教师编制城乡一体化过程中,要尽可能使城乡学校都具有老年教师、中年教师和青年教师,以保障学校的稳定发展和可持续发展,也保证学校有活力、有朝气,实现学校教师队伍的新老自然更替。这就要统筹兼顾,每年都有新教师补充到教育教学岗位,每年又不会一哄而起,超员聘任教师,造成人员闲置和浪费。要充分调动教师的积极性,发挥有限教师资源的作用,可以节省人员成本,提高教师资源开发与管理效益。这就需要从区域整体出发,统筹考虑,把一些青年教师调整到缺乏青年教师的学校,把一些老年教师过多学校的老年教师调整到老年教师缺乏的学校。从教师的职称结构来看,合理的教师职称结构是保证和建设良好学校文化和人文环境的重要因素。合理的职称结构有助于发挥高职称教师的示范带动作用,也有助于低职称教师的成长和进步,在一定程度上也可以缓解在职称评聘过程中严重的指标限制和教师之间的激烈竞争。既能保证艰苦繁重的工作有人做,也能保证管理和研究工作有人带有人管。城乡教师编制一体化就是要使农村学校与城市学校一样,既有一定数量的高级职称教师,也有较多数量的中、初级职称的教师。这也要求在区域内要统筹兼顾,综合协调,把职称评聘与教师合理调动结合起来,使教师的动态合理流动形成常态,从而实现城乡中小学校教师年龄和职称结构的合理统筹。

第六,城乡中小学教师地缘与学缘结构的统筹安排。"五湖四海"是我国干部队伍建设和教师队伍建设的共同目标,也是我国教师队伍建设的优良传统。来自不同地缘和学缘的教师在一个学校工作,有诸多助益。首先,有助于形成良好的学校文化。"和实生物,同则不继",一个学校的教师队伍来自不同的地域,会给学校带来不同的文化气氛,使学校形成多样的人文环境,有助于学生接触和感受不同教师的风格和特色,加深对自然、社会的认识。在不同文化的互动中,相互借鉴、取长补短,从而生成了独特的学校文化。这对于建设特色班级、特色学校,培养特长学生都具有重要意义。毕业于不同院校的教师带有该院校独特的治学风格和人文习惯,一个学校的教师来自不同的院校,一方面可以防止出现"校友"多而产生的小群体、小山头,助推学校各项工作的落实,另一方面可以借鉴不同教师所带来的教学风格和治学风格,从而形成丰富多彩的学校教育文化环境。城乡教师编制一体化就是要统筹兼顾,强调教师聘用上的"五湖四海",反对山头主义和小群体主义,使城乡学校形成丰富多彩的文化氛围。在教师招聘中要注意跨地域、跨院校聘任教师。同时,来自农村家庭的教师和来自城市家庭的教师,在工作态度、创新精神等方面也有差异,应尽可能聘任来自不同环境和家庭的教师,为学校发展提供多样化的文化环境。

(二) 城乡中小学教师从教岗位一体化

从教岗位的一体化包括城乡教师在城乡学校任教与留守、城乡教师交流和新任教师到城乡学校任教的机会获得与配置的一体化等几个方面。

中小学教师编制城乡一体化并不是强迫教师到自己不愿意去的学校任教,从而带来职业倦怠、出工不出力等各种职业问题,也不是让城市学校的教师到农村学校任教,更不是把最好的教师全部选派到农村学校任教。但是,要真正实现城乡教师编制一体化,首先体现在教师去城市学校任教和去农村学校任教之间没有待遇、生活等方面的差异。从待遇的角度来看,一个教师到农村学校任教与到城市学校任教待遇一样,甚至去农村学校任教待遇好于去城市学校任教。目前在我国不少地方给农村学校教师提供适当的补贴,而城市学校教师没有,这样农村学校教师的收入会高于城市学校,由此就能吸引部分教师到农村学校任教。如果真正实现了城市学校和农村学校教师待遇的统筹化,也就容易实现教师编制的城乡一体化。从生活便利的角度看,城市生活设施便利,例如交通、通信、购物、子女入学、休闲娱乐等,都比农村便利。如何使在农村学校任教的教师接受这些不利条件,一个有效的途径就是提供乡村学校补贴。应该建立教师赴农村学校任教生活补贴制度,可以根据农村学校距离城市(县城)的距离来确定补贴的额度。也可以根据距离远近确定补贴额度,学校距离城市(含县城)的距离越远,提供的生活补贴越多。例如一个学校距离县城 10 公里,可每月补贴 100 元,距离 100 公里,可每月补贴 1000 元。经济条件容许的县可以提高补贴标准,并随着县域经济发展水平动态调整补贴标准。如果学校距离县城比较远,但是补贴额度较大的时候,一些优秀教师也是愿意到比较偏远的农村学校任教的。在各行各业,在偏远地区工作都提供数量不菲的补贴,例如地质、矿产、勘探等行业都提供补贴,因此完全有理由给在农村学校任教的教师提供额度较高的补贴,这也是世界各国普遍的做法。据农村教师反映,他们之所以不愿意留守,而愿意住在城市里,一个重要的原因是生活不便,另一个是生活单调。单调的表现多种多样,主要是不能上网或网速很慢,这与城市交往便利差异很大,另外,缺乏娱乐项目与条件。城市教师可以享受诸如购物、旅游、参加各种游览项目、参观博物馆、展览馆、图书馆等活动,而农村教师却没有这样的机会。城乡生活品质反差很大,农村学校除了良好的空气、淳朴的民风与可亲的学生之外,再没有比城市学校优越的地方了。

城乡中小学教师交流轮岗是近些年各地在推进教育均衡发展、促进教育公平的过程中所创造的一种政策举措。目的是解决城乡中小学教师资源配置不均衡问题。各地也涌现了不少好办法,并取得了良好效果。但是普遍存在的问题是农村教师愿意交流到城市学校,而城市学校教师不愿交流到农村学校。有的农村教师把交流去城市学校任教看成是奖励、发展与进步,看成是人生中的成功和喜悦,有的城市学校教师把交流去农村学校任教看成是惩罚下放、打击报复、排挤打压,甚至看成是工作与生活中的失败和沮丧的事件。在这种情况下,交流到农村的教师往往也是城市学校的一般教师,缺少优秀教师,而交流到城市学校的农村教师往往是优秀教师。长期交流可能会造成农村优秀教师进一步流向城市学校,进而加剧城乡教师资源配置的不均衡。如何使优秀的城市教师愿意交流到农村学校,提高农村教师的待遇和相应补贴不失为一个好办法。调查发现,实际上城乡教师待遇上的差异并不是不能解决的,主要是地方政府重视的不够,没有下大力气,下决心去解决。当农村教师的待遇远远高于城市学校教师的时候,当农村学校优秀教师不愿意调到城市学校任教时,当在农村学校任教的教师成为人们羡慕的职业的时候,教师在城乡学校任教与留守意愿、城乡教师交流意愿和新任教师到城乡学校任教意愿也就实现了无差别化,城乡教师编制一体化问题就容易解决了。

(三) 城乡中小学教师职业待遇一体化

1. 教师职业承认与尊重的一体化

具体表现在城乡中小学教师工资水平、福利待遇、周转房、职称晋升机会等的一体化,特别是晋升高级职称的一体化。政策性的职业提供指的是职业提供部门给予职业人员的政策性待遇等条件的供给。教师作为重要的现代职业,需要得到社会的承认,也需要必需的政策性提供。教师的工资和福利待遇是教师职业提供的核心。教师城乡编制一体化要求对在城市学校和农村学校工作的教师提供一致或近似的工资福利待遇。这种待遇直接或间接决定教师的社会地位和职业成就感、幸福感。但在我国虽然在工资表上,城乡教师的工资福利待遇并没有差别,但是城市学校学生人数多,教师除了工资福利待遇以外,还可获得诸如自习费、过节费、工会费、超课时补贴等,当然教师也可以通过股票、投资等形式获得工资外收入和房屋出租等财产性收入。但是农村教师除了工资福利待遇之外,几乎没有获得其他收入的可能和渠道。从而使城乡教师工资福利待遇和各种收入之间存在较大差距。这就需要加大对农村教师工资福利待遇的倾斜,以弥补农村教师其他收入的缺失,从而推进中小学教师编制城乡一体化的实现。

2. 城乡教师职业收益的一体化

随着城市化进程的逐步加快,住房成为一个家庭财富的重要载体。尤其是在城市住房价格不断提高的背景下,在城市学校任教的教师容易关注住房信息,也及时购置了住房。随着时间的推移,这些住房的价格不断上涨,从而积聚了数量可观的家庭财富。而农村教师在农村学校任教,在农村建筑或购置了房产,但农村房产升值的空间小,不易增值。这样随着时间的推移,同样学历、年龄、资历的教师在城市学校任教和在农村学校任教,其家庭收入的差异会越来越大。例如,同班同学毕业后分别在本地的城市和农村学校任教,一个城市教师的一套住房可能升值到百万,而农村教师的住房可能还是购置时十多万的价值,甚至还会出现价值缩水的现象。从而造成城乡教师财富的巨大差异和心理的巨大落差。因此,在推进城乡教师编制一体化的过程中,及时给农村学校教师住房补贴或提供在城市的周转房,对于他们家庭财产的保值增值具有重要的现实意义。当农村学校任教的教师不因个人财产而受损失时,他们对在城乡学校任教就没有差异化明显的感觉。这实际上会强化农村教师的职业认同。

3. 城乡教师工作内容和工作负担的一体化

教师的工作内容繁杂而多样,要准确地衡量教师的工作量是不容易的。但是教师之间的工作量差异是可以比较的。中小学教师编制一体化不能仅仅看教师的数量和师生比,更重要的是要看,城乡教师的工作内容有无差异,差异有多大。从我国目前农村与城市教师的工作状况来看,农村学校普遍班额较小,教师批改作业与个别辅导等的任务较轻,但学生家庭教育相对于城市家庭来讲较为薄弱,甚至还存在一定数量的留守儿童,存在"亲子分离,家庭教育失序、主体责任转移、情感交流萎缩、代际冲突尖锐,教育理念与行为背离、家长权威削弱,非理性溺爱现象严重等问题,面临着教育对象失教、拒教、难教的难题,还存在替代教育者教之无力、教之无方、教之无责等问题"①,势必影响到教师工作的成效。城市教师工作环境优越,城市学校物质条件优越,管理

---

① 段乔雨:《新生代农村留守儿童家庭教育的困境与突围》,《现代教育科学》2017年第12期。

规范,学生特长明显,学生家庭教育条件较好,家长能够提供较好的家庭教育,家校易于形成教育合力,但是班额大、作业批改量大,个别辅导难度大。因此,城乡教师编制一体化不能仅仅看学生的数量,而应具体分析,综合考虑,不能简单地从生师比衡量城乡教师的工作。

4.城乡教师工作环境与生活条件的一体化

城乡教师工作环境具体包括城乡教师子女教育和家庭距离、社会环境,如生活环境、交通便利状况、经济发展水平、学校文化与领导信任及支持等。这里说的一体化并不是说城乡的生活、交通等这些方面都完全一致,而是说,在制定与核实城乡教师编制工作中,要创造大体相同的城乡教师工作环境,对于差别给予适当的补偿,使城乡教师心理感受上一致。例如,乡村学校教师回城的距离比较远,除了交通费等的支出外,应该还包括时间与精力的支出,因此在城乡教师待遇上应给与乡村教师一定的补偿。当教师的经济、时间与精力支出能够得到应有的补偿时,城乡教师的工作环境与工作条件就实现了无差别化,城乡教师编制一体化就易于实现。

5.城乡教师晋升与发展机会的一体化

城乡教师编制的一体化不能仅仅停留在教师数量的统一安排,更重要的是让每一位到乡村学校任教的教师都有与城市学校教师一样的晋升与发展机会。这里的晋升与发展机会,主要指教师晋升更高一级职称特别是高级职称的机会、外出培训以提高综合素质的机会、评选各种荣誉称号的机会、成为教学名师、名班主任、名校长等的机会。这些机会属于教师外在的素质指标,在一定程度上反映的是教师的内在素养。城乡教师编制一体化要求相关教师职称评定、培训与管理部门将城乡教师同等对待,给予城乡教师相同的机会,在指标数量等方面城乡教师同等对待,并适当向乡村教师倾斜。据调查,城乡学校存在着鲜明的不均衡现象。职称晋升是对一个从业人员从业能力和贡献的肯定性社会评价和认可。这种认可会成为工作人员工作的动力和胜任感的源泉。从我国中小学教师职称晋升的情况来看，一方面由于农村教师普遍学历偏低，教科研成果等与职称评定相关的优势资源缺乏，使他们在与城市学校教师的竞争中处于劣势。城市学校工作易于晋升，在农村学校任教不易晋升。2008年安徽省某市首届骨干教师及学科带头人评比中，四百多名受表彰者中没有一位农村小学教师，2008年该市第三届"教坛新星"评比中，387名受表彰者中只有一位农村小学教师。① 可见，在农村学校任教，要得到工作上的认可是多么不容易。城乡教师编制一体化应该考虑到这些因素。乡村学校获得高职称的机会更少，外出培训的机会更少，获评名师等称号的机会更少。存在的一个现实的情况是，许多乡村教师在农村学校获得高级职称后，在经过各种培训提高教学水平后，在获得名师等各种称号后，往往被发达地区的学校或本地城市学校聘走，乡村学校难以留住高素质、优秀的教师。城乡教师编制一体化从教育外部看，就是让城乡教师与具有同等学历、同等职称、同等工作年限的社会其他行业的国家工作人员在待遇与发展机会上的均等。在这方面，各个行业差异较大，城乡教师，尤其是乡村教师长期处于不利地位。现在是该解决这些问题的时候了。

（四）城乡中小学教师职业地位平等化

城乡教师职业地位的平等化具体包括经济地位、社会地位、专业地位的平等化。经济地位的平等化是指同样学历和职称的城乡教师没有显著差别，与公务员等同类型的国家工作人员相比，也没有显著的差别。这种经济地位不仅包括工资、绩效工资、补贴等显性收入，还包括各种隐性收入，如房产、股票、债券等带来的间接收入，还应把交通、通讯、医疗等各方面的支出统一考虑。当一个教师无论在农村学校任教，还是在城区学校任教，感觉到在经济收益上

---

① 谢华、段兆兵：《农村小学教师流失问题与补充机制研究——基于对安徽省 S 县部分小学的调查》，《教育理论与实践》2011 年第 10 期。

没有显著差别的时候,也就实现了城乡学校教师经济地位的平等化。这为城乡教师编制一体化提供了前提。

社会地位的平等化是指农村学校教师与城区学校教师在社会声誉、受人尊重程度、为社会的贡献等方面没有显著的差别,教师无论在农村学校任教还是在城区学校任教都能够安心安业。在我国,由于存在着显著的城乡差别,再加上不少优秀的农村学生进城上学,农村学校学生数锐减,农村学校再不像改革开放初期,能够培养出大批优秀人才,农村学校中考、高考成绩也差强人意。在这种情况下,农村学校教师的社会声誉也受到冲击和质疑,社会成就感与认同感,受人尊重的程度都在降低。实现中小学教师编制一体化,就是要增强农村学校教师的教育教学能力,提高教育教学水平,办出人民群众满意的教育,使农村教师也成为受人尊敬,有良好社会声誉,能够为社会作出较大贡献的人。如区县级骨干教师(学科带头人)、地市级骨干教师(学科带头人)、省级骨干教师(学科带头人)、教学名师、名班主任等荣誉称号拥有比例的无差别化。城乡中小学教师的社会声誉、受人尊重程度与社会贡献度实现了无差别,也就真正实现了城乡中小学教师编制的一体化。

专业地位的平等化指的是农村学校教师能够与城区教师一样拥有同样或类似的专业知识、专业技能、专业影响力,在这些方面没有显著差别。教师是一个依靠专业水准赢得社会地位和经济地位的职业群体。教师的专业地位主要通过优质的教育教学能力体现出来。一个受学生爱戴、家长放心、校长满意的教师一定是有理想信念、有道德情操、有扎实学识、有仁爱之心,教育教学能力精湛的专业人员。教师的专业知识与能力又是在漫长的教育教学实践中逐渐形成的。但由于城乡差异的存在,不少优秀的乡村教师被城区学校"收割",农村学校留下的或者是刚走上教育教学岗位、经验不足、有待提升的青年教师,或者是教育教学水平一般,只能留在农村学校的教师,且面临老龄化的趋势。城乡中小学教师编制一体化就是要实现城区学校与乡村学校教师专业知识与能力的一体化,不要有显著的知识能力差异。

（五）城乡中小学教师替代互补化

城区学校与农村学校各有优势,也各有不足。如从城市学校的角度看,城市学校教师在公共服务设施、整体文化程度、经济发展水平、交通便利性、网络信息畅通程度、卫生环境等方面具有优势,而农村学校教师在民风淳朴、自然环境好、工作压力小、领导更关心等方面具有优势。城区学校教师之间竞争激烈,在职称评定、各种荣誉称号的获得、在工作质量与水平,升学率等方面的压力大,家长和社会对教师的要求更高、更苛刻、论资排辈等现象更为严重,这都是城区学校的不足。农村学校公共服务设施差、交通便利程度、通讯便捷程度、卫生生活条件等方面不如城区学校。当一个教师把在城区学校与农村学校任教的优劣进行比较的时候,发现两者各有优劣,形成互补,感到并无显著差别时,城乡中小学教师就有了一体化的感觉。这是城乡中小学教师编制一体化的重要内容。城乡中小学教师编制一体化是相对的无差别化,不是绝对的无差别化。一是城乡中小学教师编制一体化不排斥学校自然空间的多样化;二是城乡中小学教师编制一体化不替代城乡学校各自的差异性;三是城乡中小学教师编制一体化不是一个固定的一体化,而是一个渐进的过程,一个工作目标和未来的理想状态;四是城乡中小学教师编制一体化不是教师的同质化。

二、创造和优化中小学教师编制城乡一体化的内外条件

中小学教师编制城乡一体化只能在一定的条件下逐步实现。这些条件有内外之别,有些是社会经济发展、城乡一体化、统筹化及宏观教育政策发展等,有些则是教师个人自身,特别是教师的专业类别、职称、年龄、从教意愿和主观能动性等。要不断创造和优化这些条件,不断推进我国中小学教师编制城乡一体化进程。

（一）为中小学教师编制城乡一体化创造有利的外部条件

近年来,我国各级政府高度重视教育公平和教育均衡发展,城乡教师队伍建设取得重大成就,城乡学校教育质量均有了大幅度提高,农村教师队伍建设创出新途径,农村学校的整体建设和发展水平普遍得到提高。但是,基于城乡一体化发展的要求,中小学教师编制城乡一体化还存在一些亟待解决的问题。在实施城乡中小学教师编制一体化的进程中,提升城乡教师编制管理水平、建设优质教师队伍、形成教师配置、稳定与补充长效机制已是趋势所在、现实所需。

1.加快城镇化发展进程

（1）城镇化带来的巨大社会变革亟待中小学教师编制城乡一体化。随着我国经济从快速增长型向质量提升型转变,随着城镇化水平的不断提高,城乡面貌正在发生巨大变化。新时代现代化的农村面貌初现端倪,家庭农场、共享农庄、数字农业、旅游休闲农业、适度规模经营等农村经济新形态、新业态的出现,多年以来在农村存在的土地撂荒、空心化等现象正在改变。本地就业、回乡创业、自主创业等已经成为农村青年重要的就业取向。随着"乡村振兴"战略的推进和新农村建设速度的加快,农村面貌正在改变,农村的活力正在激活,农村大有可为、"绿水青山就是金山银山"的理念正在成为共识。经济发展、生活富裕、村容整洁、乡风文明的新农村正在各地涌现。回流农村学校就读的学生数量也在逐年增加。让城市与农村共成长已然成为新时代社会变革的共同任务。要实现农村的变革,农村教育的变革必不可少。在城镇化进程加快的新时代,城乡教师编制一体化已经成为教师政策的必然选择与农村社会经济发展的必然选择。

（2）农村教育发展需要实现中小学教师编制城乡一体化。改革开放以来,我国教育发生历史性变革,通过农村学校布局调整、学校的标准化建设、

"两免一补"政策的贯彻落实,以及"乡村教师支持计划""特岗教师"计划、城乡教师交流轮岗等师资队伍建设政策,特别是校校通、班班通等计划的实施,以教师数量、现代教育技术设备等为代表的外显的教育资源已经得到极大丰富,绝大多数农村学校已经走出了资源短缺的状况。在新的时代条件下,推进区域义务教育优质均衡发展,实现农村学校的提质增效,不断提高农村学校教育质量,促进农村教育高质量发展,满足人民群众对美好生活的向往,已经成为农村教育发展的时代课题。而要实现这些目标,就必须要进一步缩小城乡教育差距,实现区域义务教育优质均衡发展,其中教师资源的优质均衡自然成为核心。实现中小学教师编制城乡一体化既是时代发展的需要,更是农村教育发展的迫切需要。

(3)缩小城乡经济社会发展差异需要中小学教师编制城乡一体化。经济发展水平的提高并没有消弭已经存在的差距,城乡结构二元化和社会资本再生产是教育存在城乡差距的基础,基层为主的教育投入体制和分类办学的教育实施政策导致入学机会、受教育过程和升学机会的不同是差距扩大的直接原因,大规模流动导致的人口结构城乡异质化及对教育的替代效应,进一步扩大了差距,而户籍人口迁移的单向化和精英化导致城区与镇区之间出现差距并不断扩大。总体来看,要缩小城乡之间的教育差距,一是借助新型城镇化改善县域教育生态和人口生态;二是实施补偿性倾斜政策,优先向农村和基层配置教育资源;三是建立需求导向型的财政转移支付制度,统筹城乡教育财力;四是建立县域主导的终身教育体系。①

2.提高中小学教师整体素质

促进教师待遇、职称评定、教师知识、技能结构提升的良性互动,可以为城乡中小学教师编制一体化提供良好环境。2018年1月20日,《中共中央　国

---

① 黄维海:《基于SEP框架的城—镇—乡教育差距扩大(1995—2014)机制分析及对策》,《教育与经济》2016年第5期。

务院关于全面深化新时代教师队伍建设改革的意见》颁布,以县级行政区域为单位关注教师队伍城乡结构,具有特殊意义。有学者调查,之所以农村中小学很难留住教师,最根本的原因是农村教师的工资福利待遇低,只要在工资福利待遇上能够与城市学校教师相同,甚至更高,农村学校教师完全能够进得来、留得住、用得上。只要达到 5000 元,很容易聘到教师,达到 8000 元,80%的硕士愿意到农村学校任教。当然,工资待遇等要随着其他行业工资待遇的提高逐年提高。而如果硕士、本科学历的教师能够到农村学校任教,不仅能够提高农村学校的教育质量,农村学校教师的知识结构、能力结构、观念结构都能得到优化,特别是网络能力、英语能力、研究能力、批判能力、协作能力、校园文化建设能力、校本课程开发能力、教育问题解决能力等均能得到很大提高。这些农村教师工作出了成绩,就有了工作的成就感,也就容易产生教研成果,评定职称所需要的学历、奖项、论文等都容易产生,荣誉称号等也容易获得,晋升职称等当水到渠成,职称晋升所需要的年限也会缩短。这样就形成了一个良性循环,农村教师收入高了,社会地位也上来了,他们的工作积极性、成就感也就上来了,相应地荣誉称号的获得、职称的晋升也就水到渠成。就会吸引更多的优秀青年来农村学校任教。所以,还是要把农村教师的工资福利待遇当作解决农村学校所有问题的根本。调查发现,进入新世纪第二个十年,由于基本实现了城乡教师同工同酬,乡村学校教师还有一定数量的补贴,安徽省含山县运漕中心小学聘到获得正式教师编制的青年教师多名,给学校带来了生机与活力。这些教师带来的不仅仅是年轻人的朝气,更是新的教育理念、新的教学方法,学生也很喜欢这些青年教师,学校也很重视这些青年教师。在这样的环境里,青年教师个人也认为在农村学校任教很有成就感,对工作和生活都比较满意。他们对工作认真负责、投入大量时间和精力,自己制作各种教具,丰富教学的方式方法,取得了很好效果。

3. 不断提高乡村教师职业吸引力

城乡教师配置过程中存在多种难题,其中解决农村学校教师的后顾之忧,改善农村学校教师的工作生活条件是必要举措。当农村学校教师成为令人羡慕的职业的时候,城乡教师编制一体化问题就迎刃而解了。例如周转房政策落实以后,农村教师就没有了后顾之忧,平时在学校工作,周末、假期回城生活,只要有了房子,他们购物、生活、子女教育等问题都可得到解决。这些措施远远比单纯的学校硬件建设更重要,也更有效。农村教师稳定了、实现了高水平,教育质量提高后,那些远离家庭到城市租房居住上学的学生就会重新回到农村家门口学校上学,农民也就少了陪子女到城市租房照料孩子的时间、金钱等方面的开支,也就有更多的时间从事务农,发展农村经济,农村目前所存在的空心化、封闭化、老人化等落后状况就彻底改变了,也就实现了农村学校的振兴和农村的全面振兴。

提升农村教师职业吸引力,让农村教师也成为令人羡慕的职业,是保证城乡教师编制一体化的根本。只有大力提高农村教师待遇,才能从根本上解决城乡教师编制一体化当中的各种问题。这就需要对教师编制城乡一体化政策进行系统设计,让农村学校教师能够进得来、留得住、用得上、干得好。

(1)吸引优秀人才去农村学校任教,让优秀人才能够"进得来"。如何提升农村教师的职业吸引力,吸引优秀人才到农村学校任教,是一项艰苦细致的工程。在我国,由于城乡工作条件和生活条件存在较大差距,农村教师的配置、稳定、补充一直是一个难题。在教师极为短缺的时代,许多民办教师充实到广大农村学校,他们只拿社队的生活补助而无工资,在这种情况下辛勤工作,教书育人,支撑起农村教育的一片天空。随着教师人数的增加,各地采取各种措施,想方设法提高农村教师水平。经过多年的努力,终于通过退、转等途径消化了这些民办教师。民办教师终于在一些地方消失。但由于农村教师待遇偏低,很难吸引优秀人才到农村学校任教,于是代课教师又像打短工人员一样,纷纷进入农村学校,代替本应由在编教师承担的教育教学工作。这些措施还是没有从根本上解决农村学校教师短缺的现状。在这种情况下,国家通过采取招聘"特岗教师"的形式,为农村学校聘到了年轻的教师队伍,也出台了诸多优惠政策。但是,这些教师中不少人在任教一段时间之后还是离开了农村学校,真正留在农村学校的转为正式编制的这些"特岗教师",只有很少一部分,不少人或者自行离岗,或者通过考研、调离等途径离开了偏远农村学校。如何使这些教师成为"永久牌"的教师,让他们在农村学校长期扎根,的确是一个难度很大的问题。我们在调查中发现,许多农村教师宁愿赴外地打工,也不愿意继续在农村学校任教,甚至有些农村教师辞职成为农民。他们离职的最根本的原因是农村教师工资福利待遇太低,除此之外是农村学校的生活工作环境艰苦。农村学校要吸引到优秀教师,使编制得以有效落实,就要提高农村教师工资待遇,还要采取措施提供各种阶梯性生活补助,可以采用越偏远补助越高等形式,拓宽农村教师发展空间。

(2)创造和优化机会结构,让农村教师"留得住"。如何使已经到岗的农村教师长期扎根,不愿调离呢? 一个现实的途径是让教师感到工作有价值,无后顾之忧,有一个体面的工作和生活。除了尊重和认可教师外,切实解决他们在生活上的实际关切,例如可建立给农村教师子女中考、高考加分机制,使得他们不再为子女教育的担忧而离岗。还可以给农村教师公平的评聘职称的机会,对农村教师在评聘职称时,可以适当放宽论文、英语考试、先进指标等方面的限制,在同等条件下,优先晋升和聘任农村学校教师职称,至少在比例和年限等方面与城市教师无差别化。建议设立国家、地方农村教师奖励计划,每年给在农村学校任教的教师一定比例的国家级、省市级奖励,提高农村教师的成就感。有人提出"国家拿出教师奖励计划",应该是一个很好的建议。① 只要优化了农村教师的机会结构,农村教师就有了奔头,就有了长期坚持在农村学

---

① 东北师范大学农村教育研究所:《如何提高农村教师职业吸引力》,《光明日报》2014 年 9 月 2 日;《新华文摘》2014 年第 22 期。

校任教的动力,农村教师也就能够"留得住"了。

(3)发挥农村教师的专业作用,让农村教师"用得上"。农村教育要发展,需要充分发挥农村教师的作用,让他们能够"用得上"。要树立充分依靠教师办学的基本理念,给农村教师充分信任,让他们放手从事教育教学工作。要依法民主办学,在农村学校撤并、布局调整、建设与管理中,充分听取农村教师的意见。要解决农村教师培训困难,合作教研困难等问题。农村学校教育教学设备陈旧落后,特别是通讯等现代信息技术手段落后,要采取各种措施,给予农村教师教师法所规定的各种权利,要乘上新农村建设的东风,改善农村生活与工作环境,解决他们的后顾之忧,让农村教师干得舒心,有工作的成就感与较强的自我认同感。

(4)改善农村教师微环境,让农村教师"干得好"。在农村学校"干得好",就是农村学校教师在工作中能够充分发挥主观能动性,工作中有成就感、获得感、幸福感。成就感要求农村学校要优化学校微环境,尊重和新任教师,教师有多种发展机会,尤其在职称晋升、各种先进称号的评选、培训提高的机会、各种福利待遇的获得等方面有成就感。微环境是教师在工作生活中直接感受到的生活环境、工作环境。这里既包括教师与他人,包括校长、同事相处时的感受,也包括与学生及学生家长相处时的感受,当然还包括与学校所处的社区各种人员,如电工、水暖工、食堂工作人员、社区村民等相处时的感受,包括认可度、满意度、支持度、包容度、关心度、舒适度等,当农村教师在工作、生活中感受到领导和同事的认可、支持,学生与家长的称赞与信任时,教师将会投入更多精力到工作中去,工作的创造性、积极性会得到充分激发,教师的职业成就感、幸福感会得到满足。同时,教师在生活中会遇到各种问题,例如身体健康、通讯顺畅、交通与食品安全得到保障、住房温暖舒适、子女的照料、入学、父母赡养等,如果相关机构服务到位,教师无后顾之忧,那么就会有更多的精力投入到工作之中,生活与工作的微环境就会整体提高,工作就有干劲,也容易出成果。因此,社区、学校应该为教师工作生活创造良好环境,校长应该时时处处把教师与学生的冷暖放在心上,同伴之间也应互帮互助,家长与学生也应积极支持教师的工作,共同提高教育质量。

4.提供充裕的经费保障

充裕的经费保障是新时代办好教育的根本,也是真正实现城乡教师编制一体化的根本。充裕的经费保障应从四个方面实现。第一,要提升教育经费整体数量。只有扩大总量,保障总体教育经费数量充裕,才能拿出经费提高教师待遇、添置各种教育教学硬件设备,才能进行系统全面适合的教师培训,才能够建设标准化、现代化的校园校舍,才能够不断提高教师工资待遇,进而促进教材编写、教育教学软件开发、丰富学生学习活动,丰富教育质量实现方式。第二,要不断提高教育经费在国家财政支持中的比例。在已经达到4%的基础上,应该根据国家经济社会发展进步程度逐年提高,应该根据我国社会经济发展水平已经接近世界平均水平的实际,努力使教育经费也能尽快达到世界平均水平。随着经济社会的持续发展,教育经费在国家财政经费中的比例应适当提高,使之与国家的经济实力匹配,使教师的经济收益与国家经济社会发展的状况匹配。第三,应该保障教师的工资等各种待遇与其社会职业所付出的劳动相匹配。要坚决贯彻执行国家所制定的教师工资等待遇高于或不低于当地公务员待遇水平的相关政策,并及时足额发放教师工资等待遇。在调查中,我们发现,教师对工资等待遇的不满意并不完全是教师工资等待遇的绝对数,而是相对数,就是相对于国家公务员等的数量。除数量外,还包括发放时间的问题。对教师积极性伤害最大的是同工龄、同级别、同学历、同能力水平的其他行业的工作人员各种待遇明显高于教师的状况。当教师与同自己知识能力相似的人员进行比较的时候,明显的低收入对教师积极性会造成极大杀伤。另外还有发放时间的问题,有些地方有各种各样的奖励,如科学发展奖励、精神文明奖励、一次性奖励、城市文明奖励等,奖励数额不等,但一些地方奖励数额较大,年终有几千,甚至数万元之多。但在这些奖励发放的过程中,有些地方其他行业人员都已经发放完毕，却只剩下教师没有发。试想，这对教师心灵的伤害是极为巨大的。这种被边缘化、被无视甚至歧视、被冷落的失意对教师伤害也是极为巨大的，可以说，一旦发生，很难弥补，并会造成对教师职业认知的深度持久伤害。当然，从公平的角度看，对同样为社会付出的人员来讲，对教师另眼相看，看的低人一等，何其致命、幼稚。但这种现象会不时出现。应该用法律的形式，用追责的形式严格禁止。教师应该与其他行业的人员一视同仁。第四，保障城乡教师各种待遇的平等、均衡、公平。如果城市教师与乡村教师在经济待遇上得到相同的保障，在乡村学校任教所带来的各种损失得到应有的补偿，教师没有理由只在城市一个地方、一所学校任教，教师也没有理由拒绝或抵制到农村学校任教。教师编制城乡一体化自然在教师心理层面上就实现了。

5. 不断完善教师编制管理政策

（1）以教师编制城乡一体化推进区域教育均衡发展，实现教育公平。城乡教师编制管理一体化是城乡一体化进程中促进教育均衡，实现教育公平的良政和良策。我国地域辽阔，不同地区之间发展水平差异巨大，尤其是一个区域内部城乡之间的差距更大，有些地方，城乡之间的差距显著大于东部发达地区与中西部地区之间的差距。这些差异，造成了城乡学校在教育质量、师资队伍、教育教学方式、管理水平和教育条件等方面的巨大差异。这种差异也引发了择校、留守儿童教育、课外补课、校车安全、寄宿制学生生活管理与午餐补助、陪读、学区房等衍生出来的各种问题。为了缩小这种差距，我国在持续推进教育均衡发展，努力实现教育公平，进入新时代，推进和实现教育公平的任务更加繁重，促进教育均衡发展的需求更加紧迫，出台的政策也更多。

在推进教育公平，实现教育均衡发展的过程中，各种各样的政策出台，取得的效果也是明显的。但是究竟如何才能从根本上解决择校等社会问题，人们的看法不同。但是有一点人们是形成共识的，就是教育均衡要求的本质是人们对高质量教育的追求,而教师是高质量教育的基本保证,这样择校实际上演变为择师。如果农村学校有高水平、数量充足的教师,学生肯定不愿远离父母来城市学校就读,学生家长也不愿让年幼的孩子离开自己去外地求学,也就不存在不要输在起跑线上的担忧。农村学校有了教师,也就有了学生,有了学生也就不需要撤并千方百计办起来的学校。政府就不需要花费巨资兴建城区学校而拆除农村学校。教育资源均衡配置就能够有效落实。

(2)以中小学教师编制城乡一体化实现教师素质与教育质量双提高。切实落实"特岗计划",扩大"免费师范生计划"范围和"农村教育硕士计划",切实解决师源问题,为农村学校提供师资保障。切实落实"特岗计划",使之发挥作用。建立不占编制的专项特岗计划,保证特岗教师与正式城市学校教师相同的工资福利待遇。扩大免费师范生政策范围,力争实行一省一所。从师范生免除学费、住宿费,并提供生活费逐步向"师范生贷款免还"过度,制定免费实施办法。设立专门的农村教育硕士计划,改善农村学校教师知识和能力结构,提升农村教师研究能力、工资待遇和职称评定过程中的竞争力。农村教师的学历提高必然会伴随工资待遇的提高和在评定职称、评优中竞争力的提高,最终实现教师素质与教育质量双提高。

教师素质提高与教育质量提高是相辅相成的,当教师素质提高之后,就会提供较高的教育服务,教育工作的质量也会得到相应提高。在我国,城区学校已经形成了全面系统的培训体系,并被纳入教育行政部门的工作规划。无论是外出培训还是校本培训都开展得有声有色,尤其是外出参观、研讨与交流,对于开阔教师视野,提高教师对教育教学的深度理解,对于教师转变旧的教育教学观念,树立与新时代契合的教育理念,提升教师教学能力,丰富教育教学方式都发挥着不可替代的作用。校本培训中的教学观摩、说课评课、同课异构、异课同构、同课同构等对强化教师良好教学敏感性、现场感,提升教师教学设计与实施能力,优化教学设计方案与教学过程,也具有重要作用。这都是教师交流带来的益处。但农村学校,特别是小规模学校,同学科教师数量少,缺乏专业交流的人员结构条件,普遍缺乏相应的培训与校本教研活动,教师观摩学习的深度不够,严重制约教师的眼界、视野与教育能力提升。因此,应制定与城市教师培训与发展类似的乡村教师培训与提升规划,一视同仁给乡村教师提供各种学习发展支持,不断提高农村教师素质,进而促进农村教育质量的大幅度提高。

2018年3月22日,教育部、国家发展改革委、财政部、人力资源社会保障部、中央编办印发《教师教育振兴行动计划(2018—2022年)》,提出要让教师安心、热心、舒心、静心从教,岗位上有幸福感、事业上有成就感、社会上有荣誉感。采取教师教育振兴十大行动,即:师德养成教育全面推进行动、教师培养层次提升行动、乡村教师素质提高行动、师范生生源质量改善行动、"互联网+教师教育"创新行动、教师教育改革试验区建设行动、高水平教师教育基地建设行动、教师教育师资队伍优化行动、教师教育学科专业建设行动、教师教育质量保障体系构建行动。这些政策如果能够得到全面落实,必将进一步促进教师编制城乡一体化。

(3)借助各地出台的政策"大礼包",吸引和留住乡村教师。在推进义务教育均衡发展过程中,各地为了挽留乡村教师出台了不少政策,这些政策大礼包不仅内容充实,且具体实在,成为农村教师补充与提高的关键举措。

这些政策内容丰富,各有侧重。在贯彻落实的过程中应该注意以下几个方面:一是要体现重要的发展价值,把教师编制城乡一体化看成是促进新时代我国教育发展的重要战略问题,是关乎教育质量提升,关乎中华民族整体素质提升,实现中华民族伟大复兴中国梦的大事,不能看成为头疼医头脚疼医脚的短期行为,不能看成为应付临时问题的裱糊装置。教师编制城乡一体化是关乎我国教育长远发展的战略举措,也是与我国以城市化为基本趋势相一致的社会发展进步的长远趋势。因此,出台政策要遵循先调查研究,再征询意见,再部门会签,再执行,同时要把监督检查与问责机制贯彻始终。二是要因地制宜、因校制宜。一个地方在教师编制城乡一体化过程中所遇到的疑难问题与另一个地方是不一样的,有的地方是资金的问题,有的地方是制度与政策的问题,有的地方是交通、通讯等具体问题。不同学校在参与教师编制城乡一体化过程中所遇到的问题也是不一样的,城区学校往往遇到的是教师不愿下乡的"不愿走"的问题,而农村学校则主要是学生留不住,教师也留不住的"不愿留"的问题。因此要因地制宜、因校制宜,不能简单化、搞"一刀切"。应该坚持具体问题具体分析,用马克思主义和辩证唯物主义观点想问题、办事情。三要坚决执行,并具有操作性,防止政策礼包成了"空心包"。在推进教师编制城乡一体化过程中,各地出台了大量的政策措施,但是有许多政策流于空文,没有发挥应有的作用。一个很重要的原因是政策执行不力。在新的时代条件下,要坚决改变这种状况,既然制定了相关政策,就要不折不扣坚决执行,防止政策成为一纸空文。政策礼包不要变成了令人闹心的空心包。应成为具有很强操作性,能够有效实施的政策措施。执行难在哪里,难在没有监督问责机制,难在利益藩篱的固化。只有采取针对性的举措,运用法律、纪律、行政、经济等多种手段,用抓铁有痕、踏石留印的真抓实干,才能解决相关政策落地的问题。四要注意发挥各级各类人员的创造性,使政策因时而变、因境而生、因事而作。各种政策理念形成于实践,发展于实践,作用于实践。因此,促进教师编制城乡一体化的各种政策在执行的过程中要不断完善,"顶层设计"与"问计于民"相结合,使政策不断适应新情况,寻找解决问题的最佳办法,寻找各类利益群体的最大公约数,使所制定的政策成为系统连贯、相互贯通、内外协调、执行顺畅的政策举措,防止政策成为相互掣肘、好看不好用的"装饰画"。

(4)不断完善教师编制相关政策,发挥各项政策的累积效应。2018年1月20日,《中共中央　国务院关于全面深化新时代教师队伍建设改革的意见》正式颁发,成为未来相当长时期指导国家教育发展和教师队伍建设的纲领性文件。在贯彻落实这一文件精神的同时,要发挥已经出台的各项政策的综合累积效应。

一是继续贯彻"特岗教师"计划。"特岗计划"是农村义务教育阶段学校教师特设岗位计划的简称。该计划通过公开招募高校毕业生到县以下农村义务教育阶段学校任教,逐步解决农村师资总量不足和结构不合理问题。2005年,中央财政开始设立专项资金用于"特岗计划"。过去十年间,"特岗计划"累积公开招募50.2万名高校毕业生到中西部"两基"攻坚县以下农村义务教育阶段学校任教,覆盖中西部22个省(区)的1000多个县,3万多所农村学校(村小、教学点)。该计划总体进展不错,但今后需要在实施过程中考虑物价上涨因素,更加及时地调整资助金额。"特岗计划"资助毕竟是以3年为一个周期。若想让年轻大学毕业生在农村扎根,安居工程不可或缺。政府应该在更大范围内推行教师周转房和安居房计划。安居房所需土地应当由国家统一划拨,按照统一标准施工。除此以外,还应做好农村教师的职后培训工作,为他们提供更多前往城市顶尖学校和教育研究机构的交流机会,让他们感受到进步空间。

二是建立和完善对农村学校和农村教师的各项倾斜政策。首先,在职称评定等方面给予农村教师特殊政策和标准。一体化不等于城乡同质化,要出台政策,防止城市名校掠夺农村学校生源,避免城市教育成为收割机。现在很多城市名校争相拿出优厚的教师待遇,创造良好的办学条件,吸走农村地区不少优秀老师和学生。城乡学生择校问题应该引起足够重视。[1] 同时,要加强对学生家长的管理和教育,理性对待进城上学,不要一哄而上。其次,改善教师生活条件,提高农村学校教师职业吸引力。要通过改善生活条件,消除教师的职业倦怠,提高教师生活工作的舒适度,提高教师在网络、水电、交通等方面的便利性水平。通过现代教育技术的运用,通过在线教学、混合学习等新教育教学方式的应用,改善教师工作与生活条件。

城镇化与城乡一体化相互影响。根据我国牧区、偏远农村、老少边穷地

---

① 周洪宇:《农村教育不能成城市教育附庸》,《环球时报》2015年12月8日。

区、湖区海岛等特殊性、多样化的实际,制定特殊的教师编制政策。我国是一个地域广阔、人口众多的大国,各个地区之间,一个地区内部不同学校之间,存在着巨大的差异,有人口稠密的内地大城市,也有人烟稀少的荒漠戈壁。对于上学的学生来说,居住地距离学校的距离有远有近,对于学校的教师素质与水平来讲,既有高水平的实践型教育家,又有刚刚走出校门的见习期教师。再加上学生个性差异,城乡差异的存在,使得任何教师编制政策都有可能面临适应性难题。因此,我们只能采取多样化的教师编制政策,在实现城乡教师编制一体化的过程中,充分尊重和适应这种差异,因地制宜、因校制宜,防止简单化、一刀切。在城乡教师编制一体化的政策目标、政策内容、政策落实的方式方法上,都要采取多样化的理念和方法,一切从实际出发,以满足广大人民群众的基本教育需求为出发点,在此基础上,不断提高教育质量,实现义务教育的高水平、高质量运行。第三不折不扣地贯彻落实国家城乡教师编制政策。城乡教师编制一体化的具体政策的制定与实施要解决好几个问题,一是城市教师如何到乡村学校执教的问题,二是农村学校教师如何补充和发挥作用的问题,三是如何实现城乡教师交流与共享的问题。2016 年 7 月 2 日,《国务院关于统筹推进县域内城乡义务教育一体化改革发展的若干意见》(国发〔2016〕40号),提出要消除"城镇挤,农村弱"的现象。将"免费师范生"改称"公费师范生"。还提出要进一步推进特岗计划和教师交流轮岗计划。这些政策都应不折不扣得到贯彻落实。

6. 完善中小学教师编制城乡一体化的政策措施

从城市学校的情况来看,一是要贯彻执行并实施好特岗教师计划和乡村教师支持计划,采用特殊的政策,也就是区别于城市学校的特殊政策,给予农村学校应有的支持。二是建立区域教师资源周转池,以应教师资源不时之需。特别是在学生人数猛增的大年,能够有足够的教师贮备以提供教育服务。或者某一学校学生数猛增的特殊年份,能够有足额的教师配备。三是城市学校中考指标电子选号制度,给予示范中学、一般中学和薄弱中学适当的生源,进一步促进城市内部学校之间的生源均衡与教育均衡。四是建立城市学校新任教师在农村中小学见习期的制度,对于新任的学校教师,必须有一年至三年的农村学校任教经历,才能到城区学校任教,获得教职。五是建立城市学校农村学校定期服务制度。每隔五年,城区学校教师应有一年在农村学校服务的制度;对于要晋升职称的教师需有一年农村学校任教经历,正如高校晋升高级职务需有一年或半年海外学习经历一样。六是建立完善的优秀教师送培送教制度,送教下乡,对于评定为省级、市级或校级的优秀教师,尤其是被评定为教坛新秀、名师工作坊、卓越教师、领航教师等称号的教师,利用节假日或联校教研或观摩教学等机会,到农村学校或给农村进修学校的教师进行示范性教学,发挥优质教师资源的辐射带动作用。七是利用现代信息技术与网络资源,采用双师教学,在线共享的方式,经常性进行城乡教师教学经验交流,让农村学校学生通过混合学习,提高教学质量,发挥城市优质教育资源的作用。八是加大城区学校大班额治理力度,积极推广小班化教学。推行小班化教学是解决大班额困境的有效举措。这就要采用灵活的教师配置策略,满足小班化教学的教师需要。探索形成城区学校教师工作量衡量的新标准,准确测定教师工作任务。

　　从农村学校的情况来看,一是要建立稳定牢固的农村教师教育服务补偿制度。主要通过给予在农村学校任教的教师提供补贴的形式落实。补贴的数额应该根据具体学校地域至城区的距离为主要衡量依据。这种补贴一定是理性值得型的,也就是教师觉得在农村学校任教,有这些补贴是物有所值的,是比在城区学校任教划得来的。补贴的应该是教师的交通、通讯等额外支出,以及离开城市的下乡补贴等。补贴政策中应该包括农村教师养老金、住房公积金提升制度,使农村教师与城区教师一样,能够老有所养,住房公积金不受损失,个人资产性收益不因房价上涨而与城区有住房的教师拉开差距。二是建立农村教师国家荣誉制度。对于在农村学校持续从教三十年或累计超过二十五年的教师,给予国家农村学校服务荣誉称号,并颁发奖励金。一方面,退休后一次性给予较大数额,一般应以教师半年的工资为标准,另一方面,给予高于城区同类教师高一级的退休金待遇。三是建立农村教师城区周转房或教师公寓房制度,解决在农村学校任教的教师的城区住房问题,也可以与公租房政策挂钩,让在农村学校任教的教师在寒暑假、节假日或周末,能够在城区住宿生活,并解决子女入学等现实生活问题。四是农村教师定期进修培训制度。创造条件,利用目前部分农村学校教师数量较多,学生人数较少的有利时机,组织农村学校教师集中培训或挂职性质的“影子培训”,让他们熟悉城区学校的教学特点和管理风格,适应城区学校的教育教学常规,为在农村学校推行类似的制度打下基础,创造条件。通过讨论、参与式、嵌入式教学培训,掌握现代教育教学理念和技术,提高农村教师整体教育水平。五是建立农村教师定期体检、休假、修养等制度。农村教师体检应严格按照国家的相关政策定期进行,及时发现疾病,及时治疗,防患于未然,遏制教师带病上岗与加班加点等不良现象。组织有一定教龄的教师定期进行学术休假或修养,提高他们的健康水平和工作满足感、幸福感。六是因地制宜、因校制宜,建立农村学校夫妻教学点包点制度。一个教学点安排夫妻长期住校工作,既方便生活和照顾孩子、老人,又可以长期关心学生,进行教育教学。将生活的便利与工作的便利结合起来,体现对农村教师的人性关怀。七是农村学校教师编制倾斜制度。应该根据农村学校生少班多的实际,从校师比、级师比、班师比、科师比、生师比等几个方面综合统筹配备与衡量教师的工作。不能简单地只从生师比出发衡量农村教师的编制与工作任务。八是要建立农村教师保险、养老制度,特别是要尽快解决代课教师正式编制问题,实行同工同酬。完善城乡教师定期流动制度,通过轮岗、挂职,无校籍管理、动态化管理,真正实现国标、省考、县管、校用,吸引更多的男性青年报考师范专业,改善中小学教师性别结构,扭转教师整体的女性化趋势,逐步实现男女教师性别均衡。

7. 实现城乡教师资源有效共享

从城乡教师交流共享的角度看,随着城市化进程的逐渐加快和城市化程度的不断加深,城市人口占比会不断增加,农村人口占比则会不断减少。城市与农村居民的收入水平、经济条件、生活质量及对教育的需求等的差距会逐渐缩小,并逐渐走向一体化。城乡统筹的推进会加快城乡一体化步伐。城乡共同组成城乡一体的社区式共同体将是必然趋势。只有在教师编制上实行切实的城乡一体化举措,才能适应城乡一体化的社会变革对教育的期待。城乡教师编制一体化应抓好以下几个方面的工作。

一是城乡教师编制标准同一化,并向乡村学校倾斜。我国长期以来实行城市优先的发展战略,在教师编制上表现得更为突出,农村学校生师比总是大于城市学校,一个农村学校教师比城市学校教师要教更多的学生。要实现城乡教师编制一体化,首先要实现城乡教师编制指标的同一化,就是说,应在制度与政策上规定城乡教师所教的学生数量应该一样多。随着不少农村学生进城上学,农村学校学生数量锐减,在新的条件下,应该根据实际,在教师编制上,尤其在师生比上适当向农村学校倾斜。2014 年 11 月 13 日,中央编办、教育部、财政部《关于统一城乡中小学教职工编制标准的通知》,将县镇、农村中小学教职工标准统一到城市标准,即高中教职工与学生比为 1:12.5、初中为 1:13.5、小学为 1:19,"这为积极差别待遇的师资配置政策奠定了基础"[1]。根据农村学校偏远、班额小、生活便利程度与对学生辅导任务更重的实际,适当降低乡村学校的生师比,让农村教师少教几个学生,让学生与教师接触的机会更多一些,以弥补农村学校各种资源不足的劣势。

二是城乡教师编制统筹安排。城乡教师统筹安排,就是要在一个区域内,通常指的是在一个县域内,将全部的城乡教师资源统一管理、统一调配,保证

---

[1]　秦玉友:《城乡义务教育师资配置均衡化:巩固成就与跨越陷阱》,《教育与经济》2016 年第 6 期。

所有学校都具有足额的教师数量,完成区域内各种教育教学任务,并能不断提高教育质量。在一个县域内一般存在幼儿园、小学、初级中学、普通高中、职业高中(或职业教育中心)、教师进修学校(或教师发展中心)、党校等教育机构,还存在大量的民办教育机构。城乡教师统筹,就是要把县域内所有非民办的教育机构的教师统一管理和使用,发挥教师资源的整体效益。

三是形成制度化城乡教师流动机制。应该建立城乡教师流动机制与服务期制度。通过制度规范与思想教育,使教师的学校归属感逐渐转变为职业归属感,淡化教师的校籍意识,逐步形成行业意识。教师并非属于某个学校的教师,而是属于一个区域内从事教育事业服务的从业人员。到哪个学校任教都一样,只有工作学校的不同,没有岗位的不同。近年,不少地方对教师采用无校籍管理制度与方法,取得一定成效。这也为教师在城乡学校间的制度化流动提供了心理前提。对于条件艰苦的学校,尤其是偏远的农村学校,不要成为有些教师终身从教的学校,应该让每一个教师都有到农村学校服务一定的期限,每一位教师都为农村提供一定期限的教育服务,又不让一些教师长期甚至终身在这些条件差的学校,即便一定期限的服务带来不便,但是可以承受的。如果这一政策得以落实,就能够解决教师不愿去农村学校的问题。

四是全面落实城乡统筹、区域统筹、灵活调整的政策。城乡教师编制一体化的核心议题是在一个区域内城乡教师统一安排,主要包括教师工作任务的统一安排,及与之相应的教师的工资等生活待遇的统一安排。城乡教师都是本区域内的教师,人人都应有服务乡村教育的义务,都应有在艰苦学校任教一个时期的义务,区域内教育行政主管部门应该有持续的、稳定的制度安排。灵活调整就是根据区域内教育变化的形势,包括学校布局与数量的变化、学生数量的变化、教师总量与专业、年龄、性别、职称及教学水平的变化,做出适应性的政策调整,教师的工作安排又是相对的、动态的。最终的目的是使所有的学校有足够的教师,所有的学生有教师教育,所有的教师有学生可教。

　　一些地方也出台了行之有效的惠及城乡教师的政策措施,有力地促进了城乡教师编制一体化。这些政策应在实践中不断完善,形成经验后在更大范围推广,有效保障乡村教师"下得去、留得住、教得好"。

8.提高各种政策措施的适应性

　　我国是一个区域差异、城乡差异、校际差异巨大的国家,在实现教师编制城乡一体化过程中,只能采取多样化举措,不能用一种措施"一刀切"地去解决条件迥异的地方和学校的不同的问题。

　　首先,我国是一个地区差异巨大的国家,从经济与社会发展程度看,东部发达地区,尤其是城市已经接近中等发达国家发展水平,教育经费充裕,学校教学设施等物质条件优越,教师待遇好,容易聘到高学历、高水平教师,城乡差异小,只要给予农村学校教师更高的补贴,并采取城乡教师定期制度化交流轮岗政策,教师编制城乡一体化就可以实现,或难度较小,甚至一些地方已经实现。中西部地区改革开放以来虽然发展迅速,城乡面貌发生历史性巨变,但是城乡学校,特别是乡村学校无论从物质条件,还是教师的教育观念、方法,尤其是教育质量与东部地区相比仍然有不少差距。特别是一些偏远地区,人口稀少,学校布局稀疏,学生上学路途遥远,交通、通讯等条件落后,教师编制城乡一体化的难度大,只能采取先部分学校,再全面普及等逐步推进的政策措施,且应提高政策措施的灵活性和多样性,不能用标准化、一体化简单地操作。应广泛征求当地干部、家长、教师与学生的意见,形成最佳、最适合的政策。撤点并校过程中所采用的高中向县城集中、初中向乡镇集中、小学向村镇集中等措施也应有变通性与适应性,并根据村民意愿灵活调整。

　　其次,我国是一个城乡差异巨大的国家,整体看,城市的教育条件、教师水平、教育质量已经接近中等发达国家水平,教师编制城乡一体化已经基本实现，或者难度较小，且任务较轻。但是农村地区的教育发展、教师水平与教育质量成为我国教育发展中的短板，教师编制城乡一体化的难点在农村，重点在农村。同时应该意识到，即便全面实现了城市化，但农村总会有人口分布，总会有一定数量的农村学校和农村学生，农村学校将长期存在，总会需要一定数量与质量的农村教师。因此，教师编制城乡一体化政策不能按照城市的标准与模式简单模仿。因该因地制宜、因校制宜，进行调查研究，摸清村民意愿，了解村民教育需求，以解决村民子女上学中的难点为政策目标，切实提高农村学校教育质量。也不能简单套用其他地区的相关政策，而是应从实际出发，形成适合本地特点的政策，创造性解决各种难题。教师编制城乡一体化政策应该适应村民意愿，适应农村交通、用水、用电等各种自然与社会环境条件，尽可能节省农村学生上学中的各种意想不到的开支，把学校办在村民满意的地方，把学校办成村民信任的高质量学校。

最后，我国是一个校际差异巨大的国家，有些学校规模巨大，成为享誉世界的巨型学校。如安徽省的毛坦厂学校，每年有万余人毕业参加高考，是中国教育一种奇特的风景线。但也有只有几十名，几名，甚至一名学生的小规模学校。有些学校教育质量高、教师水平高、生源好，成为许多学生择校的目标，但也有教育质量低劣，生源差，吸引力弱，很难得到家长与学生认可，学生迫不得已才去的薄弱学校。从管理体制来看，有国家办的学校，也有许多民办学校。进入 21 世纪以来，民办中小学、幼儿园迅猛增长，吸收了大量学生，虽然这些学校良莠不齐，但却承担着中小学、幼儿教育的重要任务。与公办学校相比，其教师待遇、管理模式具有相当大的灵活性。就是在农村学校中，有些学校办学历史悠久，形成良好办学传统和良好口碑，成为深受村民信任，有较高教育质量的高水平学校，但也存在大量生源接近枯竭，教师队伍严重老龄化，难以提供高质量教育，面临关停的学校。在教师编制城乡一体化过程中，只能从实际出发，且不可盲目照搬其他学校的做法。

三、形成中小学教师编制城乡一体化的实操性措施

（一）以教师资源统筹实现教师编制城乡一体化

以城带乡、城乡互动,统筹建立城乡一体化的教师编制体制。统筹城乡之间的教师等教育资源,是促进教育公平和均衡发展的基础工程,也是提高公民幸福指数的民心工程。必须转变过去重视城市学校教师队伍建设、忽视农村学校教师队伍建设的做法,以城乡学校师资队伍统筹为宗旨,创新教师队伍管理方式,逐步建立城乡一体化的教师队伍建设管理的组织领导机构、政策与法规、教师服务体系以及教师队伍人才培养机制。按照城乡教师队伍建设目标,各级政府应该为农村学校发展创造条件,吸引优秀人才到农村学校任教,创新农村教师管理体制和编制动态管理机制,加强农村学校的环境建设。

各地在城乡教师交流轮岗与互动过程中,创造性地提出了许多切实可行的教师交流方法。例如江苏省南京市等推行的城乡学校"手拉手",就是一所城市学校对应扶持一所农村学校,城市学校不仅支持一些教学用品和图书等,还给农村学校提供教育教学技能的培训。农村教师可以参加城市学校举办的校本教研活动,参加教学研讨和公开课教学活动,城市学校教师可以定期不定期到农村学校交流、做示范教学。

在我国,中小学教师资源主要由县(市、区、旗)级政府管理和使用,由县级教育行政主管部门具体负责落实。从国家层面来讲,主要是在宏观上根据对教师资源的未来需求进行大概的预测,出台相关政策,并制定规划加以培养。随着教师培养渠道的开放化,任何一所大学毕业的学生都可以通过考试获得教师资格,也可以通过新任教师和特岗教师招聘考试考取教师职务。而

一个区域内,主要是县域内教师资源的开发、培养、使用、培训等都由县级人民政府负责,县教育行政主管部门负责落实。教师的聘用权、培训权、工资待遇决定权、各项权益的保障权、职称评聘权等,基本上都由县级人民政府负责实现。这就为区域内教师资源的统筹提供了良好的、便利的条件。教师资源统筹不仅成为县域教育发展的重要领域,也成为县域内人民政府的重要职责和工作任务。

如何实现县域内教师资源的统筹呢? 首先,要摸清县域内教育发展的整体状况,获得全县各级各类学校所需教师的第一手资料,包括教师的总数、年龄、性别、所教学科与专业、毕业院校、职称与职务、教育教学质量和水平、受表彰情况等。并要对这些资料进行统计和整理,做到及时更新。特别要摸清各级各类学校教师的需求数。其次,要及时统计和整理区域内各级各类学校学生的数量,包括学生总数、年级数、班级数、毕业生数和新生数,并要对三年以内学生数的变动情况进行预测。要运用现代信息技术,对教师信息和学校学生信息进行科学管理,有效使用,要建立区域教师和学生信息化大数据库,并及时更新,发挥信息的支撑作用。再次,对区域内教师进行定期统一调配。每年要根据教师退休、新进、调离、调动等情况,对区域教师信息进行更新和维护,根据各级各类学校新生情况的变化,适时对教师进行统筹性调整。要对紧缺教师的学校及时补充新教师,对教师相对富裕的学校,提出教师进修计划并适时安排教师培训;对教师年龄老化严重的学校,要及时调入青年教师和中年骨干教师;对重点学科缺乏的教师,要千方百计通过外聘、讲座教师、非常规聘任等形式进行聘任,以解决燃眉之急。最后,形成有用的具体统筹方法。可以通过不同类型学校之间的统筹、各学科专业教师的统筹、各层次教师的统筹、各年龄段教师的统筹来实现。例如幼小初统筹、普职统筹、公办教师和民办教师统筹、跨学科统筹等,都应根据各地实际,通过调查研究和试点有选择地推行。

（二）形成并确立具有操作性的中小学教师编制城乡一体化政策原则

1. 以校定编，有校必有师，确保合理的校师比

这是一种托底的编制安排。校师比是保证所有的城乡学校，包括农村教学点正常教育教学活动开展的最低要求和条件。我国地区之间、城乡之间、同一区域不同学校之间差异巨大，尤其是在学校所处的位置、历史传统、生源构成等方面都不相同。特别是一些偏远地区、民族地区、海岛、湖区，或相对封闭，交通不便的地区，由于地广人稀，生源数量有限，学生部分或全部集中到城市学校，显然具有很大的交通等局限，这样，只能因地制宜建设微型学校，或举办教学点。只要是有学生的地方，就要举办义务教育。但无论多小的学校，总要有至少一名教师。这些教师既承担着授课与管理学生学习的任务，还承担着管理学校与学生生活的任务。他们既是教师，也是校长，还是学生生活的照看者。所以，以校定编，一校一师是基本的，也是起码的，最低的要求。各地在制定教师编制的时候，一校一师是首先要保证的。在推进城乡一体化的过程中，不少微型学校或教学点被撤并，给当地学生上学造成很大不便。从长远来看，这些地区总会有学生，这些地方的学生总不能一代一代、世世代代离开父母到城市学校就学，偏远地区学校的小规模化和微型化是一种常态，办好微型学校和教学点不是一时的权宜之计，必然是长期的历史任务。因此要根据各地的实际情况，给这些学校提供必要的编制安排，不能简单地撤并了事。近些年来，经常能够看到一校一生一师的报道。只有几名、十几名学生的微型学校将会长期存在，我们必须要在这方面有长期的编制安排，以方便学生就近入学。从保证学校正常运转的角度看，一个学校（或教学点）至少应有两名教师，保证教师外出参加教研活动、就医、学习、处理个人紧急事务的时候，能够保证正常教学活动的开展。

2. 以生定师,实现教师编制总数城乡学校无差别,确保合理的生师比

以生定师是说,在教师编制安排上,要根据学校学生的数量来配置教师,学生多的学校教师要多,学生少的学校教师要少。教师编制总数城乡无差别是说,要根据农村学校和城市学校的学生总数来制定教师编制,有多少农村学生就给农村学校配置符合标准比例的教师,有多少城市学生就给城市学校配置符合标准比例的教师。城乡学校教师编制一体化最核心的是城乡学校的生师比无差别,农村学校的师生比与城市学校的师生比相同。进入 21 世纪以来,在教师编制城乡一体化过程中,出现了一些奇特的现象,例如不少地方农村学校师生比高于城市学校。但仔细分析就会发现,在农村学校普遍存在年龄偏大的教师,55 岁以上的老年教师数量多、比重大,而年富力强的教师数量不足。有些学科如数学等的教师数量充足,而有些学科如语文、音乐、体育、美术等教师数量少,有些学科甚至根本没有教师,只能由其他教师兼课。有些地方教育主管部门和政府相关部门对农村学校教师编制还存在短期计划和权宜安排的隐患。例如,有些农村学校已经被列入将来要撤并的学校行列,只是还有一些老年教师,因此还没有撤并。等到这些老年教师退休之后,再逐个撤并这些微型学校。这种想法和做法都与提高教育质量,办人民满意的学校,办人民满意的教育相去甚远,也是要不得的。要认识到在我国,无论社会如何变化,城市化水平有多高,农村永远会存在,永远有农村学生,永远需要农村学校,农村学校永远需要教师。这是一个常识。办好农村学校是一项利在当代功在千秋的伟业,必须要制定长期发挥作用的农村教育发展长远规划,办好每一所农村学校,尽可能寻找对策,建立农村学校教师稳定和补充的编制安排机制,不能为图省事、节约经费等而随意撤并千方百计建立起来的农村学校。

3. 以年级定师,力争每个年级至少有一名教师,确保合理的级师比

我国不少学校以年级组的形式管理教师和教学等工作。不少农村学校也以年级管理学校班主任工作和教学工作。在保证每个学校有一名教师的情况下,有条件的地方应该至少保证每个年级有一名教师。如果学校有百人以上,可以以年级的形式配置6名以上的教师,除校长外,每个班级有一名教师进行负责。教师人数多了,就可以有多种形式的教育教学活动安排的选项。既可以是年级组,也可以是教研组,就可以开展诸如城市学校经常举行的公开教学、说课等教研活动,教师也就有了定期培训和提高的可能性。就可以避免一些地方和学校,教师一旦离开学校就关门的尴尬。教师人数多了教师之间的交流就会更多,就有了比学赶帮超,这都有助于提高学校整体教育质量。学校的文化环境也会发生良好转变。在20世纪七八十年代,许多农村学校办得有声有色,教育质量不比城市学校低,也很少有农村学生离开父母到城市学校就读。在城市化过程中,不少农村学校生源减少,不少农村学校被撤并,给当地农村儿童上学带来了很多不便。为了提高农村教育质量,促进农村学生健康成长,一些规模比较大,服务区域较大的农村学校应该保留,并尽可能不断提高级师比,使之继续发挥作用。对于一些因合并而扩大规模的农村学校应该提高级师比,使之成长为优质农村学校,或示范农村学校。

4. 以班定师,力争每个班级有一名教师,确保合理的班师比

在我国的中小学班级依然是组织教学,对学生进行管理的基本形式。学生以班级为组织,按照班级参加各种活动,教师以班级为单位对全班学生授课。这种形式具有管理效率高,教学质量好,有利于学生社会性发展等特点。一个班级配备一名教师,一个班级配备一名班主任是保证教育质量的重要保证。对这一要求,城市学校不是问题,城市学校大多都能够满足一个班级一名教师的要求。但在部分农村学校,尤其是偏远地区、民族地区的学校,要实现城乡教师编制一体化,就要想方设法使农村学校每个班级配备一名教师。一个班级一名教师既能保证对学生的教育和管理,也能增强教师的责任意识。随着教育的发展,班级规模在不断降低,有些城市和发达地区的农村学校,普

遍实行小班化教学,一个班级的学生人数下降到 35 人以下,与西方发达国家学校的班级规模看齐。班级规模降低后,学生数恒定的情况下,教师的需求会提高。因此,在实行城乡教师编制一体化的过程中,要考虑到小班化的发展趋势,力争给每个班级都配备一名教师。

5.以科定师,力争每门课程至少有一名教师,确保合理的科师比

以单一的"生师比"作为标准的教师配置方式,在一定程度上加剧了中小学教师编制的"城乡倒挂"问题。从今后的改革趋向看,在以"生师比"为主的基础上,引入"科师比"有助于缓解大部分农村学校教师结构性短缺问题,引入"班师比"有助于缓解农村小学和教学点等小规模学校教师数量的不足问题,因而值得探索。在我国,学校教学活动常常以学科为最小单位,教师备课、上课、批改作业、考核评价等教学活动往往以学科为基本单位,因而才有了语文、数学、英语、道德与法治、体育、美术、音乐等学科。每一个学科都应该有一名该学科的教师,这对保证教学质量,提高教学的学术性、专业性具有重要意义。但是在我国的农村学校,一般来说,基本都具有语文、数学等学科的教师配置,但是像英语等学科教师比较缺乏,近些年来外语教师短缺状况有所好转,但是体育、音乐、美术等学科的教师依然比较缺乏,有的农村学校几百名学生只有一名体育教师,甚至从来没有过美术、音乐教师的情况都比较普遍。由于缺乏这些学科的教师,相关课程的教学任务只能由语文、数学教师等非"专业"的教师承担,从而造成教学质量无法保证,学生的相关知识技能普遍缺乏等严重问题。要实现城乡教师编制一体化,就必须要想方设法为每一个学科都配备教师,以保证学生全面发展。

(三)进一步完善城乡教师编制的动态管理机制

中小学教师编制的管理既要有稳定性,又要有动态性。稳定性强调城乡教师编制标准的相对稳定,而城乡教师的动态管理机制则需要根据学生城乡

构成的变化及时灵活地调整,以满足城乡中小学对教师的需求,提高教师利用效率。如何完善城乡教师编制的动态管理机制呢?

1.科学合理设计乡村学校教师编制

一是设立附加编制。在一些地方,通过设立附加编制,对解决学校在教师配置中面临的一些新情况、新问题,满足一部分学校的特殊需求,具有积极意义。但在当前教师编制总量控制的情况下,附加编制还只是完善教师配置的一种补充手段。① 附加编制可以有多种方法、多级标准。例如,可以给每个规模较大的学校每个学科安排一到两名额外的教师编制,一方面可以给教师培训提供机会,另一方面还可以减轻教师工作负担,同时还有助于满足有些教师因病等原因请假所需的临时代课等教育工作任务安排,还有助于校本课程开发和学校综合实践活动等课程和学校综合型活动的组织。

二是建立教师编制定期核实机制。在我国不少单位,存在一定量的"吃空饷"人员,在近年进行的编制核实中,发现学校也存在吃空饷现象。因此,应该建立定期教师核实机制。在每年开学初,根据学生人数和教师数量进行核实,坚决消除学校里存在的吃空饷人员,还学校一片洁净的天空。

三是建立定期教师调配机制。根据学校教育的特点,教师应该相对固定,这对教师熟悉所任教学校的状况,特别是了解学生和进行适合学生的教学具有重要意义,也使教师逐步形成对任教学校的归属感,对所从事的教育工作的责任感。但是,稳定是相对的,而变化是绝对的,应该根据学校学生变化的情况,及时进行教师资源的配置,把人员过剩学校的教师及时调整到人员紧张、急缺的学校,在教师总量不变的情况下,充分发挥教师资源的总量价值。

四是建立健全城乡教师定期交流轮岗机制。教师和校长的定期交流轮岗是在教师资源配置过程中探索发现的实现教育公平,均衡配置教师资源的重

---

① 汪明:《教师编制城乡统一要落地"有声"》,《中国教育报》2014 年 12 月 2 日。

要举措。虽然在实践过程中出现了一些困难和问题，给教师带来了工作和生活上的一些不便，但是对于均衡配置教师资源，促进城乡教师合理流动，激活学校教师资源总量供应起到了很好作用。在探索和总结经验的基础上，应该更好地推进这一举措，使之发挥作用，为实现城乡教师编制一体化发挥作用。

五是建立以"送教下乡"等形式为主的教师资源临时调配机制。随着社会的急剧变革和城乡一体化、城市化进程的快速发展，我国的中小学正在持续发生着重大而急剧的变化。固定的教师编制制度显然具有计划经济时代的烙印。如何盘活城乡教师资源，使固定的教师编制变成灵活而有效的教师资源开发具有重要意义。"不求所有，但求所用""省考、县管、校用"具有鲜明的时代特征。因此，教师编制的动态管理可以有多种形式。例如定期组织城区学校的教师到乡村学校进行短期的教育教学十分必要，在不增加教师总量和财政支出的情况下，可以通过送教下乡的形式，让农村学校的学生接受到城市学校教师的教学，弥补农村学校音乐、美术、体育等学科教师短缺的状况。安徽省黄山市屯溪区的城区学校与农村学校建立了手拉手结对子帮扶机制，城区学校的有些学科的教师定期到农村学校任教，既不增加编制，又满足了农村学校的教师需求，是一种可以制度化的教师资源开发机制。

六是建立城市学校支持农村学校的教师资源下乡机制。调查发现，安徽省郎溪县制定了教师下乡支教的有效制度，其中一个重要特点是，教师要晋升高一级职称，必须有在农村学校任教两年的经历。这样一些要晋升职称的城区学校教师主动申请到农村学校任教，以便及时获得晋升职称的资格。可以采用教师自己申请，城区学校审批，县教育体育局审核，农村学校考察接收的办法。等这些教师两年经历满后，可以通过提升职务、晋升职称的方式，在自愿的基础上，既可以满足这些教师回城的愿望，也可以满足在农村学校继续从教的愿望。

七是建立基于"在线课堂"的虚拟编制机制。在促进义务教育均衡发展的过程中，不少地方利用现代教育手段，实现城市学校和农村学校教育资源共享,使农村学校学生也能享受城市教师教育教学。安徽省芜湖市各区县在促进义务教育均衡发展的过程中,通过互联网,联通城乡学校,使城市学校优质的教学资源在更大范围的城市其他学校和农村学校实现互通。农村学生足不出校门就能享受城市优秀教师的同步教学。这种虚拟的教师编制调整机制,在一定程度上满足了农村学校教学的需要,扩大了优质教育资源的辐射效应。

2. 实行乡村教师的多科与全科培养,破解农村学校教师学科专业的结构性短缺

建立小学教师全科与多科培养机制,是解决小学教师城乡双短缺的长久之计。短缺学科的教师补充最好的办法是提高音、体、美、科学等专业教师培养的数量,另外一个办法就是培养全科教师,提高教师的适应能力,帮助教师能够胜任多学科教学的任务。教师既可以担任语数外等重要学科的教学任务,也可以担任音体美等学科教学的任务。目前全国不少地方已经开始了小学全科教师培养试点,有些全科教师已经毕业上岗。在小学全科教师培养工作全面展开的情况下,也可以尝试初中教师全科培养计划。既可以培养初中全科教师,也可以尝试实行初中教师主修辅修计划,帮助未来的初中教师在学好一个专业的基础上,辅修一个或数个专业,以提高初中教师的适应能力。甚至还可以尝试高中教师双专业培养计划,帮助未来的高中教师在主修一个专业的基础上,辅修相近的另一个专业,例如主修中文的可以兼修历史、政治或地理,主修数学的可以兼修物理、化学或生物等,达到一专多能的要求,增强职业适应性和竞争力。从长远的角度来看,教师一师双岗、多岗将是一种趋势,小学全科、初中多科、高中双科、普职兼修将是教师培养的重要取向。由于将小学教师提高到大专以上,从师范生整体素质看,能上大学的学生都是高中毕业生,已经具备胜任小学学科教学的文化素质,只要在音体美和教学方法与技术等方面进行训练就可以去小学任教,因此,两年的专科、四年的本科很快就能培养大量的一专多能型教师。

3.改善工作和生活环境,使乡村学校教师安心从教乐教

在调查中发现,在我国中西部地区的农村学校,虽然教师数量已经能够保证教育工作的开展,但是农村教师的职业吸引力和农村教师的稳定还面临着诸多问题。除了没有发展前途,待遇低等这些原因外,还存在其他问题。

一是农村学校的工作环境差,例如农村学校普遍缺乏外出培训、考察的机会,农村学校很少开展像公开教学、观摩教学等教研活动,许多工作完全处于自发、任意状态。教师除上课外,还有兼顾照看学生生活的任务,一些寄宿制学校学生管理和生活照料任务很重。由于学生年龄轻,自理能力不足,因此教师在这方面需要付出很多精力和时间,增加了教师负担,也冲淡了教师工作的吸引力。

二是农村小学生活条件差,教师生活难度大。有的农村学校用水有问题,西部有的农村学校用窖水,在小城镇的教师能够买到蔬菜、粮油等生活必需的食品,一些特别偏远的学校,既没有菜市场购买这些生活必需品,也没有冰箱用来储藏和保鲜,生活难度很大,甚至还有农村教师无法在学校生火做饭,只能靠自带熟食度日的情况。有的农村学校学生中午、晚上可以回家吃饭,但教师只能靠在各家轮流吃饭。要让教师坚定信念,具有在农村学校任教的长远打算,就应该改善农村教师生活的状况,建立基本的生活条件,使他们身心健康地投入到教育教学工作之中。

要因地制宜,为教师改善生活环境想实招、出实策。建设"教师水窖"。例如,像建立"母亲水窖"的模式,给农村学校教师建设教师水窖,满足他们基本的生活用水需要。给农村教师划拨"自留地"。在农村土地承包调整的过程中,根据农村学校教师的数量,给每个农村教师在学校附近划一块"自留地",教师可以用来自己种一些蔬菜作物。给农村学校住校的教师配备冰箱。有了冰箱,教师就可用于储存和保鲜食物。给农村教师建立教师宿舍和食堂。如果建立了农村教师食堂,就可以使食堂和宿舍分开,以方便教师教育学生和

搞好生活。给农村教师提供交通补贴。应建立农村教师交通费补贴制度,使农村教师可以自己用摩托车、小汽车或乘坐公交车定期回家照看父母和子女。只要农村教师的工作条件和生活条件得到保障,农村教师会心甘情愿地在农村学校任教,城乡中小学教师编制一体化就能够实现。建设农村教师周转房、城乡学校基本办学条件标准化、建设和谐进取的学校组织文化都是实现城乡教师编制一体化的重要措施。

调查发现,安徽省含山县运漕中心小学全部建立了班班通,桌椅板凳都得到了更新,网络的使用与城市没有两样,充实了网络各种教学资源,教师可以在教室教学的时候,在任何时间都可以随时查找需要的教学设计方案、课件、练习题等,极大地方便了教师的教学。学校还建立了标准化的教师食堂,在学校附近建立了廉租房性质的教师公寓。当教师生活无忧、工作无忧的时候,就会把精力用在钻研教材、了解学生、设计教法这些教学的核心环节上,就为提高教学质量创造了基本条件。在国家标准化办学的过程中,各种教育教学设施设备均实现了标准化,为教育教学活动的开展提供了标准的条件。

4. 尝试并逐步推行学校教师编制自主

编制所受到的权利约束是一把"双刃剑",一方面编制使学校有了教师人数,可以保证教育教学有人;另一方面,很难使学校辞退不合格的教师。在我国大多数地方,普遍存在着由政府统一编制计划、公布信息、组织考核、办理录用手续等带有强烈计划经济时代色彩的做法,学校选人、进人、用人普遍缺少自主性。学校想引进的人才,常常因"编制不够"的问题而卡住,而一些学校没法用,或者根本不能用的教师占据着教师编制。这是一种固态的教师管理方式,许多学校分到的编制数经常捉襟见肘,很难根据学科教学需求进行灵活调整,而且编办核定的编制数还一定是"足金足两"兑现的。这种状况不仅压缩了学校的自主权,还扩大了政府有关部门的自由裁量权。这就需要学校内部的"小综合",还需要教育外部的"大综合",需要政府统筹全局,统筹协调,做好顶层设计。编制审批改为备案制是否可以试水,预期值得期待。关键是要制定规则,并严格按照规则办事。但总体来说,编制自主显然属于简政放权。虽然一直对编制管理严格,但仍然存在个别领导打招呼,学校迫于压力聘任自己并不需要的教师的现象。至于专业不对口等现象在教师编制管理中是普遍存在的。把编制管理自主权还给学校,推进教育管评办分离,应该是教育发展中可以突破的禁地。许多民办学校为什么发展迅速,为什么一些学生家长愿意掏出高额的费用送子女到民办学校学习,而不愿让子女在完全免费还提供午餐费的公办学校读书,一个根本的原因是民办学校高质量的教育。民办学校高质量的教育来自哪里,恐怕主要来自高水平的教师。民办学校高水平的教师从哪里来,就是来自教师聘任的完全自主。民办学校和公办学校的差异就在这里,民办学校千方百计把有水平的教师请到学校,坚决把低水平的教师请出学校,而公办学校很难聘任到高水平的教师,又几乎没有可能把不称职的教师请出学校。为什么,编制不自主。

5. 让农村教师安居乐业,防止城市学校成为收割机

要留得住农村教师,应解决好农村学校存在的没编制、收入低、居住条件差等问题。我国现行的是 2001 年中小学教师编制标准,城市、县镇和农村学校分别规定小学生师比为 19∶1、21∶1 和 23∶1,初中生师比为 13.5∶1、16.5∶1 和 18∶1。这一编制标准以压缩编制和效率优先、城市优先为导向,与我国广大农村地广人稀、生源分散、交通不便、学校规模小、成班率低,存在大量村小的实际情况严重相违。因此,政府应该制定政策推行城乡统一的中小学编制标准,适当向农村倾斜,适当放宽贫困、边远地区中小学教师的编制配备标准。

四、通过变量调控,确保城乡教师编制相对充裕

(一) 准确认识和把握城乡教师编制"双短缺"现象

教师编制是我国城乡公办中小学配备和补充教师的基本依据。通过对安徽省四个市部分中小学的调查发现,新世纪以来,乡村学生大量进城上学,乡村学校生源大幅下降,教师总量富余,但高水平教师、中青年教师和音体美等学科的教师普遍缺乏,出现教师总体富余情况下的结构性短缺。同时,城区学校普遍生源增长,大班额增多,超大班级治理难度加大,消失已久的代课教师(县聘、区聘、校聘教师)重现校园,教师整体性短缺。虽然出台并实施了诸如撤点并校、教师交流轮岗、乡村教师支持计划、特岗教师计划、"国培"计划、大班额治理等政策,但乡村学校教师结构性短缺、城区学校教师整体性短缺的"双短缺"状况并没有从根本上扭转,亟待出台师资配置新策。

城乡教师编制"双短缺"的影响是多方面的。城乡教师"双短缺"悖论突出地表现为超编与缺人共存。乡村学校教师短缺并不是教师总体数量过少,而是教师总体数量按照师生比标准衡量相对于学生总体数量严重过剩情况下的超编性缺人。这种短缺是由于乡村学校学生数量不足,师多生少,班级规模逐渐缩小,即"师班比、师生比变化引起的超编缺人"[①]。乡村学校富余的是年龄偏大的教师,以及语文、数学、英语等长线学科的教师和教学水平较低的教师,缺乏的是中青年骨干教师、音体美、心理健康教育等学科的教师和高职称并能得到社会认可的优秀教师,形成"倒U"型的教师年龄结构。从不同学段的情况看,农村初中生源较为充分,而小学生源不足现象较为严重。这显然是一种总体超编情况下的结构性缺编,是总量过剩背景下的相对性短缺。乡村

---

① 秦玉友:《城乡义务教育师资配置均衡化:巩固成就与跨越陷阱》,《教育与经济》2016年第6期。

也有一些教育质量高、管理规范、深受家长信任的好学校,这类学校生源稳定,教师队伍稳定,处于良性发展状态。

由于乡村学校教师总量超编,在补充上只能采取等待退休等自然淘汰方法,退休一位教师补充一位新教师,甚至不少县市采用退休或调出两位教师,才补充一位新教师的政策。"超编缺人"的结构性短缺背景下,许多乡村学校补充新教师困难,教师队伍"老龄化"现象突出,他们的教育理念和方法相对落后,活力不足,教育质量难以保证和提高。师多生少导致乡村学校普遍人浮于事,宝贵的教师资源闲置和编制浪费。教师闲置又使得不少乡村学校教师认为自己成为没有用的人,丧失了职业规划、奋斗目标和职业愿景,工作的成就感、效能感和自我认同感减退,进取心、事业心弱化或消失,严重伤害了教师的职业自尊和职业追求,诱发较为普遍的消极退缩行为。更为严重的是造成学校信誉动摇、吸引力降低、生源持续大量流失,并呈不可逆转的趋势。乡村学校只有几名学生几名教师的报道时常见诸报端。2017 年秋季开学,安徽省巢湖市庙岗乡鲁集学校有两名教师,只有三名学生。[1] 许多经过千辛万苦建立起来的乡村"希望小学"人去楼空,令人痛惜。

城区学校的情况正好相反,进入 21 世纪以来,大量乡村学生进城上学,城区学校学生人数持续增加,超过了学校应有的容纳能力。因为许多县市(区)按照师生比统计的城乡教师总体数量满员或超编,造成城区学校补充新教师困难,教师总体数量相对于学生数而言普遍不足,即生多师少,缺编缺人。但在城区学校中又存在几种不同情况:有些城区薄弱学校与乡村学校一样也存在生源流失的问题,这类学校教师总体不缺,但个别学科的教师短缺,即学科结构性短缺;有些城区学校,特别是教学质量高的示范学校(名校),学生数量暴增,且愈增愈多,教师编制趋紧,班额过大,大额班级过多,大班额治理难度加大,有的学校只能聘任一定数量的区(县)聘或校聘教师,以解教师不足之

---

① 新华网:《2 位老师 3 个娃,巢湖这所"微型小学"如期开学》,2017 年 9 月 2 日,见 http://news.xinhuanet.com/photo/2017-09-02/c_1121588978.htm。

困;有些城区的公办学校与民办学校一样,教师数量符合编制要求,但学校之间的质量和生源竞争白热化,教师工作量大、压力大。城区学校教师短缺是相对于学生数量而言的短缺,是在区域统一核编,乡村教师数量过剩情况下的代偿性短缺,乡村学校教师相对过剩了,城区学校教师数量就相应地短缺了,是相对于小班化教学的需求和教师合理工作量标准而言的短缺,是影响到教师进修和培训提高需要的短缺,也是易于引发一些连带性问题或附加隐患的短缺,并呈现出持久性特征。

城区学校生多师少引发诸多问题。虽然城区学校优秀教师、高职称教师数量相对于乡村学校要多,但教师工作任务繁重,同龄教师数量多,梯队建设和结构优化困难,评优、晋升职称压力增大、难度加大,竞争激烈。繁重的工作量挤占教师应有的休假、进修和参加培训的时间和机会。在这种情况下,不少城区学校突破"国标省考县聘校用"的教师聘用政策界限,聘用了一定数量的区(县)聘和校聘教师,这些教师成为新时期消失已久的代课教师。他们工作任务更繁重、压力更大,待遇偏低,这又引发工作不稳定,心理不安全、不安定,工作的主动性、主人翁意识不足等问题,致使城区学校教育质量良莠不齐。城区学校之间、学生之间激烈的升学率竞争和教师繁重的工作量,使教师对学生的辅导与个别指导面临时间与精力上的不足和难为,这又诱发了全民补习、全员补课现象的发生。不少地方普遍存在形式各样的培训班、补课班,学生刚出校门又进培训机构的补习班大门,进一步挤占学生的休息时间,无形中剥夺了学生拓展性阅读等自主学习的机会,影响到学生的自主学习能力以及其他天赋潜能的发挥和兴趣爱好的发展,容易形成被动型人格。同时城区学校普遍班额过大,生满为患,小班化实施困难,并有愈演愈烈之势,超大班额治理难度大。近年出现了不少因城区学校教师数量不足引发的新问题,如有些地方的城区学校拒收进城务工人员子女入学,有些地方择校之风长刮不歇,学区房价格高企,陪读与房屋租赁市场火爆,农民的教育成本增大,甚至影响到"脱贫减贫"目标的实现,引发"教育致贫"。近年,到城区学校上学的学生已经从中学生向下延伸到小学生和幼儿。由于年龄偏小,他们的生活自理能力、自我照料能力不足,容易诱发疾病、营养不良、行为不良等各种问题。

城乡教师"双短缺"问题解决的目标应该是在不突破国家依据师生比所设定的教师编制标准的基础上,使学生有教师教,教师有学生可教,城乡学校师生比逐渐接近,并不断提高教育质量。这就需要处理好紧密相关的三个变量,即学生、教师和教师资源配置政策之间的关系。破解城乡教师"双短缺"的基本思路是根据学生数配备教师,学生到哪里教师到哪里,师随生走;挖掘乡村学校教师资源潜力,实现教师资源保值增值,做大做强优质教师资源的存量和增量;教师资源配置政策要在城乡一体化统筹的基础上,灵活调整。

(二)瞄准我国教师资源配置的症结

城乡学校教师双短缺的直接原因是县(区)域内以全域学生数量确定教师总体编制的政策。这种政策是以一个县(区)总体学生数量的多少,根据国家规定的师生比比例来确定全县(区)教师的总体数量的。当乡村学校教师数量多学生数量少的时候,城区学校就必然会出现学生数量多而教师数量少的情况。这是一种代偿性的教师数量短缺,实际上是学生数量少的乡村学校占用了因学生数量增多本应给予城区学校的部分教师编制。城乡教师"双短缺"还存在更为复杂的深层原因。这些原因也成为城乡教师"双短缺"的攻坚难点。要实现城乡教师编制管理一体化就必须要针对存在的这些问题,分析原因,有的放矢地进行。

1.优质教育资源的短缺和配置不均

改革开放以来,我国教育事业大发展,人力的、物力的教育资源,特别是教师数量得到基本满足,但是稀缺性的优质教育资源,与群众的需求和向往相比仍显不足,特别是优秀教师往往集中在城区学校和示范性的高水平学校,从而造成因优质教育资源供给不充分和配置不均衡引起的教育教学质量的城乡差异和校际差异。"优质教育资源不均是陪读大军产生的根本原因"。① 现在不是教师资源整体缺乏的问题,而是优质教师资源缺乏的问题;不是优质教师资源严重短缺的问题,而是配置不合理、不均衡的问题;在某种程度上,不是教师资源扩大增量的问题,而是激活存量的问题。优质教育资源的短缺集中表现为优秀教师的示范校集中趋势和结果,名校名师集中,薄弱学校名师难觅。名校名师集中引发对学生的虹吸效应,再加上民办学校的竞争冲击,直接影响优质教师资源和生源的合理配置。例如师范院校音体美等学科的毕业生本来数量较少,这些学科的教师就业形势好,大多数在城区学校就业,另有大量毕业生在非教育行业就业,造成培养的毕业生流失。如果一个地方(县域)缺乏优质教师资源均衡配置的机制,把优秀教师和稀缺学科的教师集中在城区学校、名校、示范校,造成教育资源和教育质量的长期不均衡,城乡教师双短缺困局就很难突破。优质教育资源的均衡有效配置成为解决城乡中小学教师双短缺问题的"牛鼻子"。

2. 城乡之间、地域之间差别效应的集中释放

城乡教师双短缺的根本问题是城区学校不愿意接收乡村学校富余的教师,城区学校受教师总体编制数的限制又补充不了新教师,学生进城了,教师进不了城,教师没有跟着学生同步迁移。城区学校教师本来就相对短缺,他们不愿到乡村学校任教,城区学校教师也到不了乡村学校,从而固化了城乡教师双短缺。教育需求的核心矛盾已经转变为人民群众对于更高质量、更加差异化的教育的需求超越了教育供给能力。随着教育供给主体从实体学校转变为"实体学校+课外补习机构+虚拟化项目与机构+国际化供给",教育财政政策的瞄准对象也应有所拓展,防止教育的"拉美化",②以及教师交流轮岗等政策

---

① 《读懂"陪读大军"背后的教育焦虑》,《人民日报》2017年9月7日。
② 澎湃新闻:《我国教育财政投入首超3万亿,北大教授吁警惕教育"拉美化"》,2017年11月17日,见 http://www.thepaper.cn/newsdetail_forward_1868346。

的虚化。为什么教师就流动不动呢？根本的原因是城乡差别,一些城区学校不愿意接收乡村学校富余的普通教师,却千方百计从乡村学校选调优秀教师,只要乡村学校教师是名师、名班主任、教坛新秀,或国家级、省级优秀教师,是高水平、高学历教师,能够满足城区学校的教育教学需要,城区学校就千方百计聘走,这是一种"掐尖式"的优质教师资源非正常移动。如果再加上存在的"绝大部分优秀教师向上流动,少数低水平教师向下流动"现象,①进一步加剧了城乡学校教师的质量差距。城乡教师双短缺的症结在于富余的农村教师在农村学校闲置,城区学校却不愿意接收,他们又占着大量编制。如何将过剩的乡村学校教师合理消化,及时给乡村学校补充新教师,将已经出台的城乡教师交流轮岗政策落到实处,真正轮起来,实现城乡一体化统筹,已经成为一项紧迫任务。

3. 教师编制习惯和政策惯性

根据师生比配置教师是政策传统,也是各地的普遍做法,有历史的继承性,也有一定的合理性。从政策目标来看,我国教师编制是为了满足教育对教师的需要,主要依据学生总体数量来确定教师编制指标。这种政策整体设计的逻辑是在学生总量相同的区域,核定编制总量无疑是相等的,回避了有的学校师多生少,有的学校生多师少的现实。从政策取向看,都是为了满足基本的,也就是起码的教育需求。随着人们对提高教育教学质量的更加重视,以及发达国家及国内民办学校小班教学高质量的示范效应,学校对高水平教师的需求更为强烈。但全民所有的教师编制管理政策与现代社会多样化办学、多主体办学、多渠道筹资办学形成很大反差。学校变革难、灵活性差,政策刚性强、柔性弱,教师编制政策对新情况、新问题适应不良。教师编制总体数量的固化使教师双短缺持久存在,师生比成为不可逾越的政策分水岭。另外,对于

---

① 刘善槐、王爽、武芳:《我国农村小规模学校教师队伍建设研究》,《教育研究》2017年第9期。

上过大学的师范生来说,较高的教育投入推高了他们的职业预期,到农村学校任教与他们的职业预期不符,每个月几百元的乡村补贴的吸引力也不大。有些地方新的刚性政策也在不断推出,例如有些地方普遍执行乡村学校每调出或退休 2 名教师,只能补充 1 名新教师的新政策,往往调走的是优秀的骨干教师,补充的是缺乏教育教学经验的新教师,导致乡村学校教师整体质量持续走低。

4. 城市化进程中的离农和离乡取向

城市化引起的城乡巨变引发全社会离农和离乡的巨大需求,城乡差异的永恒性存在和农民的弹性城市化和接力式进城模式导致留守儿童长期存在,但最终的行为逻辑是永久性离开农村,永久性迁移。① 对于没有在城市生活过的乡村学生来说,谈不上向往城市,但在进城务工中具有城市生活体验的家长为孩子着想,更向往城市,有些家长不愿留在农村生活,不愿从事农业生产。"不能让孩子输在起跑线上",家长间互相攀比,千方百计进城,想办法离开农村,陪读成为一个体面的选择,从而萌生出各种现代版的"孟母三迁"。目前存在临时性陪读、阶段性陪读、隐匿性陪读、全程性陪读等陪读形式。这也成为陪读经济繁荣、培训机构丛生、学区房价格高企、农民教育负担加重的重要原因。乡村学生在年纪很小的时候就进城上学,远离家庭、家乡,又缺乏自制能力和是非判断能力,容易沾染城市生活中的一些不良习气,行为失范的发生不可避免。陪读培育了不少候鸟式、游牧式家长,诱发了不少家庭解体,引起更趋严重的乡村空心化,也使乡村学校生源不断流失,教师总量持久性过剩,学科与年龄结构性短缺破解困难。

5. "国标省考、县管校用"政策的刚性作用

目前我国普遍实行教师资格证制度,对于有教师职业意愿的人,首先考取

---

① 《读懂"陪读大军"背后的教育焦虑》,《人民日报》2017 年 9 月 7 日。

教师资格证,再依据国家教师专业标准,通过省教育招生考试院组织的新任教师招聘考试(包括笔试和面试),才能成为教师,并由县(区)聘任和管理,分配到学校后,由学校使用。各省每年录用的教师数由各县(区)根据教师编制总需求数进行确定。各县(区)教师编制是根据学生总数和各校教师总数来确定的,但是,各校所需教师的学科需求与总需求存在矛盾,例如,一所农村学校缺少音体美教师,但语数外教师却超编,按照教师总数不能进新教师,但实际教学却需要音体美教师。大量乡村学生进城学习,城区学生数、学校数猛增,可县(区)域内学生总数并未增加,甚至还有减少。除因教师退休适当补充外,按照师生比为依据的编制政策总体不能进太多新教师。实际上城区学校普遍教师短缺,有的县(区)抛开省级组织的考试,自行组织教师考试招聘,所聘教师被称之为县(区)聘或校聘教师,以解"燃眉之急"。他们因为不是省考录用的教师,因此在工资待遇、职称晋升、先进评选、工作安排等方面,尤其是在"三险一金"等各种福利待遇上与省考录用的教师存在差异,往往工作繁重但待遇偏低,甚至面临被随时解聘的危险,工作积极性不高、流动性大,[1]长远职业规划和专业发展受到很大限制,"临时工"心态较重。

6.撤点并校的后续效应

撤点并校是快速城市化进程中的一种政策性应激反应。无论什么样的"点",语文、数学、英语等学科的教师首先是要配备的,这样就存在大量的长线学科教师,音体美学科的教师或者在教学点就不存在,或者数量极少。在撤点并校过程中,虽然学校这些"点"被撤销了,但教师还在,只不过把教师"并"在了一起,撤点并校演变成"撤点并师"。从"点"上撤下来并起来的是什么教师呢?撤点并校(师)后,所并的还是语数外等学科的教师,并校后,短缺的还是短缺,过剩的还是过剩。"并校(师)"不仅未能优化教师学科结构,反而使

---

① 刘善槐:《我国农村教师编制结构优化研究》,《教育研究》2016年第4期。

长线学科教师进一步集中,加剧了合并后学校教师学科结构的单一化、雷同化。"教育部门基于优先保障大部分学生教育利益的考虑来分配编制,大规模学校在编制分配中占有优势,而村小和教学点则完全处于劣势",①从而使小规模学校教师结构改善和质量提高更加困难。"点"撤了,"校"并了,但并没有留住农村学生,却增加了农村家庭的教育成本,包括时间、精力和经济开支,与其到所并的学校求学,还不如到城区学校求学成为许多家长和学生的选择。农村学生在乡村学校就学所获得的低质量教育带来的"信心流失""希望流失"等恐慌心理,也是造成村民把孩子从幼儿阶段起就千方百计送进城的重要原因。乡村学校撤并后带来了高水平教师的流失和学生的大量流失,校舍闲置和校园凋零,有必要进行理性地评估和反思。

7.教师编制管理政策本身的缺陷

我国中小学教职工编制管理现状呈现出管理权过于集中、虚超编、编制过紧、结构性缺编、有编不补、附加编制低、城乡标准不统一等特点和弊端。这导致了制约地方发展教育事业的积极性和创造性、广大中小学校无法补充新教师、部分学科教师紧缺、学校日程管理缺乏弹性、教师工作压力大、阻碍教师持续专业发展和教师人力资源配置低效等问题。对上述问题的破解,涉及创新教师编制管理体制、提高编制标准、统一城乡标准、提高附加编制比例、杜绝"有编不补"、建立教师退出机制、深化学校后勤社会化改革、增设专业教师编制等一系列举措。② 城乡教师编制一体化为改善我国教师管理带来了难得机遇。我们应该迎难而上,在统筹解决这些问题的同时,实现教师整体素质的优化。

---

① 刘善槐、邬志辉:《我国农村教师编制的关键问题与改革建议》,《人民教育》2017 年第7 期。

② 郝保伟、鱼霞:《从现状透视中小学教职工编制管理的问题与政策走向》,《教师教育研究》2013 年第 6 期。

（三）提升乡村学校办学水平和育人能力

城乡教师双短缺的根源是乡村学生进城,他们进城的主要目的是追求高水平的教育。质量是王道,老百姓用脚说话。只有乡村学校教育质量上水平,让村民满意,学生就不会流失,教师就不会超编,该退休的退休,该补充的补充,乡村学校教师结构性缺编就会得到解决。当乡村学校能够消化和吸纳本乡本地的全部或大多数学生的时候,城区学校生多师少的状况就会得到缓解,甚至根本改观,城区学校教师总体编制短缺也会得到解决。

1. 大力推进城乡公共教育服务一体化

义务教育的公益性特征决定了其必须选择均衡发展战略。现阶段的基础教育,社会需求与教育供给的矛盾正在由供给总量的短缺性矛盾转变为优质教育供给不足而产生的结构性矛盾。因此需要"创造条件让农民与其他居民共享城市公共服务"①。所有公共服务在国家层面上实现城乡统一,是改革的长远趋势,也是美国等发达国家促进城乡融合发展的主要途径。对具备条件的村庄,要加快推进城镇基础设施和公共服务向农村延伸,②让农村学生也能享受与城市相同的公共教育服务,将乡村公共服务转化为城乡居民共享城市公共教育服务。优质教育资源应向乡村倾斜,以信息化带动农村小规模学校学生学习环境的改善。坚持体现教育的公共取向和公益取向,落实教育的自由与市场功能,承认教育与学校间的竞争,提高对小规模学校的依法管理,推进农村小规模学校现代化。当在农村学校上学与在城市学校上学,所获得的教育收益相近或相同的时候,乡村学生就没有必要进城上学,教师编制城乡一

---

① 党国英等:《中国农村研究:农村改革40年(笔谈一):中国农村改革的逻辑》,《华中师范大学学报(人文社会科学版)》2018年第5期。

② 张翼:《乡村振兴重在有效治理》,《光明日报》2018年10月23日,转引自《新华文摘》2014年第24期。

体化就能实现。

2. 努力推动乡村学校振兴

充分利用国家"乡村振兴"战略实施的有利时机,实现乡村学校振兴。"好风凭借力,送我上青云"。要紧抓党的十九大提出的"乡村振兴战略"、美丽乡村建设工程实施的有利时机,全面落实乡村教师支持计划,积极推进城乡一体化,加强农村学校标准化建设,改善农村学校教学条件和技术装备,着力提高农村学校教育质量,吸引农村学生和已经流失的学生从城市学校返回农村学校,就近入学。随着农村学校逐步小规模化,要充分利用国家实施乡村振兴战略的有利时机,推动农村小规模学校的全面振兴。在此基础上,及时补充新教师和紧缺学科的教师,实现教师新老交替,引导乡村学校教师队伍建设进入自然常态发展的轨道。

3. 以小班化改革为方向,实现乡村学校教育教学方式的变革

以前班级学生人数过多,无法进行个性化教学,教学变革受限制。现在班额大幅下降,这为个性化教学提供了契机。因此要充分发挥自主、合作、探究等新型教学方法的作用,通过采用小学生"导师制"等措施,给予学生更多更好的关爱和个性化的学业指导,增强乡村学生在学校学习中的获得感,提高教育质量。要采用支架式教学、抛锚式教学、问题式教学、项目式教学、参与式教学、随机访问教学、情境教学等多种教学模式,改变大班讲授接受式教学方法,增强课堂教学的效果和吸引力。开展丰富多彩的校园文化活动,让学校成为学生喜爱、向往的地方,吸引农村学生留在本地上学。要充分利用"互联网+",实现城乡教育资源的统筹与共享。建立留守儿童教育的一系列制度措施,让家长放心、学生安心、社会满意,使留守儿童成为农村学校生源的重要构成。

4.抓住一些县市乡村学生回流契机,吸引和稳定生源

得益于脱贫攻坚和学校教学设备的提高和改善,近年不少地方进城的学生开始向农村回流。安徽省阜南县 2017 年新学期开学时,有 8275 名农村学生从城市返回乡村小学和中学学习。[①] 据调查,安徽省含山县运漕中学初中学生数从 2014 年的 450 多人增加到 2017 年的 850 多人,学生数增加明显。一些到城区学校学习的学生发现城区学校学生人数多,长期在超大班级学习,竞争压力大,体验不到学业的成功和自信,许多家长发现学生流入城区学校后,并没有获得预期的良好学业,徒增家庭的教育成本,在这种情况下,权衡利弊,回流乡村学校未尝不是一件明智之举。乡村学校要抓住机遇,想方设法提高教育质量,赢得学生和家长的信任。

5.加大城区学校班额管理,强化大班额治理

让有效的生源控制和教育均衡政策持续发力,不断强化中考名校配额制管理,以学生生源稳定教师编制。随着城市化的不断深化和普遍二孩政策的实施,城区学校学生数持续以较大规模增长将是可以预见的趋势,教师短缺会加重。因此应未雨绸缪,通过建设新学校、新校舍,及时补充新教师,促进城区学校健康发展。同时,要根据教育部门提出的消灭大班额的具体任务和时间表,压缩大班额,推广小班化教学,不断提高教育教学质量,给乡村学校挤出部分生源,留出美育体育等教师编制。

(四)采取各种措施,让乡村教师"下得去、留得住、教得好"

1.待遇留人是根本

在调查中,我们深深感到教师待遇的杠杆作用。同时要教育广大教师客

---

① Rural students returning. Yanzhao Evening News, September 19. Beijing Review, 2017(9): p.10.

观认识和评价待遇问题。教师编制城乡一体化在本质上追求的是教师待遇的相对公平,教师流动难的根本也是教师待遇公平性没有充分实现的问题。为什么优秀教师愿意到城区学校不愿去农村学校,主要原因是待遇。这里的待遇不仅仅包括工资与绩效奖励,还应将教师在城市与农村学校工作所带来的住房等物质生活条件,交通与通讯条件,子女入托、入园、入学等教育条件,老人照料,交友娱乐条件等进行综合考虑。如果能提供足额的补偿,使在农村任教的教师有充足的获得感,教师编制城乡一体化就容易实现。但长期以来,这些补偿并不充分,到农村学校任教不仅面临与城区学校显著的工作条件差异,更重要的是生活待遇条件的差异。随着国家经济社会的发展,不断提高农村教师待遇,不断改善农村学校面貌,应该成为国家教育政策的重要目标。同时,要教育广大教师认真评估自己、自己的工作及待遇。首先,教师是通过参加教师资格证考试、获得资格证后再通过省级教师招聘考试,从众多考生中层层选拔才成为教师的,担任教师是自己的选择,并不存在强迫的问题。考取教师编制是不容易的,任教就必须要有到农村学校任教的可能,也有去农村学校任教的责任。其次,与自己的同龄人相比,教师待遇究竟高还是低,客观讲,教师的待遇的确有提升的必要与空间,但如果真正落实国家的相关政策,使教师待遇高于或不低于当地公务员工资水平,这样的待遇也是较高的,教师岗位是吸引人的。否则不会有那么多人去竞争教师编制。只要农村教师的补贴到适合的程度,并有服务期等保障公平的激励政策,教师编制城乡一体化是能够实现的。

2. 解决好"乡村弱"和"城镇挤"的问题

2017 年 7 月,国务院出台《关于统筹推进县域内城乡义务教育一体化改革发展的若干意见》。各个地方积极行动,目前包括辽宁、内蒙古、甘肃、云南、江西等多个省份出台了实施意见。有些地方提出了解决"乡村弱"和"城镇挤"问题的办法和目标,辽宁制定了到 2018 年基本消除 66 人以上超"大班额"，到 2020 年全部消除 56 人以上"大班额"的政策目标；内蒙古出台了全面消除住宿"大通铺"、食堂土灶、火炉取暖和旱厕等问题的政策举措。要真正解决"乡村弱"和"城镇挤"的问题，除各种教育教学设施设备的完善外，关键是要提高农村学校的教育质量，吸引农村学生就近入学，而要提高农村学校教育教学质量，就必须要依靠教师质量的整体提升。教师编制城乡一体化成为提高教师整体素质的关键一招，也成为解决"乡村弱"和"城镇挤"问题的关键一招。

3.为实现中小学教师城乡一体化出台硬政策

城乡教师编制管理一体化包括编制标准和编制管理城乡一体化。但深入分析不难发现，这些举措中强调硬件指标的多，而在软件建设尤其是加强乡村教师队伍建设方面，"实招"和"硬招"却不多。对于农村地区学校来说，解决硬件建设的差距是实现城乡一体化发展的第一步。但大量的民办学校在编制管理之外，教师编制与一般公共服务城乡一体化具有共性，也具有独特性，应该确定明确的教师编制城乡一体化的核编范围(城市、县、中心校)，在区域范围内核定教师编制。还要把已经出台的一些政策落到实处。同时，要根据农村教育发展的实际和乡村振兴战略的实施，出台一些新政策，解决教师编制城乡一体化过程中的各种新问题。

五、促进乡村学校教师资源保值增值

（一）挖掘潜力，做优现有教师资源存量，促进教师资源保值增值

通过校本教研、联校教研、观课研课摩课、导师制结对帮扶、"第二次见习"、到城区示范学校挂教、挂职、自主学习等途径，帮助乡村富余教师提高教学能力，恢复职业生机，提高对乡村文化的适应能力。安徽省含山县运漕中学

利用教师相对富余的时机,与城区示范学校建立结对帮扶的教师提高机制,每学期选送4—5名教师到城区优质学校挂教、挂职锻炼,参加名校的备课、上课、观摩教学等教研活动,体验名校的工作氛围,学习时间一个月,由名校选拔名师担任结对帮扶导师,相关费用由县教育局承担,取得较为明显的效果。

(二)做大教师资源增量,逐步解决乡村学校教师学科结构性短缺

短缺学科教师的补充,一个办法是提高音体美等紧缺学科教师培养的数量,另一个办法就是培养全科教师,提高教师对多学科教学的适应能力。目前全国不少地方已经开始了小学全科教师培养试点,有些全科教师已经毕业上岗。在小学全科教师培养工作全面展开的情况下,可以尝试初中教师多科培养计划,实行初中教师主修辅修制,帮助未来的初中教师在学好一个专业的基础上,辅修一个或数个专业,以提高初中教师的适应能力。还可以尝试高中教师双专业培养计划,帮助未来的高中教师在主修一个专业的基础上,辅修相近的另一个专业,例如主修中文的可以兼修历史、政治或地理,主修数学的可以兼修物理、化学或生物等,增强职业适应性和竞争力。从长远的角度看,教师双岗、多岗将是一种趋势,小学全科、初中多科、高中双科、普职兼修、一专多能将是教师培养的重要取向。

(三)转换思路,破解城乡教师年龄结构性短缺

一是积极老龄化。对于尚有一定工作年限的乡村老年教师,不应被当成政府和学校的负担,或是没有用的闲人,要把他们看成教师数量红利,通过充分挖潜,复活教学能力,激活经验优势和责任意识,调动工作的主动性、积极性和进取意识,给他们工作压力,克服得过且过、无所事事、怠教懒教的现象,增强教师内生发展动力。[1] 二是提前退休。对于临近退休年龄,专业提升困难,

---

①　段兆兵、朱家存:《城乡中小学教师编制的"双短缺"困局及纾困之策》,《教育科学》2019年第4期。

不可能进城区学校任教的乡村学校教师,建立退出机制,提前退休,为新教师补充腾出编制。三是部分转岗。分为校内转岗和校外转岗两种形式。校内转岗就是让某些学科过剩的教师转到相近的学科任教,通过知识补充和培训加以落实。也可由一线的主课教师,转移到辅助性岗位,担任学校的图书管理、财务、后勤等工作。校外转岗,就是让乡村学校富余教师通过考核转移到县域其他行业,例如可以到教育行政、文化艺术、社会工作部门,发挥他们的作用,腾出教师编制。教师队伍是一个具有较高文化素质的群体,他们具有满足其他行业工作需要的科学文化知识和技能,转岗是完全可行的。四是任务调整。调整的去向是将高中教师调整到初中,初中教师调整到小学,小学教师调整到幼儿园,由担任高年级的教学任务调整到担任低年级的教学任务,或者由普通学校调整到职业学校。降低工作难度和改变工作要求后,教师可能更能胜任教学工作。五是逆向流动。对于乡村学校富余的中青年教师要通过现代教育教学理论知识、技能和方法的培训,提高他们的教育教学水平,帮助他们顺利从乡村学校逆向流入城区学校任教,适应城区学校工作,缓解城区学校生多师少的压力。

六、以一体化统筹区域和城乡,化解城乡学校教师"双短缺"

(一)超越城乡师资配置均衡化陷阱,促进城乡学校教师质量均衡

与城市化不断加深相伴的是乡村学校生源持续减少,城区学校生源持续增多。只有因势利导,顺势而为,大力发展师范教育事业,加快标准化学校建设,不断提高教育质量,发挥政策的累积效应,才能从根本上解决教师结构性短缺和总体性短缺。2014 年 11 月 13 日,中央编办、教育部、财政部印发《关于统一城乡中小学教职工编制标准的通知》,将县镇、农村中小学教职工标准

统一到城市标准,即高中教职工与学生之比为 1:12.5、初中为 1:13.5、小学为 1:19,"这为积极差别待遇的师资配置政策奠定了基础"①。因此要把握好城乡义务教育师资配置均衡发展阶段,超越城乡教师编制的师生比均衡陷阱,在政策上适当扩大农村学校教师编制总数,构建教学工作量均等的小学师资配置政策与专业对口的初中师资配置政策,以及相关配套政策,增加乡村学校教师岗位吸引力,逐步实现城乡学校教师质量均衡。优质教师资源配置政策的天平应由城市向农村倾斜、向基层倾斜,弥补欠账,在城乡一体化进程中化解城乡二元差异,祛除长期形成的城镇帮农村的"怜悯取向"与农村求城镇的"哭穷取向"两种劣质传统。"建立乡村教师的利益补偿机制"②,落实好乡村教师补贴制度。这些补贴是对乡村教师生活条件改善、交通、通讯、就医等方面的额外支出的补偿。补助标准应该根据居民收入的变化不断调整,使乡村学校教师感觉到在乡村学校任教值得,具有获得感和公平感。

(二)落实"以县为主"的主体责任,科学管理城乡教师

在我国,县区级政府具有区域内学校规划布局、资金筹措、建设运营的几乎全部权力和能力,具有教师编制数量确定、组织招聘、培训发展、工资待遇发放、职务晋升、奖惩、业务指导和管理,直至退休安排,甚至住房建设和管理等与教师切身利益相关的几乎全部权力和能力,当然也具备教师资源统筹的权力和能力。城乡教师"双短缺"的问题出在县域内,破解之道和任务也在县域内。因此只要有意愿和使命感、紧迫感,方法对路、措施得力,借鉴县域外的有益经验和做法,严格执行国家的相关政策,县域内城乡教师"双短缺"问题是可以实现的。县级政府应该肩负起主体责任。

---

① 秦玉友:《城乡义务教育师资配置均衡化:巩固成就与跨越陷阱》,《教育与经济》2016 年第 6 期。

② 姚婷、段兆兵:《文化冲突视角下中小学教师"流动难"问题及其治理》,《教育评论》2017年第 7 期。

（三）落实城乡统筹、区域统筹、灵活调整政策

城乡统筹就是在一个区域内（主要是县（区）域）将城市和乡村学校的教师资源进行统一合理分配，安排工作任务。区域统筹就是根据我国教育行政管理和教师管理的特点，将县（区）域内教师资源统一、均衡、合理配置，发挥教师资源的整体效益，实现区域内教师的编制统筹、待遇统筹、培训统筹、使用统筹等。灵活调整就是根据学校布局、学生数量、教师结构，及时调整教师资源。许多地方的做法是"一年一微调，三年一大调"。应该逐步淡化教师的城乡身份，淡化乡村教师身份标签，为统筹创造条件。灵活调整中，对于规模很小的学校和教学点，可以通过举办复式班等教学组织方式，提高教师资源的利用效率。灵活调整要突出师随生走，学生到哪里教师就流动到哪里，使师生比始终在国家规定的范围内发挥杠杆作用。建立具有弹性的教师编制制度，对于小规模学校适当扩大编制，适当时机微调编制，让编制有一定的伸缩空间，克服绝对化、"一刀切"，使编制政策具有灵活性、变通性和操作性。还应基于共享理念，尝试建立区域内中小学各学科教师编制周转池，设定一定数量的机动编制，为教师灵活调整留下空间，以备应急之需。

（四）以城乡教师交流轮岗，化解城乡教师质量与数量倒挂

我国义务教育发展由基本均衡开始向优质均衡迈进，发展重点也相应地由数量均衡向质量均衡迈进。教师资源配置包括教师结构、教师素养和教师培训等三个方面。[①] 其中，教师结构是教师均衡发展的外显部分，包括年龄、学科、性别、学历、职称等方面；教师素养主要体现教师发展的内隐要求，包括职业精神、职业道德、专业知识与关键能力等。外显的结构和内隐的素质是可以相互转化的，教师的培训和交流是两者转化的关键，是推进区域内教师均衡

---

① 彭波、邹蓉：《义务教育阶段教师均衡发展的内容体系》，《当代教育论坛》2017年第3期。

发展的重要途径。轮岗的目的不是让城市学校教师承担乡村学校的教育任务,而是把城市学校的优质教育教学带到乡村学校。通过轮岗,促进乡村学校教师的观念变革和学校课程与教学、考评制度的改革,提高教育主体的责任意识和能力水平。建立城乡青年教师的"乡村服务期制度"和"第二资格证制度"(如必须在乡村学校服务一定时间段才能具有进城或晋升高一级职务的资格)都是可行的举措。

(五)创新教师统筹管理体制机制,实现教师编制城乡一体化

一是对于乡村小规模学校,超越师生比单一师资配置的误区①,形成全面综合的统筹理念,从师班比、师级比、师科比、师生比等多方面协调统筹,盘活县域内教师资源。在党的十九大提出要普及高中教育的背景下,适时推进幼小初教师统筹、初中高中教师统筹、普职教师统筹,解决老少边穷牧库岛地区的"教师荒"。二是鼓励和支持城市退休的音体美等学科的教师到乡村学校任教。只要身体条件允许,有继续发挥余热的积极性,完全可以根据个人意愿,聘请他们到乡村学校任教到65岁及以上。2018年7月,教育部、财政部印发《银龄讲学计划实施方案》,面向社会公开招聘一批优秀退休校长、教研员、特级教师、高级教师等到农村义务教育学校讲学,发挥优秀退休教师银龄示范作用,促进城乡义务教育均衡发展。2018年至2020年招募1万名讲学教师,服务时间不少于1学年,鼓励考核合格的连续讲学。首批讲学教师应于2018年秋季到位。还可以聘请部分有意愿的大学体育美育退休教师到乡村学校任教。三是鼓励体育美育专职教师在教育行政部门统筹下,以"走教"方式到农村及其他师资紧缺的学校担任兼职教师,教育部提出的这一新政策应抓好落实,及时推进音体美等学科的教师定期或不定期"走教"。四是探索教师管理新策,促进教师资源共享。济南高新教育集团打破身份界限,对教师企

---

① 范先佐:《乡村教育发展的根本问题》,《华中师范大学学报(人文社会科学版)》2015年第5期。

业化管理,实行档案工资与实际报酬相分离、干部人事档案管理与合同聘任管理相分离的"双规运行"管理,教师自愿放弃编制,自愿申请聘任岗位,教师由"学校"人变成"集团人"。[①] 长沙市开福区实行扁平化管理模式,所有人都参与基层教学,全员聘任,编制全部拿下,积分制晋升,有的人"多、双岗聘任",以岗定薪,多劳多得,绩效和奖励完全看工作量和工作质量,破解了长期以来的教师职称评审的困扰。[②] 安徽省出台推进中小学教师"县管校聘"管理改革的指导意见,按照"总量控制、统筹调配、竞聘上岗、合同管理"的原则,推进县域内教师资源均衡配置;按照"统一标准、岗位统筹、分类核定、职数统管"的原则推行教师交流轮岗。[③] 总校分校式的集团化模式、"双师教学"的同步在线模式、名师工程中的示范模式、地方中小学之间建立的联盟模式等都是可以借鉴的共享模式。这些改革举措应不断完善,取得好的经验后可在更大范围推广。可以共享经验、方法等各种资源。

随着乡村学龄儿童大量进城就学,城乡学校普遍面临教师总量性缺编和结构性缺编难题,传统的以户籍学龄人口数量为基数、以师生比为标准的教师编制配置模式越来越难以适应学龄人口流动性的挑战。为了解决这些问题,一些地区探索了一系列编制外教师供给新模式。面向新时代,应把义务教育阶段教师编制从党政群机构编制中分离出来,作为专项编制单独管理,建立以持居住证学龄人口为依据的教师编制动态核定机制;实行中央统一领导,省级统筹、分级管理、专编专用的教师编制管理机制;在编制总量内设立一定比例的预留编制,以解决新增因素对教师编制的弹性需求,提高教师编制使用效率。[④]

---

① 今日头条:《定了! 教师编制真的要取消,改革详情分析》,2017 年 11 月 22 日,见 https://www.toutiao.com/i6491063232210403854。

② 东方网:《长沙首个试点学校破冰"教改":全员竞聘上岗打破"铁饭碗"》,2017 年 8 月 29 日,见 http://news.eastday.com/c/20170829/u1a13229843.html./u1a13229843.html。

③ 王俊杰:《未来,教师也不一定是"铁饭碗"》,《大江晚报》2017 年 11 月 17 日。

④ 邬志辉、陈昌盛:《我国义务教育阶段教师编制供求矛盾及改革思路》,《教育研究》2018 年第 8 期。

参 考 文 献

一、著作

1. Boke J.H.,Economics and Economics Policy of Dual Societies as Exemplified by Indonesia,New York:Institute of Pacific Relation,1953.

2.《马克思恩格斯全集》(第 1 卷),人民出版社 1956 年版。

3.《马克思恩格斯选集》(第 4 卷),人民出版社 1958 年版。

4. 全国偏远地区教育研究联盟:《へき地教育の振興》,东洋馆出版社 1965 年版。

5. 佐藤三樹郎:《学級規模と教職員定数》,日本图书中心 1965 年版。

6. John Lawson, Harold Silver, A Social History of Education in England, London: Methuen,1973.

7. 华中师范学院教育科学研究所主编:《陶行知全集》(第一卷),湖南教育出版社 1985 年版。

8. [日]宇土正彦:《体育管理学入门》,华夏出版社 1991 年版。

9. 徐辉、郑继伟编:《英国教育史》,吉林人民出版社 1993 年版。

10.《马克思恩格斯选集》(第 3 卷),人民出版社 1995 年版。

11. 联合国教科文组织:《教育——财富蕴藏其中》,教育科学出版社 1996 年版。

12. 联合国教科文组织:《学会生存——教育世界的今天和明天》,教育科学出版社 1996 年版。

13. [美]约翰·罗尔斯著:《正义论》,何怀宏、何包钢、廖申白译,中国社会科学出版社 1998 年版。

14. 吴式颖编:《外国教育史教程》,人民教育出版社 1999 年版。

15. 奥斯特罗姆等著:《制度激励与可持续发展——基础设施政策透视》,毛寿龙译,上海三联书店 2000 年版。

16. 顾明远:《美国教育》,吉林教育出版社 2000 年版。

17. 中共中央文献研究室:《十五大以来重要文献选编》(中),人民出版社 2001 年版。

18. [美]文森特·帕里罗等著:《当代社会问题》(第 4 版),周兵译,华夏出版社 2002 年版。

19. 清原正義:《少人数学級と教職員定数》,アドバンテージサーバー 2002 年版。

20. 郭志明:《美国教师专业规范历史研究》,中国社会科学出版社 2004 年版。

21. 高书国:《中国城乡教育转型模式》,北京师范大学出版社 2006 年版。

22. 谢维和:《教育活动的社会学分析:一种教育社会学的研究》,教育科学出版社 2007 年版。

23. 韦恩厄本,杰宁斯瓦格纳:《美国教育》,中国人民大学出版社 2009 年版。

24. 钟鲁斋编:《比较教育(上)》,福建教育出版社 2010 年版。

25. [美]马奇、[挪威]奥尔森:《重新发现制度:政治的组织基础》,张伟译,生活·读书·新知三联书店 2011 年版。

26. 费孝通:《乡土中国·生育制度·乡土重建》,商务印书馆 2011 年版。

27.《马克思恩格斯选集》(第 1 卷),人民出版社 2012 年版。

28.《马克思恩格斯选集》(第 2 卷),人民出版社 2012 年版。

29. 陈洪捷:《观念、知识和高等教育》,安徽教育出版社 2012 年版。

30. 中国统计局:《中国统计年鉴 2013》,中国统计出版社 2013 年版。

31. 中国统计局:《中国统计年鉴 2014》,中国统计出版社 2014 年版。

32. 德永保:《教育法規の基礎理解》,协同出版社 2014 年版。

33. 王伟光、魏后凯、张军:《新型城镇化与城乡发展一体化》,中国工人出版社 2014 年版。

34. 折晓叶、艾云:《城乡关系演变的制度逻辑和实践过程》,中国社会科学出版社 2014 年版。

35. 联合国教科文组织:《反思教育:向全球共同利益的理念转变?》,教育科学出版社 2015 年版。

36. 阮成武:《教师职业的理性与诗意》,安徽师范大学出版社 2015 年版。

37. 中国统计局:《中国统计年鉴 2015》,中国统计出版社 2015 年版。

38. 冲绳县立学校事物职员会八重山支部:《離島への移動希望者がいない!!〜どうする離島地区〜》,2016 年版。

39. 日本经济新闻:《小 2 にも 35 人学级法改正し 17 年度から、文科省方針》,2016 年版。

40. 若井彌一等:《教職六法 2017 年度版》,协同出版社 2016 年版。

41. 中国统计局:《中国统计年鉴 2016》,中国统计出版社 2016 年版。

42. 中国统计局:《中国统计年鉴 2017》,中国统计出版社 2017 年版。

43. 国家统计局:《中华人民共和国 2017 年国民经济和社会发展统计公报》,中国统计出版社 2018 年版。

44. 鲍曼著:《流动的现代性》,欧阳景根译,中国人民大学出版社 2018 年版。

45. 中国统计局:《中国统计年鉴 2018》,中国统计出版社 2018 年版。

46. 秦志华、李可心、陈先奎:《中国农村工作大辞典》,警官教育出版社 1993 年版。

二、论文

1. 王克勤:《论城乡教育一体化》,《普教研究》1995 年第 1 期。

2. 张应强:《教育中介论——关于教育理论、教育实践及其关系的认识》,《教育理论与实践》1999 年第 2 期。

3. 刘明:《山东省竞技体育队伍的现状及发展对策》,《上海体育学院学报》2001 年第 3 期。

4. 应雄:《城乡一体化趋势前瞻》,《浙江经济》2002 年第 13 期。

5. 张玉林:《分级办学制度下的教育资源分配与城乡教育差距——关于教育机会均等问题的政治经济学探讨》,《中国农村观察》2003 年第 1 期。

6. 洪银兴、陈雯:《城市化和城乡一体化》,《经济理论与经济管理》2003 年第 4 期。

7. 刘文华:《高校教师利益机制分析》,《荆门职业技术学院学报》2004 年第 2 期。

8. 中国社会科学院课题组:《努力构建社会主义和谐社会》,《中国社会科学》2005 年第 3 期。

9. 王兰娟:《中世纪英国文法学校初探》,《首都师范大学学报(社会科学版)》2005 年第 S1 期。

10. 段娟、文余源、鲁奇:《近十五年国内外城乡互动发展研究述评》,《地理科学进展》2006 年第 4 期。

11. 冯晖:《日本"教师轮岗制"对我国基础教育建立"教师流动制"的启迪》,《湘潭师范学院学报》2006 年第 28 期。

12. 李桢业:《城市居民幸福指数的省际差异——沿海地区 12 省(区、市)城市居民统计数据的实证分析》,《社会科学研究》2008 年第 3 期。

13. 赵新娟、王淑娟:《加快城乡一体化进程的对策研究》,《经济纵横》2008 年第 3 期。

14. 祝小宁、罗敏:《对马克思恩格斯城乡统筹发展理论体系的当代解读》,《西华师范大学学报(哲学社会科学版)》2008 年第 5 期。

15. 王俊秀:《注意:中国家庭的教育投入可能出现拐点》,《成才之路》2008 年第 14 期。

16. 董爱华:《英国教师的专业标准》,《教育评论》2009 年第 3 期。

17. 褚宏启:《城乡教育一体化:体系重构与制度创新——中国教育二元结构及其破解》,《教育研究》2009 年第 11 期。

18. 柳丽娜、朱家存:《中小学教师编制城乡统筹研究》,《教育与经济》2009 年第 4 期。

19. 郭彩琴:《马克思主义城乡融合思想与我国城乡教育一体化发展》,《马克思主义研究》2010 年第 3 期。

20. 任小燕、胡金平:《就近入学政策下学区意识的影响及对策》,《教育与职业》2010 年第 3 期。

21. 蔡金花:《美国中小学教师终身教职制度的改革动向》,《比较教育研究》2010 年第 4 期。

22. 李海潮、于月萍:《城乡教育一体化若干基本问题的思考》,《现代教育管理》2010 年第 4 期。

23. 韩小雨、庞丽娟、谢云丽:《中小学教师编制标准和编制管理制度研究——基于全国及部分省区现行相关政策的分析》,《教育发展研究》2010 年第 8 期。

24. 阮成武:《新中国 60 年教育定位变迁及价值转向》,《华中师范大学学报(人文社会科学版)》2011 年第 2 期。

25. 李智贤:《教育公平视野下教师资源配置的反思与建设——兼评日本中小学教师定期流动制》,《湖南师范大学教育科学学报》2011 年第 3 期。

26. 谢华、段兆兵:《农村小学教师流失问题与补充机制研究——基于对安徽省 S 县部分小学的调查》,《教育理论与实践(B)》2011 年第 10 期。

27. 李玲、韩玉梅:《西方国家中小学教师流动的经验与启示》,《比较教育研究》2011 年第 11 期。

28. 张文:《美国中小学教师聘任制度的历史沿革》,《科技信息》2011 年第 26 期。

29. 毕妍、齐海涵:《英国教师绩效工资制缘起、特点及启示》,《现代教育管理》2012 年第 1 期。

30. 蔡永红、张筱茜:《美国中小学教师职级制度及其启示》,《中国教育学刊》2012年第 2 期。

31. 肖昊、周丹:《美国公共基础教育财政的分配模式》,《教育与经济》2013 年第 3 期。

32. 郝保伟、鱼霞:《从现状透视中小学教职工编制管理的问题与政策走向》,《教师教育研究》2013 年第 6 期。

33. 阮成武:《我国义务教育均衡发展政策的演进逻辑与未来走向》,《教育研究》2013 年第 7 期。

34. 梁好:《"无校籍管理"的思考》,《教学与管理》2013 年第 8 期。

35. 肖其勇:《教育均衡诉求学区制》,《中国教育学刊》2014 年第 5 期。

36. 高雪:《美国公私立中小学教师流动趋势、成因及应对策略——基于教师追踪调查 TFS 项目》,《教育学刊》2014 年第 10 期。

37. 东北师范大学农村教育研究所:《如何提高农村教师职业吸引力》,《新华文摘》2014 年第 22 期。

38. 周兴国:《教育哲学的人论基础及其嬗变》,《苏州大学学报(教育科学版)》2015 年第 3 期。

39. 许彩玲、李建建:《习近平城乡发展一体化思想的多维透视》,《福建论坛(人文社会科学版)》2015 年第 3 期。

40. 范先佐:《乡村教育发展的根本问题》,《华中师范大学学报(人文社会科学版)》2015 年第 5 期。

41. 赵新亮、张彦通:《学区一体化管理特征与路径——基于组织变革的视角》,《中国教育学刊》2015 年第 6 期。

42. 郭丹丹:《学区化办学中资源整合的风险与路径》,《人民教育》2015 年第 15 期。

43. 赵新亮、张彦通:《学区制推动区域教育优质均衡发展的理论与机制》,《教育理论与实践》2015 年第 28 期。

44. 常琳:《教育公平与教育质量的冲突与选择》,《亚太教育》2016 年第 1 期。

45. 倪鹏飞、蔡书凯、王雨飞:《中国城乡一体化进程研究与评估》,《城市观察》2016 年第 1 期。

46. 刘善槐:《我国农村教师编制结构优化研究》,《教育研究》2016 年第 4 期。

47. 黄维海:《基于 SEP 框架的城—镇—乡教育差距扩大(1995—2014)机制分析及对策》,《教育与经济》2016 年第 5 期。

48. 秦玉友:《城乡义务教育师资配置均衡化:巩固成就与跨越陷阱》,《教育与经济》2016 年第 6 期。

49. 左崇良、游其胜:《教师编制政策的制度变迁和路径依赖》,《教育学术月刊》2017 年第 1 期。

50. 彭波、邹蓉:《义务教育阶段教师均衡发展的内容体系》,《当代教育论坛》2017 年第 3 期。

51. 刘善槐、邬志辉:《我国农村教师编制的关键问题与改革建议》,《人民教育》2017 年第 7 期。

52. 姚婷、段兆兵:《文化冲突视角下中小学教师"流动难"问题及其治理》,《教育评论》2017 年第 7 期。

53. 谢婉玥:《邓小平的城乡统筹发展思想及其现实启示》,《当代教育实践与教学研究》2017 年第 8 期。

54. 刘善槐、王爽、武芳:《我国农村小规模学校教师队伍建设研究》,《教育研究》2017 年第 9 期。

55. 卞靖:《以促进城乡要素平等交换为突破　推进农业供给侧结构性改革》,《中国经贸导刊》2017 年第 10 期。

56. 农业部与中国农业发展银行共同推进政策性金融　支持农村一、二、三产业融合发展,《中国农业信息》2017 年第 11 期。

57. 段乔雨:《新生代农村留守儿童家庭教育的困境与突围》,《现代教育科学》2017 年第 12 期。

58. 白绢:《习近平的城乡一体化思想》,《吉首大学学报(社会科学版)》2017 年第 S1 期。

59. 柳丽娜、朱家存、周兴国:《县域教师编制动态管理中的"撇脂"现象及其矫正》,《教育发展研究》2018 年第 2 期。

60. 党国英等:《中国农村研究:农村改革 40 年(笔谈一):中国农村改革的逻辑》,《华中师范大学学报(人文社会科学版)》2018 年第 5 期。

61. 刘能静、马莎:《直播课堂,让乡村孩子看见光》,《半月谈》2018 年第 7 期。

62. 邬志辉、陈昌盛:《我国义务教育阶段教师编制供求矛盾及改革思路》,《教育研究》2018 年第 8 期。

63. 辛治洋、朱家存:《无校籍管理:价值诉求和政策审思——以安徽省芜湖市弋江区为个案》,《教育科学研究》2018 年第 8 期。

64. 《实施乡村振兴战略的总蓝图、总路线图——国家发改委副主任张勇、农业农村部副部长余欣荣解读〈乡村振兴战略规划(2018—2022 年)〉》,《农村经营管理》2018年第 10 期。

65. 周章明、潘巧丽：《分析基本公共服务均等化相关概念及意义》,《智库时代》2018 年第 51 期。

66.《中共中央关于制定国民经济和社会发展第十三个五年规划的建议》,《行政权力结构视角的金融监管体制改革研究》,中国经济改革研究基金会,2016 年。

67.《切实把思想统一到党的十八届三中全会精神上来》,《十八大以来重要文献选编(上)》,中央文献出版社 2014 年版。

68. Fenwick W., English, Rural Education, Encyclopedia of Educational Leadership and Administration, SAGE knowledge, 2007, Online Pub.Date: September 15, 2007.

69. Jennings J., From the Wite House to the School House: Great Demand and New Roles, In W.L.Boy & D.Miretzky(ED), American Educational Governance on Trail: Change and Challenges, Chicago: University of Chicago Press, 2003.

70. 高长武：《习近平关于推进城乡发展一体化的思想论析》,《2016 年度文献研究个人课题成果集(下)》,中共中央文献研究室科研管理部,2018 年。

71. 李平安：《新型城镇化与新农村建设协调发展的几个问题》,《陕西新型城镇化与可持续发展研究——2013 年优秀论文集》,陕西省社会科学界联合会,2013 年。

72. 周锡瑞：《华北城市的近代化——对近年来国外研究的思考》,《城市史研究(第 21 辑)》,天津社会科学出版社 2002 年版。

73. 斉藤泰雄：《へき地教育振興のための政策と取り組み：日本の経験》,《国際教育協力論集》2004 年第 7 期。

三、学位论文

1. 陈国铁：《当前英国地方基础教育体系比较》,福建师范大学,2003 年。

2. 刁小伟：《试论 19 世纪英国的初等教育及政府对策》,华东师范大学,2007 年。

3. 王新红：《山东省体育人力资源一体化实行机制研究》,山东师范大学,2009 年。

4. 陈琼：《中美公立中小学教师聘任制比较研究》,湖南师范大学,2010 年。

5. 李冰：《二元经济结构理论与中国城乡一体化发展研究》,西北大学,2010 年。

6. 张金英：《城乡教育一体化的动力机制及战略研究》,天津大学,2010 年。

7. 方方：《江泽民统筹城乡发展思想研究》,山西大学,2012 年。

8. 孔垂海：《党的十六大以来胡锦涛城乡统筹思想研究》,东北林业大学,2014 年。

9. 李远方：《美国田纳西州中小学教师职级制度研究》,宁波大学,2014 年。

10. 李婧:《习近平城乡一体化思想研究》,云南农业大学,2017年。

四、报纸

1. 习近平:《把握"两个趋向"解决"三农"问题》,《人民日报》2005年2月4日。

2. 李克强:《认真学习深刻领会全面贯彻党的十八大精神,促进经济持续健康发展和社会全面进步》,《人民日报》2012年11月21日。

3. 汪明:《教师编制城乡统一要落地"有声"》,《中国教育报》2014年12月2日。

4. 陶希东:《治理能力现代化的衡量标准》,《学习时报》2014年12月8日。

5. 阳锡叶、杨敏:《"换代"加速农村师资断层》,《中国教育报》2015年1月19日。

6. 习近平:《习近平在中共中央政治局第二十二次集体学习时强调 健全城乡发展一体化体制机制让广大农民共享改革发展成果》,《人民日报》2015年5月4日。

7. 韩俊:《促进城乡公共资源均衡配置》,《经济日报》2015年11月11日。

8. 梁峡林:《我省出台政策保障乡村教师"下得去、留得住、教得好"》,《兰州晨报》2015年11月11日。

9. 周洪宇:《农村教育不能成城市教育附庸》,《环球时报》2015年12月8日。

10. 魏后凯:《习近平城乡发展一体化思想的科学基础》,《湖北日报》2016年9月25日。

11. 郑新立:《城乡一体化最关键是基本权益平等化》,《财新周刊》2016年11月4日。

12. 熊丙奇:《出台政策"大礼包",挽留乡村教师》,《光明日报》2017年2月26日。

13. Rural students returning, Yanzhao Evening News, September 19, Beijing Review.

14. 赵婀娜:《读懂"陪读大军"背后的教育焦虑》,《人民日报》2017年9月7日。

15. 王磊:《打破"铁饭碗"！中国教师编制改革全国"第一枪"在山东打响》,《鲁北晚报》2017年9月13日。

16. 席敏:《山东5年投逾30亿元改善农村人居环境》,《中国建设报》2017年9月20日。

17. 王俊杰:《未来,教师也不一定是"铁饭碗"》,《大江晚报》2017年11月17日。

18. 新华社北京:《近年将吸引4.5万名高校毕业生到乡村任教》,《大江晚报》2018年9月1日。

19. 赵秋丽:《山东"县管校聘"激发教师新动能》,《光明日报》2018年9月7日。

20. 陈鹏:《从"有学上"到"上好学"——党的十八大以来全国教育系统推进义务教育均衡发展纪实》,《光明日报》2018年9月8日。

21. 张翼:《乡村振兴重在有效治理》,《光明日报》2018 年 10 月 23 日。

22. 石莹:《40 载砥砺奋进　成就辉煌载史册》,《中国教育报》2018 年 12 月 18 日。

五、电子文献

1. 习近平在湖北调研:实实在在接地气,[2013 - 7 - 24],http://www. people. com.cn/.

2. Alistair Ross and Merryn Hutchings, Attracting, Developing and Retaining Effective Teachers in the United Kingdom of Great Britain and Northern Ireland(OECD Country Background Report),[2017-10-12],http://www.oecd.org/edu/school/2635748.pdf.

3. U.K.Department of Education,Schools workforce in England 2010 to 2015:trend and geographical comparisons,[2017 - 9 - 20], https://www. gov. uk/government/upload/system/upload/attachment_data/file/550970/SFR44_2016_text.pdf.

4. "寻找最美乡村教师"大型公益活动简介,[2011-6-16],http://www.gmw.cn。

5. A Guide to Education and No Child Left Behind ,[2018-9-23],https://www2.ed. gov/nclb/overview/intro/guide/guide.pdf.

6. A Nation at Risk:The Imperative for Educational Reform,[2018 - 9 - 23],https://www2.ed.gov/pubs/NatAtRisk/risk.htm.

7. Alistair Ross and Merryn Hutchings, Attracting, Developing and Retaining Effective Teachers in the United Kingdom of Great Britain and Northern Ireland (OECD Country Background Report),[2017-10-12],http://www.oecd.org/edu/school/2635748.pdf.

8. Atkinson M.,Springate L.,Johnson F.,Halsey K.,Inter-school collaboration:a literature review,[2017 - 10 - 12], http://www. sharingeducationprogramme. co. uk/documents/nfer-report.pdf.

9. Bibby P.,Urban and Rural Area Definitions for Policy Purposes in England and Wales:Methodology,[2017-9-17],https://www. gov. uk/government/upload/system/upload/attachment_data/file/239477/RUC11methodologypaperaug_28_Aug.pdf.

10. General Teaching Council for Scotland,Newly qualified struggling to find work in Scotland,[2017-9-26],http://www.sec-ed.co.uk/news/newly-qualified-struggling-to-find-work-in-scotland/.

11. National College for Teaching and Leadership. Find out how to obtain qualified teacher status(QTS) to teach in a maintained school or non-maintained special school in England.,(2017-09-24),[2018-9-22],https://www.gov.uk/guidance/qualified-

teacher-status-qts.

12. National Professional Qualification for Headship(NPQH),[?],https://www.gov.uk/guidance/national-professional-qualification-for-heaDhip-npqh.

13. National standard of excellence for headteachers Departmental advice for headteachers,governing board and aspiring headteachers,[2018-9-22],https://assets.publishing.service.gov.uk/government/upload/system/upload/attachment_data/file/396247/National_Standard_of_Excellence_for_Headteachers.pdf.

14. Professional Standard for Teachers Post Threshold,[2018-9-18],https://www.rbkc.gov.uk/pdf/Post%20threshold%20standard.pdf.

15. Schools workforce in England 2010 to 2015:trend and geographical comparisons,[2017-9-20],https://www.gov.uk/government/upload/system/upload/attachment_data/file/550970/SFR44_2016_text.pdf.

16. The Professional Standard Framework for Teachers,[2018-9-18],https://www.rbkc.gov.uk/cpd-schools/teachers/newly-qualified-teachers/nqt-induction-hand-book/professional-standard. Troops-to-Teachers Program,[2018-9-23].https://www2.ed.gov/programs/troops/index.html.

17. U.K.Department of Education,[2017-9-10],https://www.compare-school-performance.service.gov.uk/school/110158? tab=workforce-and-finance.

18. U.K.Department of Education.Class Size and education in England evidence report,[2017-9-10],https://www.gov.uk/government/upload/system/upload/attachment_data/file/183364/DFE-RR169.pdf.

19. U.K.Department of Education.DfE strategy 2015 to 2020:world-class education and care,[2017-9-27],https://www.gov.uk/government/publications/dfe-strategy-2015-to-2020-world-class-education-and-care.

20. U.K.Department of Education.Schools workforce in England 2010 to 2015:trend and geographical comparisons,[2017-9-20],https://www.gov.uk/government/upload/system/upload/attachment_data/file/550970/SFR44_2016_text.pdf.

21. U.K.Department of Education ,[2017-9-24],https://www.compare-school-performance.service.gov.uk/school/110158? tab=workforce-and-finance.

22. U.S.Department of Education.National Center for Education Statistics,Number and percentage distribution of public elementary and secondary school teachers,by locale and selected characteristics:2011-12,[2017-10-27],https://nces.ed.gov/surveys/ruraled/ta-

bles/c.1.a.-1.asp.

23. U.S. Department of Education. National Center for Education Statistics, Percentage distribution of public elementary and secondary schools with a teaching vacancy in selected teaching field, by the school's reported level of difficulty in filling the vacancy, teaching field, and locale:2011-12, [DB/OL], [2017-10-27], https://nces.ed.gov/surveys/ruraled/tables/c.1.c.-1.asp? refer=urban.

24. U.S. Department of Education. Public school finance programs of the united states and Canada:1998-99-California, [2017-10-20], https://nces.ed.gov/edfin/pdf/StFinance/Californ.pdf.

25. Walsh, K. & Wilcox, D. etc. Attracting, Developing and Retaining Effective Teachers: Background Report for the United States, [2017-10-23], http://www.oecd.org/innovation/research/33947533.pdf.

26. 徐媛、陈飞:《长沙首个试点学校破冰"教改":全员竞聘上岗打破"铁饭碗"》, [2017-08-29], http://news.eastday.com/c/20170829/u1a13229843.html./u1a13229843. html。

27. 国家统计局:《国际地位显著提高　国际影响力明显增强——改革开放40年经济社会发展成就系列报告之十九》, [2018-9-17], http://www.stats.gov.cn/tjsj/zxfb/201809/t20180917_1623310.html。

28. 周继凤:《从数据看十八大以来我国教育改革发展新变化》, [2017-9-28], http://www.moe.gov.cn/jyb_xwfb/xw_fbh/moe_2069/xwfbh_2017n/xwfb_20170928/mtbd/201709/t20170929_315705.html。

29.《定了! 教师编制真的要取消,改革详情分析》, [2017-11-22], https://www.toutiao.com/i6491063232210403854。

30.《辽宁将推中小学教师"无校籍管理"》, [2018-8-13], http://edu.people.com.cn/n1/2018/0813/c1053-30225443.html。

31. 吕春荣:《拿什么留住你? 聚焦中国330万乡村教师的"去与留"》, [2015-9-10], http://www.chinanews.com。

32.《我国教育财政投入首超3万亿,北大教授吁警惕教育"拉美化"》, [2017-11-17], http://www.thepaper.cn/newsdetail_forward_1868346。

33.《权威访谈:一项助圆亿万人市民梦的重大改革》, [2017-10-14], http://www.gov.cn/xinwen/2014-07/31/content_2727405.htm。

34.《太原试点义务教育"联盟校"106所学校结对发展》, [2017-4-3], http://

www.edu.cn/ji_jiao_news_279/20110810/t20110810_662620.shtml。

35. 魏海政：《山东设中小学教师临时周转编制专户》，[2015-9-25]，http://edu.people.com.cn/n/2015/0925/c1053-27633585.html。

36. 新华社：《2016 年全国城乡收入差距进一步缩小》，[2017-1-20]，http://politics.people.com.cn/n1/2017/0120/c1001-29039208.html。

37. 新华网：《2 位老师 3 个娃，巢湖这所"微型小学"如期开学》，[2017-09-02]，http://news.xinhuanet.com/photo/2017-09-02/c_1121588978.htm。

38. 熊丙奇：《义务教育均衡：从乡村教师待遇破题》，[2017-2-26]，http://news.gmw.cn/2017-02/26/content_23824170.htm。

39. 文家祥：《岩口复兴学校"四举措"实现学区一体化管理》，[2017-4-3]，http://www.wzjy.cq.cn/ReadNews.asp? NewsID=24135。

40. 吴国颂：《义务教育阶段学校从此联盟办学》，[2017-4-3]，http://news.sina.com.cn/c/2016-07-21/doc-iFuifip2488679.shtml。

41. 马军胜：《中国快递业发展变革分析》，[2015-1-4]，https://www.douban.com/note/66690812。

六、政策文件

1.《关于全国国家举办的各级学校人员编制标准暂行规定（试行草案）》（1962）

2.《教育部关于中等师范学校、全日制中小学人员编制标准的意见》（1984）

3.《中共中央关于经济体制改革的决定》（1984）

4.《关于制定中小学教职工编制标准意见的通知》（2001）

5.《国务院关于基础教育改革与发展的决定》（2001）

6.《国家"十五"计划（2001—2005 年）》（2001）

7.《湖北省中小学机构编制管理暂行规定》（2001）

8.《云南省人民政府办公厅转发省编办等部门关于制定我省中小学教职工编制标准意见的通知》（2002）

9.《广东省中小学教职工编制标准实施办法（试行）》（2003）

10.《关于促进农民增加收入若干政策的意见》（2004）

11.《浙江省贯彻国家中小学教职工编制标准实施意见》（2004）

12.《关于进一步加强农村工作提高农业综合生产能力若干政策的意见》（2005）

13.《中共中央　国务院关于进一步加强农村工作提高农业综合生产能力若干政策的意见》（2005）

14.《关于推进社会主义新农村建设的若干意见》(2006)

15.《关于积极发展现代农业扎实推进社会主义新农村建设的若干意见》(2007)

16. 文部科学省:《学校基本调查》(2007)

17. 熊本县教育信息中心:《へき地手当、へき地手当に準ずる手当》(2007)

18.《关于切实加强农业基础建设进一步促进农业发展农民增收的若干意见》(2008)

19.《中共中央关于推进农村改革发展若干重大问题的决定》(2008)

20.《关于促进农业稳定发展农民持续增收的若干意见》(2009)

21.《关于福建省2010—2012年教育改革和发展的重点实施意见》(2009)

22.《关于进一步落实〈国务院办公厅转发中央编办、教育部、财政部关于制定中小学教职工编制标准意见的通知〉有关问题的通知》(2009)

23.《关于加大统筹城乡发展力度进一步夯实农业农村发展基础的若干意见》(2010)

24.《国家中长期教育改革发展规划纲要(2010—2020年)》(2010)

25. 文部科学省:《新・公立義務教育諸学校教職員定数改善計画(案)》(2010)

26.《关于加快水利改革发展的决定》(2011)

27.《关于加快推进农业科技创新持续增强农产品供给保障能力的若干意见》(2011)

28.《关于加快发展现代农业进一步增强农村发展活力的若干意见》(2012)

29.《国务院关于加强教师队伍建设的意见》(2012)

30.《国务院关于深入推进义务教育均衡发展的意见》(2012)

31.《坚定不移沿着中国特色社会主义道路前进　为全面建成小康社会而奋斗》(2012)

32.《关于加快发展现代农业进一步增强农村发展活力的若干意见》(2013)

33.《国务院关于印发"宽带中国"战略及实施方案的通知》(2013)

34.《关于全面深化农村改革加快推进农业现代化的若干意见》(2014)

35.《关于统一城乡中小学教职工编制标准的通知》(2014)

36.《关于推进县(区)域内义务教育学校校长教师交流轮岗的意见》(2014)

37.《关于县(区)域内义务教育学校校长教师交流的若干意见》(2014)

38.《关于加大改革创新力度加快农业现代化建设的若干意见》(2015)

39.《乡村教师支持计划(2015—2020年)》(2015)

40.《关于落实发展新理念加快农业现代化实现全面小康目标的若干意见》(2016)

41.《国务院关于统筹推进县域内城乡义务教育一体化改革发展的若干意见》（2016）

42.北海道教育委员会:《教職員の給与のあらまし》（2016）

43.《关于深入推进农业供给侧结构性改革　加快培育农业农村发展新动能的若干意见》（2017）

44.《国家教育事业发展"十三五"规划》（2017）

45.《安徽省人民政府办公厅关于实施乡村教师支持计划（2015—2020年）的通知》

46.《中共中央　国务院关于实施乡村振兴战略的意见》（2018）

47.《中共中央　国务院关于坚持农业农村优先发展做好"三农"工作的若干意见》（2019）

七、报告及其他

1. Hurwicz, Leonid. The design of mechanisms for resource allocation , American Economic Association 63[Z].1973.

2. Steven Glazerman. Teacher Compensation Reform. Promising Strategies and Feasible Method to Rigorously Study Them [R]. Washington, DC. Mathematica Policy Research, Inc.2004.

3. Steven Glazerman. Teacher Compensation Reform. Promising Strategies and Feasible Method to Rigorously Study Them [R]. Washington, DC. Mathematica Policy Research, Inc.2004.

4. 国家教育督导团:《国家教育督导团对江西等六省（自治区）中小学校长教师管理情况专项督导检查公报》（2006）。

5. 国家统计局:《服务业在改革开放中快速发展　擎起国民经济半壁江山——改革开放40年经济社会发展成就系列报告之十》（2018）。

后　　记

　　百年大计,教育为本;教育大计,教师为本。有鉴于此,本人所带领的学术团队,长期聚焦中小学教师编制问题展开研究并已取得阶段性成果。

　　2000 年,我国义务教育刚刚普及的时候,我和我的学术团队就开始关注义务教育均衡发展问题。彼时,本人正在华东师范大学攻读教育学博士学位。针对当时的热门话题"普九以后怎么办"的问题,我的导师金一鸣教授要求我关注义务教育均衡发展问题。后来,我围绕这一课题撰写了博士学位论文,并于 2002 年顺利获得了博士学位。2003 年在国内率先出版专著《教育均衡发展政策研究》,该书两次获省部级科研奖励,书中所提诸多政策建议已为政府部门所采纳,学术观点受到学术界广泛引用和较高评价。

　　随着对义务教育均衡发展和教育公平问题研究的深入,我和我的学术团队逐渐把目光聚焦到教育发展的第一资源——教师身上,并开始关注教师编制问题。2009 年发表的学术论文《中小学教师编制城乡统筹研究》,受到了教育部教师工作司的关注(该司于 2011 年委托我们研究"城乡统一的中小学教职工编制标准"专项课题)。2012 年,《城乡统一的中小学教职工编制标准研究报告》被教育部教师工作司采纳。在此基础上,我们于 2013 年成功申报国家社会科学基金重点项目"中小学教师编制城乡一体化研究"。经全体团队成员的奋力拼搏,本项目顺利结题并获好评。课题的最终成果,就是即将出版的本书书稿。

需要特别强调的是，本书是安徽师范大学教育学研究团队集体奋斗的成果。安徽师范大学教育学科有着团结协作、集体攻关、不计个人得失的良好学术氛围，业已形成"60后"教师示范引领"带起来"、"70后"教师承上启下"顶起来"、"80后"教师开拓创新"长起来"、"90后"教师争先恐后"冒出来"的良好学术梯队。在此，我一并向我的团队成员表示衷心感谢。

此外，还要感谢安徽省教育厅、安徽省有关地市和县（区）教育局对本研究提供的调研支持；感谢人民出版社刘松彧老师的关心与指导，感谢胡晓琛编辑提供的专业、细致、周到的服务和对我们书稿修改完善工作的帮助与指导。

本书在写作过程中汲取和参考了众多研究者的研究成果，对这些成果的引用，使本书增色不少，在此一并致谢！在引用资料时，已尽力注明，如有遗漏，敬请谅解！

朱家存

2022 年 6 月 6 日

责任编辑：刘松弢　胡晓琛
封面设计：石笑梦
版式设计：胡欣欣

图书在版编目（CIP）数据

中小学教师编制城乡一体化研究/朱家存 著. —北京：人民出版社,2022.11
ISBN 978－7－01－024614－7

Ⅰ.①中…　Ⅱ.①朱…　Ⅲ.①中小学-教师-编制-研究-中国　Ⅳ.①G635.1

中国版本图书馆 CIP 数据核字（2022）第 040461 号

中小学教师编制城乡一体化研究

ZHONGXIAOXUE JIAOSHI BIANZHI CHENGXIANG YITIHUA YANJIU

朱家存　著

人民出版社 出版发行
（100706　北京市东城区隆福寺街 99 号）

中煤（北京）印务有限公司印刷　新华书店经销

2022 年 11 月第 1 版　2022 年 11 月北京第 1 次印刷
开本：710 毫米×1000 毫米 1/16　印张：22.25
字数：315 千字

ISBN 978－7－01－024614－7　定价：70.00 元

邮购地址 100706　北京市东城区隆福寺街 99 号
人民东方图书销售中心　电话（010）65250042　65289539